U0918394

闫海峰◎编著

金融服务外包风险管理

RISK MANAGEMENT OF FINANCIAL SERVICES OUTSOURCING

图书在版编目（CIP）数据

金融服务外包风险管理/闫海峰编著．—北京：经济管理出版社，2013．12
ISBN 978－7－5096－2902－4

Ⅰ．①金…　Ⅱ．①闫…　Ⅲ．①金融—商业服务—对外承包—风险管理　Ⅳ．①F831．6

中国版本图书馆 CIP 数据核字（2013）第 319470 号

组稿编辑：宋　娜
责任编辑：许　兵
责任印制：黄章平
责任校对：超　凡

出版发行：经济管理出版社
（北京市海淀区北蜂窝 8 号中雅大厦 A 座 11 层　100038）
网　　址：www．E－mp．com．cn
电　　话：（010）51915602
印　　刷：三河市海波印务有限公司
经　　销：新华书店
开　　本：720mm×1000mm/16
印　　张：15．5
字　　数：300 千字
版　　次：2013 年 12 月第 1 版　　2013 年 12 月第 1 次印刷
书　　号：ISBN 978－7－5096－2902－4
定　　价：78．00 元

·版权所有　翻印必究·
凡购本社图书，如有印装错误，由本社读者服务部负责调换。
联系地址：北京阜外月坛北小街 2 号
电话：（010）68022974　　邮编：100836

前 言

金融服务外包是金融领域的新兴业务，它是金融机构将原先自行承担的部分业务转交外包服务提供商完成，具有降低成本、获取新技术、整合资源和提升企业竞争力的优势。但是，金融服务外包也是把“双刃剑”，它在带来很多好处的同时也蕴藏着极大的风险，如泄密风险、合同风险、利益冲突风险等，这对金融机构的内部风险管理和外部金融监管都带来了新的挑战；在这种情况下，金融机构如何管理业务的风险，如何知道自己的业务是否符合监管的要求，是迫切需要解决的问题。本书针对金融服务外包风险管理这一问题，进行详细探讨。

本书主要是对金融服务外包风险管理相关的书籍和资料进行整理，注重基础知识和基本理论的介绍，详细介绍了金融服务外包的发展过程及趋势、金融服务外包风险类别、金融服务外包风险识别、金融服务外包风险的动因和特性、金融服务外包风险的度量、金融服务外包风险的控制、金融服务外包风险的预警机制构建、金融服务外包风险规避与监管以及中国金融服务外包风险管理的制度法规建设九方面内容，既吸收了一般文章对金融服务外包风险管理相关知识的研究，又努力使这些研究得到更完整、清晰、准确而简练的表达，以方便读者尽可能多地了解相关知识。全书逻辑清晰，阐述深入浅出，紧密结合实际，可同时适用于专业读者和非专业读者。

从本书相关的逻辑关系来看，主要可以分为四部分：

第一部分阐述了金融服务外包的发展以及金融服务外包可能遇到的风险等相关问题，包括金融服务外包风险类别、金融服务外包风险识别、金融服务外包风险的动因和特性。金融服务外包迅猛发展，相应地由外包带来的风险也在不断加大，因此，需要对风险进行识别，需要了解这些风险的动因和特性。本部分内容构成了全书的逻辑起点。

第二部分主要围绕金融服务外包风险的度量来论述。进行风险管理有必要对金融机构在金融服务外包过程中所可能产生的各种风险进行科学度量，本部分可以让读者了解金融服务外包风险的度量方法。

第三部分主要围绕金融服务外包风险的控制、预警机制构建问题来阐述。金融服务外包风险识别和度量后必须进行风险控制并建立预警机制，这是金融服务外包管理目标实现的关键。

第四部分主要涉及金融服务外包监管和制度法规建设。风险管理既要求加强内部风险控制和风险预警，也要求金融监管部门从政府的角度出发，加强监管，促进金融服务外包健康有序的发展，这必然要求建立相应的制度法规。

本书由南京财经大学金融学院闫海峰教授编著，由闫海峰教授提出编写大纲和要求，经本书全体作者多次讨论，最后定稿。各章参与整理和校对的人员如下：吴轩（第一章）、刘小龙（第二章）、张力文（第三章）、刘辉（第四章）、沈晓茹（第五章）、田金艳（第六章）、刘婧（第七章）、史卉（第八章）、徐栋（第九章）。

本书的编写参考了国内外大量有关论文、论著和教材，借鉴了大量的前人成果，谨向这些论文、论著和教材的作者和编者表示感谢。本书的出版得到了江苏高校优势学科建设工程资助项目（PAPD）、南京财经大学昆山花桥现代服务业研究院的资助。在此也向所有关心过金融服务外包风险管理以及提出过建设性意见的老师和同学们表示感谢。由于我们水平有限，不足之处在所难免，敬请各位读者不吝赐教。

闫海峰

2013 年 11 月 28 日

目　录

第一章 金融服务外包的发展过程及趋势

本章从金融服务外包的定义着手，分析了什么是金融服务外包，金融服务外包的分类，金融服务外包在整个金融产业链中的重要地位，并且从金融服务外包的产生开始，逐一分析了其发展的过程和阶段；结合中国金融服务外包发展的历史，分析其所存在的问题，同时进一步揭示了国际金融服务外包的发展趋势。最后，对中国金融服务外包的未来前景进行了阐述和分析。

金融服务外包兴起较晚，但是发展迅速，在如今金融行业日趋综合化、复杂化的趋势下，其重要作用日益显现，并且逐步成为金融行业发展的新热点。中国服务外包行业起步较晚，但是发展迅速。昆山已建立起全国金融服务外包中心，但是，规模小，技术层级低，行业规范不健全，这些原因进一步限制了中国金融行业的发展。

中国人力资源丰富，金融行业发展迅速，实体经济高速增长，给金融服务外包的发展创造了良好的环境；同时，国家对金融服务外包行业的发展给予了积极的政策支持。2009 年，中国人民银行颁布了《关于金融支持服务外包产业发展的若干意见》，强调加大金融对产业转移和产业升级的支持力度，重点做好 20 个示范城市服务外包产业发展的金融服务工作。可见金融服务外包行业的重要性和发展的紧迫性。所以，对金融服务外包全面、系统的理解是促进此行业进步的基础。以下我们就金融服务外包的定义、发展历程、现状以及发展趋势逐一进行阐述。

第一节 服务外包和金融服务外包的定义

一、服务外包的定义

服务外包是指企业将价值链中原本由自身提供的具有基础性的、共性的、非核心的 IT 业务和基于 IT 的业务流程剥离出来后，外包给企业外部的专业服务提供商来完成的经济活动。因此，服务外包应该是基于信息网络技术的，其服务性工作（包括业务和业务流程）通过计算机操作完成，并采用现代通信手段进行交付，使企业通过重组价值链、优化资源配置来降低成本，增强企业核心竞争力。服务外包可以分为以下几类：

（1）信息技术外包服务（ITO）。信息技术外包服务可以包括产品支持与专业服务的组合，用于向客户提供 IT 基础设施或企业应用服务，或同时提供这两方面的服务，从而确保客户在业务方面取得成功。

（2）技术性业务流程外包服务（BPO）。技术性业务流程外包服务是把一个或多个 IT 密集型业务流程委托给一家外部提供商，让他拥有管理和控制选定的流程。发包方被外包的业务流程包括物流、采购、人力资源、财务会计、客户关系管理或其他管理或面向消费者的业务功能等。

（3）技术性知识流程外包（KPO）。技术性知识流程外包（KPO）是技术性业务流程外包（BPO）的高智能延续，是 BPO 最高端的一个类别，一般来说，它是指将公司内部具体的业务承包给外部专门的服务提供商。KPO 的中心任务是以业务专长而非流程专长为客户创造价值。

二、金融服务外包的定义

金融服务外包是指金融机构将其部分事务委托给外部机构或者个人处理。2005 年 2 月巴塞尔银行监管委员会公布了《金融服务外包》，对金融服务外包监管提供指引。该文件将金融服务外包定义为“受管制实体在持续性的基础上利用第三方来完成一些一般由受管制实体现在或将来所从事的事务，而不论该第三方当事人是否为公司集团内的一个附属企业，或为公司集团外的某一当事人”。具体来看，金融服务外包不仅包括将业务交给外部机构，还包括将业务交给集团内的其他子公司去完成的情形；不仅包括业务的初始转移，还包括业务的再次转移（也可称之为“分包”）；不仅包括银行业务的外包，还包括保险、基金等业务领域的外包。从外包内容上看，金融服务外包包括金融信息技术外包（ITO）和金融业务流程外包（BPO）。金融信息技术外包，是指金融企业以长期合同的方式委托信息技术服务商提供部分或全部的信息技术服务，主要包括应用软件开发与服务、嵌入式软件开发与服务，以及其他相关的信息技术服务等。金融业务流程外包是指金融企业将非核心业务流程和部分核心业务流程委托给专业服务提供商来完成，主要包括呼叫中心、财务技术支持、消费者支持服务、运营流程外包等。

总体而言，中国的金融服务外包还处于初始阶段，其主要业务主要集中在银行业服务外包和保险业服务外包两块。

1. 中国银行业服务外包的主要类型

银行业的服务外包包括IT外包、业务流程外包、业务营销、后勤性事务、专业服务等类型，覆盖客户服务、后台业务、IT服务、财务会计、人力资源服务、数据分析与知识管理六大领域。目前，中国银行业服务外包则主要集中在IT外包、灾难备份外包、银行卡外包和客户服务四个方面。

（1）银行业IT外包。目前，外资银行的IT业务外包已经比较普遍，而国内银行的IT外包则显得相对迟滞。中国的四大国有银行还是以自主研发为主，中国工商银行、中国农业银行、中国建设银行都有自己庞大的IT部门，甚至达到上万人的规模，财务系统、人力资源系统等都是基于政策因素、风险管理、文化因素由自己研发，这些大银行即使有外包业务也都倾向于将业务外包给IBM、HP等国际大公司。股份制银行以及各地商业银行等中小型银行受资金和人才等的制约，在IT外包方面相对积极一些，如国家开发银行、光大银行、招商银行、中信银行等都开始了IT外包业务。

（2）灾难备份外包。灾难备份和灾难恢复外包，是近年来在中国发展得非常快速的领域，尤其是中国汶川大地震后，越来越多的银行加强了风险防范；因为银行的系统风险相对集中，一旦数据中心发生灾难，将给银行带来不可估算的损失，甚至会造成系统停运以及银行倒闭的危险。例如，深圳发展银行将灾难备份外包给万国数据服务有限公司，中国进出口银行、广东发展银行通过外包的方式组建了自己的灾备中心。

（3）银行卡外包。目前，银行卡外包是银行服务外包发展中的最重要的一个领域。尤其是信用卡外包，因其独特的业务处理流程、信用评级体系和售后服务体系，使其相对独立作业，流程自成体系，具有实施外包的先天优势。目前，中国的服务外包提供商已经可以提供“全流程”的银行卡外包服务，从申办筹建、设计产品、市场营销、交易和处理客户信息，到客户服务、客户数据分析和市场定位全部覆盖。2003年，中国的信用卡仅100万张，到2010年第二季度，中国的信用卡累计发卡量达到2.07亿张，信用卡业务的广泛外包是促使信用卡发卡量如此高速发展的主要推手。

（4）客户服务。呼叫中心在银行业十分普及，四大国有银行都自建了呼叫中心，例如，中国工商银行的95588、中国银行的95566、中国建设银行的95533、中国农业银行的95599。除了自建外，股份制商业银行也开始了外包呼叫中心，广东发展银行、中信银行对呼叫中心进行了外包。

2. 中国保险业服务外包的主要类型

中国保险业发展迅速，外包需求不断增长。国内保险公司开始只是将一些非核心、简单重复性的工作进行外包，如保单打印、客户服务通知书邮寄、保单信息录入等业务外包。近年来，保险公司的外包逐步扩展到信息技术外包、理赔勘查外包、营销业务外包等几个方面。

（1）信息技术外包。目前，中国保险业信息技术发展的模式是信息技术外包与自主设立信息技术中心并存。大型保险公司，如中国人寿、中国人保和中国平安，都建立了数据研发中心，进行大规模的系统集成和整合，开始独立设计和开发部分核心运营系统。中小型的保险公司因无法支持巨大的软件开发和维护投入，以及庞大的系统建设开支，一般采用先购买应用软件，再构建 IT 体系的发展战略，通常将系统开发及应用软件等外包给 IT 服务提供商。例如，太平洋保险和天安保险将业务管理系统的开发与应用外包给 CSC 公司，丰泰保险和首创安泰保险公司将灾难恢复及 IT 咨询外包给了万国数据服务有限公司，光大永明保险公司将 IT 运维外包给神州数码公司。

（2）理赔勘查外包。理赔是保险公司风险控制中最重要的一环，财产保险公司一般将外部理赔操作外包给保险公估公司，也有个别公司将有些险种的整个理赔流程都外包给保险公估公司。在中国，保险业通过外包给保险公估公司完成的理赔定损占全部理赔定损的比例超过 10%，而且还在快速增长。在车险理赔时，公估公司作为第三方，既不代表车主，也不代表保险公司，客观、公正，有利于保险公司控制成本、降低费用支出。目前，天安保险公司、平安保险武汉分公司、都邦保险武汉分公司，都将勘查理赔外包给了公估公司。

（3）营销业务外包。随着保险营销模式的创新，电话营销和网络营销日益兴起，电话营销外包业发展迅速，通过电话、传真、E－mail、邮寄等多种方式，完成保险的销售、签单、核保、转账、递送保单等服务。中美大都会、太平人寿、泰康人寿和新华人寿等都以软、硬件系统租用的方式与外包呼叫中心签订了电话营销外包的合同。

金融服务外包是专业化分工日益精细化的结果，银行、保险公司等发包方与外包提供商通过外包可以实现优势互补和收益的最大化，并且促进双方技术水平的提升。因此，无论是在岸还是离岸的金融服务外包，均是未来金融行业发展的趋势。

第二节　金融服务外包在金融行业中的地位与作用

目前，外包日益成为降低成本及实现战略目标的手段。其中，涉及的领域包括：信息技术（如应用开发，编程及译码）、专业运作（如某些金融、会计领域，后台业务及处理、管理活动)、执行合约功能（如客服中心)。行业报告及监管调查表明，在金融公司安排外包的过程中，其他公司（包括公司集团内的相关公司及服务商）发挥着重要作用。

根据巴塞尔银行监管委员会的《金融服务外包》的定义，金融服务外包是指金融机构在持续经营的基础上，利用外包商（为公司集团内部的附属实体或公司集团的外部实体）来实施原由自身进行的业务活动。外包的金融服务通常有如下几种类型：①信息技术，如信息技术的应用开发、编程、编码；②具体操作，如会计服务、后勤服务及管理工作等；③契约功能，如呼叫中心等。根据业务外包理论，金融服务外包具有以下价值：

（1）强化核心竞争力。通过金融服务外包，金融机构可以集中有限的资源，建立并强化自己的核心能力。目前，金融业在产品市场上的竞争焦点已由传统的价格竞争、功能竞争和品质竞争等转向了响应能力竞争、客户价值竞争和技术创新竞争。竞争形态的转换要求金融机构重新审视本机构在整条产品价值链上的增值优势，确立其核心业务范围，并将优质的资源和独特的能力集中到该领域，挖掘和寻求特定的客户群体，为客户提供最快的、能够带来最大价值的金融产品，形成强化核心竞争力的业务平台。

（2）规避经营风险。金融服务外包的一项重要优势在于其能降低风险，与合作伙伴分担风险，从而使金融机构变得更有柔性，更能适应外部环境的变化。此外，由于战略联盟的各方都利用了各自的优势资源，将有利于提高新的产品或服务的质量，提高新产品开拓市场的成功率。最后，采用外包战略的金融机构在与其战略伙伴共同开发新产品时，实现了与它们共担风险的目的，从而降低了由于新产品开发失败给金融机构造成巨大损失的可能性。

（3）提升组织效率。将部分金融服务外包后，金融机构组织目标更为明确、人员结构更为趋同、信息传播更为快捷、组织原则更为统一、组织文化更为融合、组织结构更加精简，从而可以更加灵活地进行竞争，使管理更有效率，可以更快、更好地满足顾客价值实现的需要。此外，金融服务外包能降低固定资产在资本结构中的比例，降低金融机构的退出屏障和转换成本，有利于提高自身的适应性。

（4）降低经营成本。节约经费是外包的最重要的原因。在资源配置日趋全球化的背景下，将特定业务外包到资源和服务价格相对较便宜的国家和地区，能直接降低金融机构的加工成本、人力资源成本和管理成本。

此外，金融服务外包还有获得免费资源、推进组织整体变化和增强组织灵活性等益处。

第三节 金融服务外包的发展过程和趋势

一、国际金融服务外包的发展历史与现状

金融外包始于20世纪70年代的欧美地区，证券行业的金融机构为节约成本，将一些准事务性业务（如打印和存储记录等）外包，到了90年代，在成本因素及技术升级的推动下，金融外包主要集中在IT领域，涉及整个IT行业；据统计，2005年整个IT行业的支出中有45%为外包支出。随后，外包出现在人力资源等更多的战略领域。同期出现了一种名为“业务处理外包”（BPO）的新形式，是一种点到点（end－to－end）的商业链外包。在BPO中，金融机构与服务商的关系也由传统的服务提供转变为战略合作。外包的另一个趋势是“离岸化”，即将业务外包到境外。许多跨国公司试图通过建立离岸交易及服务中心来提高本机构整体的效率。金融机构除将业务外包给服务商外，也会把一些业务交由海外附属机构来完成。

二、中国金融服务外包的发展与现状

国内商业银行分支机构和各种金融服务机构或投资担保公司的合作始于1999年的珠三角地区。1999年8月，广州安圣房地产经纪公司成立，安圣公司系广州安宇按揭咨询有限公司的前身，是当时广东省第一家从事一手房按揭服务、二手房按揭服务等业务的专业的金融服务机构，安宇按揭公司和中国银行的合作，开创了商业银行和金融服务机构金融服务外包的先河。此后，广州满堂红地产经纪公司和中原地产经纪公司出于自身业务的需要分别成立了易达公司、汇瀚公司等金融按揭服务公司。

2001年7月，深圳发展银行与GDS（万国数据服务有限公司）签订为期五年的灾备外包服务协议。2002年，通过招标，国家开发银行将PC等设备外包给了惠普公司。到2005年，国家开发银行的IT外包范围进一步扩大到应用系统开发、网络系统运维、灾备中心建设与运维、项目监理、咨询等共七个类型的服务。2003年11月，中国光大银行将其核心业务和管理会计系统的开发外包给联想IT服务，该项目引进了全球ERP市场中占比例最高的SAP公司的产品。2004年初，光大银行又将信用卡外包给了美国第一资讯公司，开创了国内信用卡系统外包开发的先河，仅用半年时间阳光信用卡便投产运行，创造了国内信用卡发卡

奇迹。2004 年 2 月国家开发银行与惠普的外包协议，是国内金融界首家整体外包案例。紧接着在 8 月份，光大银行也签订了国内首份信用卡全面外包协议，将信用卡业务外包于美国第一资讯公司（FDC）。

目前，广东省的许多商业银行及分支机构都与金融服务外包机构有着广泛的业务合作关系。据业内人士介绍，2007 年，珠三角地区的金融服务机构提供给商业银行的个人消费贷款达几百亿元，仅泛华金融服务集团在广东省的分支机构就为商业银行提供了个人消费贷款逾 50 亿元。

在长三角地区，上海市和南京市的商业银行也在自身业务的许多领域和专业的金融服务机构展开广泛的业务合作，泛华金融集团旗下的上海分公司为商业银行提供每年近 20 亿元的按揭贷款；南京市也有许多金融服务机构或投资担保公司与商业银行进行个人金融业务的服务，主要合作银行为中国建设银行、中国工商银行和交通银行，其次，还有深圳发展银行、兴业银行、招商银行、南京银行等。目前，恒泰投资担保公司、平涛投资担保公司、融翔投资担保公司、江苏泛华四家公司为银行提供的二手房贷款近 30 亿元，其中，江苏泛华是泛华金融服务集团 2007 年 1 月在南京设立的分支机构，当年完成业务规模达 4 亿元，2013 年以来，尽管房贷市场不太景气，但江苏泛华的每月业务规模仍然达到 7000 万元左右。

三、国际金融服务外包的发展趋势

1. 金融服务外包规模持续迅猛增长

当前，以软件及信息服务为代表的现代服务业正以空前的速度实现跨国界转移，专业化服务出现全球化的发展趋势，尤其是金融后台服务（外包）行业正进入高速成长期。金融机构在全球 IT 技术的发展、成本压力，以及自身安全要求和转移风险等因素的驱动下通过将前、后台业务分离，将金融后台服务包括金融数据处理、金融服务软件及系统研发、金融灾难备份、清算中心、银行卡业务等外包来提高效率，更专注于核心业务，以增加其在全球金融领域中的竞争力。全球外包年会主席、美国著名外包管理专家迈克尔·科比特曾估算，外包市场在 1998 ~2000 年增长了 1 倍。2001 年全球外包金额达 3. 78 万亿美元，2003 年全球外包市场规模为 5. 1 万亿美元，目前每年正以约 20% 的速度增长，到 2010 年可达到 20 万亿美元的规模。

谋求低成本是金融服务外包迅猛发展的主要驱动力，而参与其中的金融企业也的确获益匪浅。德勤咨询公司的《关于全球金融机构离岸外包报告》（2007）显示，半数以上的金融机构通过金融外包节约了 40% 的成本，而这个比例在 2003 年大约只有 33%；外包节约的成本从 2003 年的 5 亿美元发展到 2006 年的

90 亿美元。根据德勤咨询公司的预测，从 2005 年起的未来 5 年内，世界前 100 家大型国际金融企业将要向外输出 3560 亿美元的金融外包业务。为此，这些企业将至少能节约 1380 亿美元的运营成本。不仅如此，世界前 20 家大型金融企业还可以通过外包大幅削减 2 ~ 3 倍的经营成本。

2. 金融服务外包的内容逐渐深化

从金融服务外包的发展历程来看，金融服务外包起步于金融 ITO，成长壮大于金融 BPO，而发展趋势将是金融 KPO。以前的金融服务外包，主要是 IT 业务的外包，包括提供桌面协助、大型数据系统或网络的连接等服务。近年来，许多大型银行竞相将其操作管理中一些具有特殊功能的业务派送到海外，离岸外包业务从一般 IT 服务扩展到金融服务领域，外包的商业模式也从一般软件配套服务进入了运营操作过程承包。目前，外包市场逐步向纵深发展，即逐步转向 KPO。一些专精特定业务的外包商目前很受市场欢迎。近年来，这些提供特殊专精功能的外包商为了保持其竞争力而不断加大外包业务的深度，正在大力开拓专家型外包业务，并配以高科技的智能应用，创造出新的知识资本，从而大力降低成本。

3. 离岸金融服务外包趋势不断扩大

离岸金融服务外包是指金融企业将自己的部分业务委托给外国企业的一种商业行为。由于行业竞争的加剧，各公司的利润率不断下降，同时客户提出更高要求的服务，这推动了各金融服务公司在不断降低成本的同时要提高服务品质。最初，欧美的公司进行离岸外包是为了充分利用全球的劳动力差价进行劳动力套利；发展中国家低廉的劳动力降低了公司成本，使公司在竞争中获得成本优势。2003 年后，这种趋势更加明显。许多跨国公司试图通过建立离岸交易及服务中心来提高本机构整体效率。金融机构除将业务外包给服务商外，也会把一些业务交由海外附属机构来完成。德勤会计师事务所的统计显示，2001 年只有少于 10% 的金融机构参与到离岸外包的行业，而到 2006 年这个比例已经达到了 75%。据金融研究公司 Tower Group 的调查，一批世界超级金融机构都向海外大规模地外移了客户呼叫中心与软件开发业务。

4. 金融服务外包的全球格局初步形成

美国、欧盟、日本等是主要的金融服务外包发包方，而印度、爱尔兰等是主要的接包方。美国公司占据全球离岸经营业务的 70%。欧盟公司和日本公司占据剩余份额，其中，英国公司居于主导地位。美国、日本和西欧的发达国家金融机构的商务流程已经实现了标准化，为了降低成本，将其业务流程中非核心的业务外包给国外其他的服务公司运作。

国际金融服务外包最主要承接国是印度、爱尔兰等。科尔尼咨询公司研究指出，从金融结构、商业环境和专业技术人才的获取三个方面来考察离岸目的地国

家，印度处于绝对领先地位，中国、马来西亚、捷克等紧随其后。目前，国际金融服务外包市场已经形成以印度市场为核心，同时包括菲律宾、马来西亚等新兴服务外包市场的整体格局。

四、中国金融服务外包的前景

为推动中国服务外包业的发展，国务院已在“十一五”规划纲要中明确提出，要在全国建设若干个服务外包基地，有序承接国际服务业转移；2006 年，商务部开始启动了承接服务外包的“千百十”工程，确定的首批五个服务外包基地城市分别是大连、西安、成都、上海、深圳；2007 年初，天津、北京、南京、杭州、武汉和济南被认定为第二批“中国服务外包基地城市”。

2010 年，中国在岸金融业务流程外包市场可达 500 亿美元，离岸金融业务流程外包超过 50 亿美元。中国某些中小型商业银行业务流程已实行部分外包。在未来的 10 年中，全球化、新监管法规、技术、并购等带来的巨大变化，以及产品回报减小、非中介化、投资减少等问题，将使全球金融业面临根本性的变革。在全球金融市场上，商业和零售银行、投资银行、交易所等金融机构之间的界限将更加模糊，大家追逐的是“价值”，看重的是有价值的、可分散风险的产品和交易等。

“到 2015 年，中国和印度将可能成为全球金融服务外包业的中心，其在远东市场的地位得到巩固。”毕博管理咨询公司董事总经理彼得·郝勒维茨表示。国内金融机构为了提高企业核心竞争力，更有效地分配管理资源，将非核心业务外包成为不可避免的趋势。现在对中国的服务供应商而言，外资银行法人化以及业务规划将带来两个关键商机：一是企业首先成为这家领先银行的合作伙伴，获取在银行领域的合作经验；二是外资银行将直接引入供应商的外包服务，扩张自身的客户服务力量。

第四节　中国金融服务外包面临的问题

全球金融服务外包的蓬勃发展对中国而言意味着两大机遇：一方面根据 WTO（世界贸易组织）协议，随着中国银行业的全面开放，越来越多的金融机构在华设立外包服务中心，中国有望成为继印度等国家之后又一个离岸金融服务外包中心，为国内金融服务外包商提供了大的机会；另一方面国内金融机构也将越来越多地借鉴国外同行的成功经验，选择合适的外包商，将非核心业务剥离，提高自身经营效率。然而，中国金融服务外包起步晚，市场秩序与制度构架尚不完善，综合金融环境不稳定，在发展中存在着以下问题。

一、总体规模小且市场份额低

过去几年，中国金融服务外包市场规模稳步增长，以金融 BPO 为例，作为中国 BPO 服务外包市场的重要组成部分，其占到整体 BPO 服务外包市场约 20% 的份额，2006～2008 年金融服务外包市场年复合增长率保持在 22% 左右。但是，中国金融服务外包市场还处于成长初期，总体规模还很小。据 IDG（美国国际数据集团）统计，到 2008 年底，中国金融服务外包市场规模仅为 48 亿元，而同期美国为 97 亿美元。中国金融服务外包市场不及美国的 7.4%。从金融行业服务外包渗透率来看，中国也处于较低水平，金融行业服务外包支出仅占整体金融业运营支出的 0.53%，而在同期美国则达到 1.86%。

二、业务内容相对简单且产业成熟度低

中国金融机构进行的金融外包，在有效利用外部资源、集中资源于自身核心业务、缩短新产品或新业务推向市场的时间、降低成本等方面取得了明显效果，但业务内容相对简单，总体处于初级阶段。从种类来看，以重复性强的基本后台处理业务为主，如数据加工、单据审核、IT 服务等低端业务；大部分职能型业务，如财务、人力资源、采购等金融市场的研究和数据分析、批发银行、保险理赔等前台高端业务外包很少。从业务深度来看，以单点或局部外包业务为主，相对复杂、涵盖环节较多的整体流程外包尚不多见。从发包商和服务提供商的合作关系来看，中国金融机构对外包业务提供商的价值定位主要在短期“补缺”方面，特别是在短期的人力和技能等资源提供方面，通过与外包商长期合作实现流程优化、业务创新以及改善运营模式等长期目标的战略外包较少。

三、外包承接企业成长迅速而承接大型项目和系统服务能力不足

随着国内金融机构对外包服务的认可度不断提高，市场逐渐打开，本土服务商的技术能力和风险控制水平迅速提高，且具有成本低廉、便于沟通、熟悉政策环境等优势，国内金融外包市场由惠普和 IBM 垄断的局面正在改变。如神州数码凭借在核心业务系统外包方面的优势，赢得了包括中国建设银行、中国银行、交通银行、国家开发银行、广东发展银行等在内的一些银行的核心系统外包项目，成为国内第二大金融解决方案提供商，使国内银行 IT 系统外包市场整体竞争格局发生重要变化。从中国大型金融服务外包企业营业收入变化来看，大部分以金融服务外包为主业的外包公司年均增速都在 100% 左右。

但是，从总体上看，中国本土服务提供商在资质、技术能力和风险控制水平

方面与跨国服务商还存在较大差距，在承接大型项目和系统服务能力方面尚显不足。而且，本土金融服务外包供应商与发包方之间的关系仍处于低风险、浅层次、被动式合作，亟需上升到风险共担、战略性、主动式合作。当前，受所承接的业务低端为主，以及人才不足、技术层级较低、竞争加剧等因素影响，本土金融服务外包提供商的服务模式主要是严格按照发包方的要求和标准，被动接受任务和提供服务；同时，国内外发包方也因对中国本土金融服务外包供应商的服务能力和水准存在疑虑，只愿将操作性、事务性、层级较低的业务外包给后者，双方尚未建立起深入的战略性合作伙伴关系。

四、以在岸外包为主且以离岸外包为辅

当前，中国金融服务外包仍以在岸外包为主。从国内承接金融服务外包业务来源国来看，2010 年中国在岸金融业务流程外包市场可以达到500 亿美元，而离岸金融业务流程外包仅约 50 亿美元。中资金融服务外包提供商中，绝大部分仍以承接国内金融服务机构的外包业务为主，在前 20 家国内规模较大、中资控股的金融服务外包提供商中，只有约 25% 的公司是以离岸外包为核心，75% 的公司仍以在岸外包业务为核心。

从中国承接离岸金融服务外包区域分布来看，主要承接来自日、韩等邻国的近岸外包。国内较具代表性的服务外包企业中，软通动力日、韩业务和欧美业务分别占 65% 和 35%；大展集团以日本业务为主，占 1/3，其后才依次为北美、欧洲；东软对日外包业务占 90%，欧美业务也只占 10% 左右。同时，中国大多数服务外包企业缺乏直接从欧美发包商手中接单的能力，主要是从跨国公司驻中国机构承接转包业务。

五、金融行业内各子行业服务外包发展不均衡

整体而言，保险行业普遍对外包接受程度较高且逐步在更广泛的业务环节引进外包服务。这是因为，保险行业的快速增长加大了保险公司的业务受理难度，保险行业的集约化工作也为通过外包提高运营效率和质量做了必要的准备。相比之下，银行业务外包尚处于起步阶段，资金实力雄厚的大型国有商业银行参与业务外包的程度不高。以 IT 业务为例，大型国有商业银行拥有技术实力雄厚的 IT 系统维护和软件开发人员，对于设计银行核心业务的 IT 系统，如数据中心的管理维护和数据备份，此类银行出于安全性和保密性的要求，很难选择外包；对于非核心的 IT 系统维护工作，也可内部解决，外包的可能性很小。

六、金融服务外包人才匮乏而亟需优化人才培养模式

随着中国金融服务外包的快速发展，金融服务外包人才匮乏问题日益凸显，

已成为制约金融服务外包纵深发展的“瓶颈”。前程无忧的数据显示，目前，中国软件外包人才缺口为30万人，且正以每年20%的速度递增；“十一五”期间中国服务外包人才缺口每年约20万人；从2013年开始，在未来5年中，中国发展离岸服务外包行业将面临34万合格人才的缺口，这一问题在中国服务外包较为发达的城市，如北京、上海、大连、深圳等地更为突出。与此同时，中国金融服务外包人才培养机制尚未有效建立，传统的海内外招聘等方式仍是中国补充金融服务外包人才的主要手段，中国政府、外包企业和高等院校还缺乏“治本”措施，尚未建立多渠道、多形式的金融服务外包人才培养机制，缺乏政府与行业协会外包人才长期有效的培养规划，不利于中国金融服务外包产业的高质量和可持续发展。

第二章　金融服务外包风险类别

随着金融服务贸易自由化的深化和服务外包业务的发展，金融服务外包已成为金融机构降低成本、提高核心竞争力的重要手段，但同时也带来了较大的风险。如何识别金融服务外包的风险并通过相应的监管措施降低风险是我国金融机构在进行业务外包时应重点考虑的问题，同时也是我国承包企业竞标、承接和完成金融服务外包业务的关键环节。金融服务外包是金融领域的新兴业务，从国际范围看，金融服务外包行业正处于行业生命周期的高速成长期，尤其是近年来发展迅猛；目前，我国金融业务外包已经开始起步并呈现不断发展的趋势。金融服务外包有利于强化金融机构的核心竞争力、规避经营风险和降低经营成本，但也会带来外包失败、成本增加、收益分配的不确定性、战略泄露等风险。金融机构自身要加强内部控制防范风险，金融监管部门也应加强监管，要合理限定金融服务外包的范围，规范监管机构的权限与监管程序，规范金融机构选择外包商的基本程序和机制，要求金融机构和外包商建立应急机制，并适度从严监管跨国金融服务外包。为实现战略目标及节约成本，全球金融服务业中越来越多的业务活动正在从自行承担转由外包服务商（以下简称“外包商”）负责，金融服务外包在国外迅猛发展。[①] 近年来，我国也有一些金融机构逐步开始了这方面的尝试。金融服务外包在提高了金融机构效率的同时，也带来一些新的风险并对金融机构的内部风险控制机制和外部金融监管带来了新的挑战。在此背景下，2005 年 2 月，巴塞尔银行监管委员会公布了《金融服务外包》[②]，对金融服务外包监管提供指引。我国金融监管部门应充分认识到金融服务外包的风险并积极采取措施加强监管。本章首先对金融服务外包的理论基础进行分析，考察金融服务外包的发展趋势，其次，以巴塞尔银行监管委员会的《金融服务外包》为基础对金融服务外包的风险类别进行探讨。

---

① 王铁山，郭根龙，冯宗宪．金融服务外包的发展趋势与承接策略［J］．国际经济合作，2007（8）．

② 2005 年 2 月，巴塞尔银行监管委员会公布了《金融服务外包》。

第一节 我国金融服务外包的风险

与国外相比，我国银行开展的外包业务量很小，且主要集中于电子银行、信用卡发行、管理和后勤事务外包等几个传统领域。近年来，随着全球金融竞争的日益激烈，服务外包更是以其具有降低经营成本、提升组织效率和强化核心竞争力的优势而深受各国银行业的青睐与采用，发展势头十分迅猛。然而，外包是一把“双刃剑”，其在成为银行竞争利器的同时也给银行带来种种潜在风险。因此，各国监管当局都十分关注银行服务外包的风险监管问题。在我国，金融服务外包风险通常可以分为以下几种。

一、不良贷款清收外包及其风险

对于金融机构产生的不良个人消费贷款，传统的清收方法耗时长、成本高，部分金融机构将不良消费贷款外包给专门的清收机构。外包清收的品种主要包括个人住房按揭贷款、汽车消费贷款、助学贷款、装修贷款、工程机械贷款等，清收的范围主要是可疑类和损失类贷款。当前，清收外包业务中存在的风险主要有几点：一是外包清收资金控制存在风险漏洞。在执行过程中，承包商没有在金融机构存放保证金或只存放少量保证金，与清收大量资金的工作职责不匹配。金融机构单方面依据承包商反馈数据进行账务核对，没有与客户进行对账，有可能造成清收资金流失。二是客户资料存在安全问题。承包商在工作过程中掌握大量客户信息，如果外包合同没有对客户资料保密进行详细规定，则存在法律风险。

二、信用卡账单制作外包及其风险

信用卡信息外泄事件屡见不鲜，美国某信用卡服务商曾遭受黑客攻击，造成近4000万持卡人的个人信息泄露。据不完全统计，我国至少有一半以上的银行将信用卡账单制作业务外包给第三方的专业机构，承包商承担了信用卡账单信函的打印、封装和投递功能。首先，这会导致数据外泄的风险。银行将客户账单数据拷贝到存储介质上交给承包公司，客户账单数据将可能在第三方的系统中驻留，而且往往不会被加密存储。同时，承包商配置的打印封装系统往往为分体式，操作人员有机会接触到打印在纸张上的客户隐私信息。其次，存在着持卡人信息泄露的风险。比如，承包商有可能将持卡人的个人信息泄露给广告公司。

三、呼叫中心外包及其风险

金融机构将呼叫中心外包给专门服务机构，尤其是海外人力成本较低的地区，可以降低经营成本，但同时可能导致客户数据和隐私外泄的风险。客户向呼叫中心咨询、求助、订购服务或产品过程中的信息或密码等个人隐私或商业机密，如果被呼叫中心有意或无意地透露出去，那可能导致经济损失或影响声誉。此外，还存在着客户资料外泄给广告公司的风险。

四、信息技术外包及其风险

金融机构信息技术外包（ITO）[①] 风险集中表现为外包过程中信息系统失控及金融机构声誉遭受影响的风险，这主要表现为对外包的内容控制有限、过度依赖服务商、对服务资源失去控制、失去信息技术应用方面的能力、活性降低、信息的安全性受到破坏或威胁等。首先，这表现在选择 IT 服务供应商上的风险。金融机构一旦选择了不合适的供应商，外包服务质量和服务响应时间将难以保证，外包 IT 系统将可能严重失控。其次，存在着过分依赖供应商的风险。随着 IT 外包服务范围的日益扩大，金融机构对外包 IT 供应商所提供服务的依赖性逐渐增强，逐渐降低了 IT 服务的灵活性，从而丧失了竞争力。此外，供应商不能准确理解金融机构的业务需求或服务商内部的变更可能会影响服务质量，无法保证服务水平。

第二节 不同业务结果的风险

金融服务外包的实质在于金融企业的重新定位，重新配置各种资源，将资源集中于相对优势领域，从而提升自身的竞争优势，增强持续发展的能力。它涵盖了包括银行在内的各类金融机构。金融服务外包业务有优厚的利益：可以降低成本以提高收益，充分利用前沿技术和技能，转移金融机构的风险，把一些风险转移给了服务外包商。这使金融机构能更好地应对迅速变化的外部市场环境和顾客需求。金融服务外包业务在产生收益的同时，也带来了风险。按照不同业务外包最后可能导致的结果，可以分为履约风险、转变业务风险、机密外泄风险、依赖性风险、职业风险、收益分配的不确定性风险等。

---

① 信息技术外包（Information Technology Outsourcing，ITO）是指企业专注于自己的核心业务，而将其 IT 系统的全部或部分外包给专业的信息技术服务公司。

一、履约风险

外包协议是外包企业与另一个法人实体、没有附属关系的第三方之间的一种合同关系。外包协议有效期限通常为5~10年，相当漫长，而在此期间业务需求和环境变化很大，甚至不可预期，服务外包提供商能否按时、按质完成协议任务，这是不确定的。

二、转变业务风险

为了取得规模经济、提高经营效率或者适应服务供应商不同的经营方式，金融机构进行外包时需要改变某些商业活动，这些改变会产生操作上的风险。在外包过渡阶段，内部人员可能需要在服务供应商的系统内接受培训。人员规模调整和雇员转移到服务供应商那里，会产生道德风险和复杂的劳动法律问题。如果对此处理得不完善，就会引起那些技术高度熟练和熟悉机构实践及要求的职员流失。

三、机密外泄风险

外包有时必须把金融单位的机密资料、账簿和档案透露给第三方，同时，企业的很多信息也将由第三方外包服务商提供。随着信息传递范围的扩大，可能会由于第三方外包服务商的不忠而导致企业信息资源损失、核心技术及商业机密泄露。一旦外包服务供应商泄密，势必会产生经营上、法律上和职业上的严重后果。

四、依赖性风险

金融服务外包在一定程度上使得金融机构对金融服务外包提供商形成事实上的依赖性，这在某种程度上具有一定的潜在风险。例如，如果金融机构要求服务供应商改变传统服务，服务供应商是否有能力按照要求完成任务；如果合同签订后，发现服务供应商不能令人满意，则重新寻找服务供应商可能会产生沉没成本。另外，对服务供应商的依赖性增强，也难免会减少金融机构组织学习的能力。

五、职业风险

业务外包实际上是将内部操作的部分业务或项目交给第三人，第三人的独立性造成了银行预期沟通和交流的困难。如果服务供应商是金融机构潜在的客户，服务供应商的问题可能会影响到其他的客户机构。例如，客户服务转接中心，服务供应商的雇员与金融机构的用户直接面对，互相影响，似乎他们是这家金融机构的雇员。如果这种相互影响与金融机构的政策和标准不一致，那就会给金融机构带来职业上的风险。

六、收益分配的不确定性风险

其一，由于存在资产的专用性（无论是地点、物资资产、贡献资产还是人力资源的专用性），因而，对于已签订外包合同的双方而言，他们必定会处于一定程度的双边垄断之中。双边垄断的程度与外包的产品或服务所在的行业竞争激烈程度呈负相关。其二，任何外包的合同都是不完全合同，因为签订外包合同的双方都不可能完全预测到未来执行合同时可能出现的各种情况，以及相应的解决办法；即使可以预测到未来执行合同时可能出现的所有情况和相应采取的对策，却不可能完全没有争议地把它们写进合同中；即使可以都写进合同中，也不能确保所有条款都有可证实性。合同的不完全性与双边垄断的结合将产生一定的准租金，由于机会主义的存在，对于准租金的分配会有很大的不确定性，从而提高了外包收益的不确定性，进而使金融机构承担很大的盈利风险。

第三节 银行服务外包的风险

巴塞尔银行监管委员会的《金融服务外包》中指出，金融服务外包是指金融机构在持续经营的基础上，利用外包商（为公司集团内部的附属实体或公司集团的外部实体）来实施原由自身进行的业务活动。外包的金融服务通常包括如下几种类型：信息技术（Information Technology），如信息技术的应用开发、编程和编码等；具体操作（Specific Operations），如会计服务、后勤服务及管理工作等；契约功能（Contract Functions），如呼叫中心等。[①] 银行业服务外包，是指银行机构将原本应由自身处理的某些事务或某些业务活动，委托给第三方处理的经营方式。作为一种创新的经营模式，银行业服务外包有利于银行机构降低经营成本，规避经营风险，从而提高核心竞争力。然而，服务外包是一把“双刃剑”，在成为银行机构竞争利器的同时，也可能由于隐藏信息、市场失效、道德风险、不完全契约等因素引发各种潜在风险，对发包银行乃至其所在国家或地区的金融体系带来冲击。因此，加强银行业服务外包监管、建立外包风险识别与防范措施，是世界主要国家和地区支持银行发展的一项重要措施。美国以监管指引的方式，建立完善的银行业服务外包监管体系，在引导银行机构加强内部控制、防范服务外包风险等方面发挥了重要作用，其经验值得我国参考和借鉴。2005 年 2 月，巴塞

① 曾康霖，余保福．金融服务外包的风险控制及其监管研究［J］．金融论坛，2006（6）．

尔银行监管委员会发布《金融服务外包》（Outsourcing in Financial Service），为金融服务外包监管提供了指引。该文件指出，银行业服务外包潜藏着以下风险。

一、系统失控风险

银行将某项服务特别是核心服务外包给第三方，很可能因为疏于对外包服务运行状况的追踪与评估，或者缺乏充分的专业能力而无法对服务商提供的服务进行有效的专业检查，在外包进程中形成路径依赖。银行对自身外包服务项目的技术、成本和发展动向无法形成有效的把握，从而被服务商牵着鼻子走路。即使服务商打着设计、改进外包项目技术的幌子而为自己的利益行事，银行也难以在服务外包设施投资和成本支出方面对服务商形成有效约束。

二、对手风险

这种风险主要源自承接银行服务的服务商，既包括服务商由于人力、物力、财力发生变化而无力提供外包合同原先规定的服务所引发的风险，也包括其提供的服务质量低劣，与客户互动不符合银行所需的整体标准，以及其从事不符合银行要求的损害银行利益的不当行为及信用恶化等因素所引起的一系列风险。

三、信息泄露风险

这种风险是指银行在有些服务外包中需要将保密性数据、战略性技术或者自身的账簿、交易记录交由服务商处理时，由于服务商不具有完备的守法体系与控制能力，致使其雇员无法保证做到遵守隐私方面的法律，包括消费者保护法、审慎法规要求或双方的保密协议而出现上述信息泄露的现象。

四、战略风险

资产的专用性和技术的依赖性使得银行在服务外包过程中处于弱势地位。如果银行对服务商的服务水平不满，选择中途退出或者期满后终止外包合同，那都要支付很高的退出成本。因为，银行重新选择服务商会面临外包服务无法连续的问题，处理不好会使银行在财务、信誉、运作和潜在客户资源等方面蒙受损失。

五、法律风险

外包双方在签订合同时不可能预测出未来合同执行可能出现的各种情况，以及相应的解决办法。囿于信息不对称，银行对完成外包服务所需技术支持的了解不如服务商，这样，很可能会出现这种情况：合同上的一些解决条款因缺乏可证实性而不利于银行。此外，该风险还表现为因合同法律适用选择不当致使银行败诉而无法维护自身的合法利益。

第四节 发包方企业的风险

企业采用外包策略，在不扩大企业规模的情况下，却实际上拓宽了企业的边界。它既降低了企业固定投资成本，又降低了企业在外部市场交易中的不确定性。但是，外包也带来了新的问题。例如，企业不但要重新调整治理结构，也失去了对外包业务部分的完全控制。作为发包方的企业主要面临着三大类别的风险：决策风险、信息不对称风险和管理风险。

一、决策风险

企业决策者决策是否将外包给接包商时，他必须考虑以下几个因素：①接包商是否具有很强的协调外包环节价值链的能力；②能否将价值链的优化与企业的需求有机结合起来，即要求企业能够恰到好处地对价值链加以组织和利用。如果上述两种情况能够得到很好的满足，则企业的外包决策业务是成功的，并将获得服务外包过程中为企业带来的诸多好处、有效的组织结构以及可观的利润。然而，在企业的实际运营过程中，有许多不确定和不可预见的因素左右着决策者的判断，而决策的失误将为企业带来不可预期的后果。外包决策风险主要包括外包企业的有限理性、外包交易的潜在锁定风险两个方面。

（1）外包企业的有限理性。风险外包企业的有限理性主要是指企业决策者的理性行为的客观有限性。造成这种有限性的原因，首先在于决策者的理性判断是有限的，存在无法避免的局限性，企业管理层在进行外包决策时很难做到面面俱到。这种有限理性的程度主要取决于企业管理层的知识储备、实战能力以及个人的以往背景。其次，契约的不完善性。由于企业无法准确预见经营环境中各种不确定性，且很难搜集到所有的相关信息，因而无法达成一个十分完善的契约。契约的不完善性既增加了外包的事后成本，也在客观上助长了接包商的机会主义行为。

（2）外包交易的潜在锁定风险。锁定效应，主要是指一旦企业与某服务外包接包商达成协议，建立了服务外包的委托合约，这种委托—代理关系便相对固定，除非企业愿意支付高额的转移成本，否则，很难摆脱与接包商的交易关系。锁定风险直接导致了业务外包谈判和决策成本的提高，甚至造成新的成本，如重新选择接包商的转移成本等。造成锁定风险的主要原因有以下三方面：

1）资产专用性。当一项耐久性投资被用于支持某些特定的交易时，所投入的资产就具有专用性。当存在资产专用性的情况下，若发包方在合同未执行完毕的时候结束与服务接包商的委托—代理关系，则只能收回部分的资金，加之合同未完成，从而造成大量的资金和其他损失。因此，企业在与接包商建立服务外包的关系过程中专用性资产的投入越大，其面临的锁定风险也就越随之增加。即使外包合同圆满完成，若企业希望更换接包商，也将面临在重新选择新的接包商的决策过程中所产生的一切成本。

2）可供选择的服务接包商的数量有限。有限数量的服务提供商使企业在选择服务、服务外包商的承接商、建立服务外包关系的过程中处于不利的谈判地位并只拥有有限议价能力。同时，可以替换的选择太少也使得外包企业对已选接包商的依赖加强。接包商相互之间缺乏足够的竞争不利于服务水平的提高，不利于促使接包商技术的更新与进步（尤其是在IT服务外包中），使选择外包的企业的服务外包成本增加。

3）外包企业缺乏外包合同的专业知识。这主要是指，企业缺乏订立外包合同的相关专业知识，从而签订了一个缺乏适应性的长期合同，导致企业锁定于外包的长期合同中。例如，企业在选择将IT服务外包出去，从而达到优化内部结构、节约成本、获得技术优势、集中发展核心业务的同时，也逐渐形成了对IT服务接包商的依赖，事实上这种依赖从采取外包形式的那一刻起就已经形成。同时，外包合同的长期性，又使得这种依赖关系不断深化，僵死的条款、缺乏应急条款、缺乏谈判机制等都可能导致合同本身缺乏灵活性，这样的合同往往在情况发生变化时给企业造成不良后果。随着企业的不断壮大，在其业务的拓展上可能会受制于企业内部专业IT部门的缺位，使企业进一步的发展受到阻碍。

二、信息不对称风险

外包的实质是企业和服务商之间的一种委托—代理关系，而从信息经济学的角度来看，合同是一个典型的信息不对称的模式。一般而言，由于委托方和代理方之间存在着信息不对称、信息扭曲等问题，加之市场宏观环境的不确定性，委托人往往比代理人处于一个更不利的位置，实施IT服务外包的企业（委托人）与服务外包商（代理人）之间的关系也是如此。服务外包中的信息不对称风险主要包括逆向选择的风险与道德风险两个因素。

（1）逆向选择的风险。由于信息不对称，服务商比企业更了解自己的资信、真实的技术实力、人员实力，并向企业提供不充分或不真实的信息。正是这种信息不对称的决策导致了逆向选择，即企业误选了不适合自身实际情况的服务商。逆向选择将导致低质商品排斥优质商品，市场效率低下，资源浪费严重。服务外包中的逆向选择主要表现为企业选择了存在技术力量不强，管理能力不济、资金不足、信誉不佳等全部或部分缺陷的接包商。导致逆向选择风险的产生主要是由以下三个风险引起的：

1）接包商技术力量不强。接包商的技术实力是外包项目能否在约定的时期内高质量完成的关键，尤其是在对技术有很高要求和依赖的服务外包部门。接包商的技术力量不足和技术人员的素质缺乏将直接影响企业包出去的业务的完成质量，并可能直接影响企业的经营运转。此外，接包商对信息技术缺乏敏锐的洞察力，会使得企业的信息化建设不能采用最先进或者说是最合适的信息技术，就难以保证外包项目的先进性。

2）服务接包商管理能力不济。接包商对所承项目资金、人员、进度、质量的管理的科学有效性将影响接包商执行合同的效率与质量。如果接包商管理能力不济，那么，轻则影响外包项目的质量和进度，增加外包项目的成本，重则导致项目失败或接包商倒闭，给企业带来严重影响。

3）接包商自身资金不足。服务接包商在执行合同过程中的诸多成本和费用，以及技术上的更新需要，要求接包商拥有坚实的资金后盾。尽管在合同开始执行前接包商能够从发包商处预先得到项目预付款，但如果接包商缺乏足够的资金作为后盾，就无法及时购买先进的信息技术和聘用有能力的信息技术开发人员，甚至无法保证项目的正常运作。

（2）道德风险。在委托人与代理人达成契约之后，由于委托人无法观察到代理人的某些行为，或者说委托人没有观察到代理人已经观察到的环境的变化，代理人可以在有契约保障的条件下采取不利于委托人的一些行动（即败德行为），进而损害委托人的利益而给委托人带来了风险，这种风险就称为道德风险。道德风险是契约实施阶段的机会主义行为，也是代理人的一种理性反应。在外包项目中，接包商可能出现偷工减料、放松管理、泄密信息、刻意破坏等败德行为，这些行为会给企业带来极大的风险。此外，由于信息不对称的存在，企业无法及时了解外包服务商是否严格履行合同的承诺，无法以控制自己职员行为那样的方式对外包商的行为进行控制。服务外包中的道德风险主要涉及偷工减料、隐藏行动、泄露机密信息、隐藏知识等风险因素。

1）偷工减料。一方面，信息技术外包项目中接包商在成本因素的驱动下，使用处于生命周期后期的硬件和软件技术，从而降低了信息技术外包项目的质量；另一方面，由于创造性劳动的劳动时间难以估计，因而，这为承包企业故意延长开发时间提供了可能。

2）隐藏行动。这种隐藏行动导致了败德行为，即外包服务商降低服务水准、增加潜在费用。它暴露了发包商与接包商在订立契约关系之后发包商对接包商的管理缺位。首先，企业与服务接包商是两个独立的经济实体，没有任何的隶属关系，虽然企业可以在一定程度上影响外包商的人员调配、资金投入等决策，但仍不能完全保证企业对外包商的有效监管。其次，企业也不可能投入大量的人力和财力来对外包商进行监管，一方面，这样会增加外包的成本，使外包失去原有的意义；另一方面，企业不拥有实施有力监管的技术知识。如果契约双方未就相关的权利和义务做出明确的规定，那么接包商就有可能利用合同的漏洞以及对方监管的不利采取不利于发包企业的行动。

3）泄密信息。也就是外包过程中存在的信息安全风险。企业将自己的信息管理项目或信息系统交由外部的接包商来开发或运行，接包商在信息技术项目开发过程中可能会涉及企业的需要保密的私有信息（如商业秘密、内部信息）。例如，在这个以信息为主导的时代，IT 服务外包在企业经营中的作用和地位都在不断加强，不仅非核心业务，而且核心业务往往也离不开信息技术的支持，这就使服务提供商有了接触企业核心商业机密的机会。如果在外包的过程中，企业不能对接包商采取有效的监控措施，那么将涉及企业核心机密的信息交由服务提供商进行处理，这无疑会成为威胁企业内部信息安全的定时炸弹，并且一旦出现问题会对企业造成致命的打击，甚至严重威胁企业的持续经营问题。信息安全已经成为服务外包转移方选择承接方的一个必要的标准，转移方非常关注信息企业的整个流程中的机密性。信息的安全包括机密性、完整性、可用性三个属性。只有这三个属性都能满足业务的需求，信息的安全才算是有所保障的。

4）刻意破产。它指服务外包的承包企业在与发包商签订契约、取得项目实施的开发资金后，可能故意宣告公司破产，使发包企业在资金和项目进展上蒙受巨大的损失。

5）隐藏知识。它指承包企业利用信息的不对称性，在知识的运用和更新等方面对发包企业进行隐瞒，从而损害外包企业的利益。此外，接包商也可以利用隐藏知识的优势将由于自身因素造成的外包过程中的失误归结于外包环境的不利影响，推卸自己应当承担的责任。

三、管理风险

服务外包中的管理风险指服务外包过程中发包企业所面临的失控问题。当发包企业将外包项目交由接包商负责后对接包商执行合同、完成项目过程中的管理缺位，即发包企业丧失了对外包项目的管理职能，无法对外包内容进行直接的控制。管理风险是服务外包中首要的和最基本的风险，主要表现为以下三个方面。

（1）发包企业的企业灵活性丧失。由于发包企业往往对外包项目缺乏直接控制的权利，因而不能进行有效的管理工作，这会造成在外包项目具体实施过程中企业灵活性的丧失。一般而言，外包合同签订后即相对固定，然而，随着时间的变迁，随着企业内部和外部环境的改变以及企业发展战略的完善更新，发包商的外包业务需求也可能会有相应的变化，此时，由于固有合同的限制，企业则无法及时地对外包项目做出相关的调整，这使企业在发展中丧失了部分自主性与灵活性。外包也可能会使企业受制于服务商，企业对外包的内容控制有限，难以对服务商的职能与安排进行控制，失去对信息系统的控制，失去对服务资源的控制。此外，造成企业自身灵活性丧失的原因还包括由于过度依赖外包接包商而导致的企业专业人才的流失。

（2）外包交易中的协调风险。协调风险是指服务外包的合同双方由于缺乏良好的沟通与协调而导致的外包合同执行过程中的不确定性。基于委托—代理关系的服务外包的双方，无论在日常的经营活动中，还是法律地位上，都是两个独立的经济实体，当契约将双方联系在一起共同完成一个项目的时候，就需要双方在共同利益的基础上进行有效的、明确的、完整的沟通，尤其是针对执行外包合同过程中的具体细节。由于双方在战略目标、管理理念、企业文化等方面存在着或多或少的差异与分歧，因而若双方缺乏有效的沟通则可能导致企业与外包团队之间互不信任、相互推诿、相互指责，造成有效合作难以持续地进行，造成外包执行和实施成本的激增，甚至导致业务外包最终“流产”。

（3）服务外包战略可能造成公司学习机会和核心竞争力培养机会的丧失。这也是企业在决策是否采用服务外包形式时所面临的机会成本（或替代成本）。当企业选择服务外包的实践只是为了在短期内控制成本及提升短期的竞争优势时，则可能因此而丧失了获得关键技能和构建未来核心竞争力的机会。把业务外包给接包商或许有利于保住发包商当前竞争优势，甚至使其竞争优势有明显的提升，但却使发包商丧失了创新、改善发展结构和管理方法的动力，降低了发包商的创新能力和生存能力，缩小了企业进一步发展的空间；发包商因对接包商的过度依赖而停止对自身竞争力的培养和提升，这甚至可能导致企业竞争力的丧失，而当这些未培育和未提升的竞争力与发包商的核心竞争力密切相关时，发包商未来的发展就会受到巨大的威胁。

第五节　外包执行过程中的风险

外包是合作企业之间一种动态博弈的过程，企业之所以出现外包决策失误，很大程度上是由于对自身的外包动机与承包方缺乏足够的了解。明确企业外包的目的、根据外包业务的类型选择合适的承包商、签订一份完善的合同及建立有效的合作监管机制，这些都是企业规避外包风险的有效途径。对于金融服务外包中的风险，也可以从整体和局部两个层面，分为综合风险和阶段风险。为确保外包过程能有效运行，使外包过程的结果满足组织的要求，组织应对外包过程实施控制。控制的要求应与外包过程对组织的质量管理体系运行和产品质量的影响程度相适应。控制的要求与程序应在质量管理体系文件中做出规定。企业不能仅仅因为显性成本而外包。企业进行外包决策的第一个议题肯定是“究竟要不要把这项业务外包出去”。外包的确能带来财务收益、经济收益、企业核心竞争力提高等很多潜在优势，但如果仅仅因为某项业务的内部成本与外部存在差异，就轻易下结论把某项活动外包出去，那么，这是不明智的。一方面，由于信息的不对称，企业无法真正了解外部成本结构；另一方面，企业进行外包时还需要花费大量的成本，用在外包商的选择、合同的签订、管理等活动上，同时企业还需要承担各种风险。

一、综合风险

它是贯穿于整个外包过程的几大类风险，包括由于信息不对称导致的道德风险、内部学习与创新能力退化风险、企业灵活性价值丧失的风险以及新技术进步带来的风险。

二、阶段性风险

它指在外包的各个阶段出现的、带有浓厚阶段色彩的风险。服务外包可以分为组织内评估、外包商选择、合同洽谈与制订及外包管理四个阶段，每个阶段中都会出现特有的风险。

三、特殊风险

服务外包领域包括诸多具有行业特性的具体行业，因此，不同的服务外包行业所面临的风险也具有一定的特殊性。下面将就一些典型的外包行业中的特殊风险进行简要的说明。

（1）IT 服务外包中的成本风险。在服务外包的实践中，选择 IT 服务外包可能不仅不会降低信息技术的成本，反而可能会降低企业的利润，而导致费用更高的原因通常是那些不可预测和未予说明的变更，这一现象即为服务外包中的高成本风险。IT 服务中的主要生产要素即技术，不同于其他的生产要素，技术的更新速度是相当快的，随之而来的是技术成本随时间推移的持续下降。因此，倘若是企业自身承担 IT 服务，那么这部分的成本从中长期来看也是不断下降的，从而企业获益于技术进步，这部分收益一方面来自成本的降低，另一方面来自新技术带来的工作效率的提高。然而，对于采用外包形式来获得 IT 服务的公司，技术的进步恰恰意味着成本的增加：一方面，外包合同价格的相对固定性与技术成本

不断下降之间造成了不对称性；另一方面，服务接包商采取新技术或降低成本的主动性不强。服务费用并不随技术成本的降低而变化，相对来说就更昂贵，从而存在与企业想要分享信息技术进步、降低成本的初衷背道而驰的风险。

（2）金融服务外包的外部风险。金融服务外包的外部风险，主要是指金融行业所具有的全球化与自由化的特点所带来的经济体以外的国家和地区的金融风险事件的发生向本国和本地区的传播。金融全球化是当今金融发展的总趋势，它是指全球活动的风险发生机制联系日益紧密的过程。它的具体表现之一是金融风险的全球化，使本国的金融行业的整体风险不仅受到本国家或地区的内在的宏观和微观的各种因素的综合影响，还受到来自外部经济体的风险发生的情况和程度的影响。由于金融活动和风险发生机制的联系日益紧密，因而，在全球化的今天，国与国之间金融脆弱以致金融危机的联系也愈加紧密。这表现为金融危机具有极强的传播效应。2007 年，由于美国的次贷危机引发的全球性的金融与经济危机的影响范围之广、程度之深就很好地证明了这一点。因此，在金融服务外包过程中，尤其是在离岸外包活动中，要充分考虑外部风险对我国的服务承包商以及发包商的影响，将外部风险引入金融服务外包参与企业的风险预警机制中。

第六节　宏观层面的风险

在风险评估程序中运用分析程序主要在于识别那些可能表明存在重大错报风险的异常变化。在实质性程序中运用分析程序主要是更有效地将认定层次的检查风险降至可接受的水平。从宏观的角度来看，风险造成的结果按照影响力可以分为国家风险、战略风险和合同风险。

一、国家风险

一般也称为政治风险或主权风险，国家风险的范围较广，它包括影响外包活动的所有环境的变化，严格地说，它是各种政治力量使一个国家的商业环境发生剧烈变化，并影响到外包机构的外包目标实现的可能性。政治、社会和法律环境可能产生额外风险，破坏外包业务的连续性。战争、革命、政变、示威、暗杀或暴动将打断一国的对外交往，必将影响外包目标的实现。一国的法制水平、社会腐败状况、官僚机构的办事效率，以及不同文化的融合也间接地影响着外包合同的执行效率。国家风险可分为宏观国家风险和微观国家风险两种。宏观国家风险是指以同一方式受到政治上所激发的对商业环境造成的不连续性影响。它是间接的和不连续的，发生于所有离岸操作。例如，在古巴、阿尔及利亚、智利、埃及等国曾发生过的没收外国资本的事件，不管来自哪个国家的金融机构都受到了冲击。而微观国家风险是某个或某些机构特有的风险，它随产品或服务的种类、技术水平、所有权结构、管理体制等的不同而不同，对单个机构的影响更为直接。国家风险的后果是：国有化（没收）、行业管制、税收控制、价格管制、政治制裁等，其中，没收是最严重的国家风险。

二、战略风险

外包服务供应商可能会根据自身的利益，采取与外包机构的整体战略目标不一致的做法，金融机构未能对外包提供方实施适当的监督，以及监督服务供应商的能力不足都会导致战略风险。这种对外包机构战略的偏离可能导致严重的后果。战略所关注的是难以很快实施和逆转的决策问题，而战略风险所关注的则是相对不够灵活的决策最终失败所造成的后果。对外包服务项目、外包业务范围或离岸地理位置的选择，是关键的战略决策，它决定将出现何种类型和规模的风险，因此也就决定着哪些风险需要管理。企业为了适应新的竞争环境，需要整合内部资源与外部资源，这也就是金融机构与合作方形成战略外包关系的根源。每一项战略性外包都是一个复杂而长期的过程，外包机构和服务供应商之间建立的是一种长期的商业伙伴关系。双方的良好合作是以它们相互间充分信任为基础的。缺乏这种信任和强烈的合作愿望，这种供应链的有序运作是不可能的。但是，供应链不可能永远是一团和气。供应链中的企业都是独立的利益个体，虽然相互间存在战略伙伴关系，但同时也存在自身的利益，而这些企业加入供应链的最根本的想法也就是为了获得更多的利益。由于存在利益的分配问题，因而不免存在着争议、矛盾，甚至冲突。要保证供应链良好的信任和合作，就必须意识到这些问题的客观存在和找到相应的解决办法。

三、合同风险

银行外包诸如后勤、人事和信息服务等业务时，虽然在外包契约中对质量水平的控制有约定，但是在实际操作中由于受诸多变动因素的影响，对质量水平往往难以衡量和认定。同时，由于外包谈判人员同真正的外包执行人员往往不一致，因而，在执行过程中往往存在由于对契约内容不同的理解而产生的分歧。此外，出于灵活性考虑，商业银行一般倾向于签订短期的外包契约，这样，无疑扩大了与外包企业的磨合机会。外包不可避免地会使银行受外部企业兴衰的制约。一些外包服务提供商在执行中由于缺乏某些技术，往往进一步寻找分包的厂商，而银行又不愿让业务信息外泄得太多，一旦出现这样的矛盾，就会危及双方的合作关系，影响到银行业务的进行。因此，要同时管理和控制多家外包服务提供商是一项艰巨、复杂的管理工作。另外，如果银行对一家服务供应商过分依赖，那么，机构本身相关技能的缺失使它不能将活动带回机构内部，并且，它签订了快速退出就会付出高昂代价的合同而无法退出。由于缺乏相关雇员和知识体系的缺失，因而将服务返回到母国的能力受到限制。当然，还有其他风险。金融服务外包中还会出现许多其他的风险，虽然占的比例或者影响强度不一定很大，但仍然不可忽视。

第七节 由巴塞尔联合论坛所分类的风险

根据巴塞尔委员会联合论坛于2005 年2 月发布的《金融服务外包》，金融服务外包是指受监管实体持续地利用外包服务商（为集团内的附属实体或集团以外的实体）来完成以前由自身承担的业务活动。金融服务离岸外包涉及三方当事人，即金融机构、境外服务提供商和服务的最终用户。服务交付一般采用跨境的方式，以电子交付为主，涉及的服务领域一般可以分为两类：核心业务（如基金管理业及保险业中的投资管理、基金单位定价及托管、核保与索赔支付）与附属业务（如信息技术、后台业务操作、客服等）。依据巴塞尔联合论坛的分类，具体地讲，外包风险分为十类。

一、战略风险（Strategic Risk）

它指承包商依照自己的利益自行处理业务而不符合发包方的总体战略和利益，发包方未对承包商实施有效监督，发包方没有足够的技术能力对承包商进行监督。发包的金融机构缺乏对外包风险的内控制度是导致风险的主要根源，具体表现为外包监管制度不够细化，缺乏可行性研究、审批及执行监控等环节规定，特别是缺乏具体的实施细则和操作流程，以及分析统计制度、执行监督制度、应急报告制度和后评价制度。此外，金融机构在外包管理上主要是按业务“条块”管理，高管层不能及时、全面地了解外包业务的风险状况。

二、声誉风险（Reputation Risk）

它指承包商服务质量低劣，对客户不能提供达到发包方要求标准的服务，或承包商的操作方式不符合发包方的规定做法。比如，在外包过程中，金融机构与外包供应商没有向客户说明双方的关系及职责，供应商可能会以金融机构的名义开展业务，甚至采用非法手段对待客户，容易导致客户投诉金融机构，从而引发金融机构的声誉风险。又如，第三方服务质量低劣；对客户不能提供与发包机构同一标准的服务；第三方的操作方式不符合发包机构的传统做法；等等。

三、法律风险（Compliance Risk）

它指承包商不遵守有关隐私的法律，或未能充分遵守保护客户资料以及审慎监管的相关法律，或没有充分遵从监管和制度。最常见的是关于客户数据安全和资料保密的问题。外包过程中，承包商及其雇员有可能违反保密协议，泄露金融机构需要保密的数据、战略性技术或者财务记录等保密信息。同时，承包商在工作过程中掌握金融机构的大量客户信息，如果外包合同没有对客户资料保密进行详细规定，那么存在潜在的法律风险。此外，外包要求金融机构在内部组织和人员结构上要做出相应的调整，这一调整可能需要裁减该项业务的内部人员，由此可能引发违反劳动法律的风险，也可能发生被解雇人员泄露商业机密、带走部分客户的风险。

四、操作风险（Operational Risk）

它指出现技术故障，或承包商没有充足的财力来完成承包的业务并无力采取补救措施，欺骗或过失，或发包方难以对外包项目进行检查或检查成本过高。服务外包必然导致金融机构业务管理和操作上的改变，这种改变也可能增加金融机构的操作风险。这包括多个方面，如技术失误，没有充足的财力履行责任，公司发现进行检查很困难或代价很大，第三方的做法与外包机构规定的做法（民族的或其他方面的）不一致，外包协议阻碍了外包机构及时向监管机构提供资料和其他信息的能力，等等。

五、退出风险（Exit Strategy Risk）

它指发包方过度依赖某一承包商，或自身缺乏对有关制度的熟悉而没有能力在必要时收回外包业务，或快速终止外包合同和更换承包商的成本过高。一旦金融机构自身失去业务处理能力，就无法在必要时将外包业务收回；在此种情况下，快速终止外包合同的成本极高。

六、信用风险（Counterparty Risk）

它指银行贷款或投资债券中发生的一种风险，也即为外包商违约的风险。是指借款人因各种原因未能及时、足额偿还债务或银行贷款而违约的可能性。发生违约时，债权人或银行必将因为未能得到预期的收益而承担财务上的损失。

七、国家风险（Country Risk）

它是由共同因素引起的，包括政治、社会和法律环境造成的风险。它影响着绝大多数企业的运营，风险的诱因发生在外包商的外部，承包商本身无法控制它，其带来的影响面一般都比较大。

八、履约风险（Contractual Risk）

它指承包商不能履约完成合同规定任务的风险。比如，外包合同一般都有较长的期限，随着商业环境以及承包商自身的变化，承包机构在能否按时、保质完成合同任务方面存在一定的不确定性。这种风险主要来源于外包合同的不规范。目前实施的外包合同往往比较简单，经常缺乏执行控制、质量控制、权利与义务控制等方面的细化规定，对于在外包过程中发生的新情况、新问题、新风险，没有签署补充协议来明确规定。履约的能力，对跨国外包来说，适用法律的选择很重要。

九、沟通风险（Access Risk）

它指外包业务阻碍了发包方及时向监管当局提供数据和其他信息，监管当局理解承包商业务活动有额外的困难。服务外包实际上是将内部操作的部分业务或项目交给第三方，第三方的独立性造成了金融机构预期沟通和交流的困难。此外，我国金融机构监管法规体系尚无关于业务外包的详细规定，大部分外包业务处于监管盲区，监管当局难以获得外包业务数据及信息，也无法对承包商进行现场检查，影响了监管当局及时、全面地对外包业务的合规性及风险控制的有效性进行评价。被监管机构无法及时向监管当局提供数据和信息；监管当局了解承包方业务活动有一定难度。

十、集中和系统风险（Concentration and Systemic Risk）

它指承包商给行业整体带来的风险较大，包括个别企业对承包商缺乏控制，以及行业整体面临系统性风险。与个别风险的管理相比，对系统性风险的监管更艰难、更复杂，需要监管理念、监管方式的一些根本改变。

第八节 企业内外的风险

随着我国服务外包企业的发展，服务外包企业的风险问题应引起高度的重视。在企业的成长过程中，由于服务外包企业外部因素的影响和服务外包企业内部因素的影响，使得企业始终处于风险之中。本书分析了服务外包企业风险的成因，包括服务对象变化的影响、发包方国家政策的影响、国际市场变化的影响、资金供给渠道的影响、经营活动带来的风险及由于企业风险意识差带来的风险。本书提出了防范服务外包企业风险的具体措施，包括增强企业风险意识，提高企业风险防范能力；科学评估外包项目，实行业务全程风险控制；实行谨慎处理原则，制定外包风险准备制度；拓宽资金筹集渠道，充分发挥资金使用效益。在企业的发展历程中，风险无时不在，也无处不在，既有源于企业外部的不可控因素所导致的风险，如社会动荡、自然灾害等，也有源自企业内部可控因素所导致的风险。本节仅就企业内外风险的渊源进行分析。

一、来自企业内部的风险

来自企业内部的风险包括决策风险、人力风险、财务风险和管理风险。

（1）决策风险主要包括合同风险和退出策略风险。合同风险包括：合同修订、中止或终止，履行合同的能力以及离岸外包中管辖法的选择。退出策略风险主要是由不适当的市场退出引起的。导致决策风险的原因有金融机构对自己的核心能力和非核心能力的把握不准确或不够重视、战略指导理论落后、环境的变化频繁、发展战略与前期制定的发展计划不一致、公司资源对目标缺乏支持、对所处行业环境的发展规律的认识不够以及领导层的新旧更替等。其中，主要原因还是金融机构对自身能力、资源和所处环境把握不准确。

（2）人力风险包括人员流失、缺乏、失误、欺诈等风险。金融业是劳动密集型的产业，因此人员的稳定性和人才的素质直接影响着金融服务的品质。人力风险包括：由于薪资下降、上下层沟通不到位、离岸外包的语言障碍、文化差异以及文化融合度差等原因导致员工产生抵触情绪，人员流失；服务环节的外包导致金融机构内部的服务能力和学习能力的降低、技术水平下降、后备人才缺乏；信息不对称、信息沟通渠道不畅通以及机会主义行为导致失误和欺诈等。

（3）财务风险包括了连带风险、外汇风险以及操作风险。外包的方式有很多种：合同、战略联盟、以参股或合资企业形式建立合作关系等，可见在一些情况下存在金融机构与外包商互相投资、参股的情况；这样做可以保持合作关系的稳定性，加强双方目标的一致性，减少机会主义的产生，但是缺陷在于，两者之中任何一方的经营、财务等问题都可能很快地传递到另一方，出现“蝴蝶效应”，产生连带风险。另外，离岸的金融服务外包涉及用外汇购买外包资产以及外汇结算的问题，因此，也可能带来汇率风险，同理，还有利率风险。此外，在外包中财务方面可能出现流动性风险，致使缺乏足够财力以履行责任或提供补偿。

（4）金融服务外包的管理风险。金融服务外包的管理风险包括：合规风险、操作风险、信息风险。其中，合规风险主要指未遵守隐私法、未充分遵守客户与谨慎管理的法规以及委托方的合规金融服务外包及其风险研究与控制力不足等；

操作风险主要指对外包商实施检查的成本过高；信息风险则指外包协议影响受监管实体向当局及时提供数据及信息或信息被盗等。导致管理风险的原因还有质量保障体系欠完善性、联络渠道不健全性、外包绩效衡量标准的不科学性、高层领导知识结构和领导能力的欠缺，以及组织学习与知识管理体系、组织结构适应性、信息保密性差等。由于外包涉及的是两个或多个不同的、独立的经济实体，因而，它不是管理的结束，而是新的管理的开始，而在金融领域，管理的对象更为复杂，因此加大了管理难度。

二、来自企业外部的风险

来自企业外部的风险包括系统风险、市场风险、技术风险和服务商的风险。

（1）系统风险主要包括国家风险。国家风险是指政治、社会或法律因素的变动，以及商业持续性计划的复杂性；集中与系统风险是指行业整体的风险集中于某一服务商。国家风险主要是由政权的交替、工会力量以及社会利益集团的力量的此消彼长、媒体导向的变化、不同经济周期的政策的转变等引起。据报道，一些媒体与工会团体开始指责采用外包的欧美金融企业，无视本地雇员与公众利益，继外包烦恼之后再添金融服务外包之乱。金融危机、经济危机所导致的风险是系统性风险，波及范围广、时间长，是任何机构都面临的并难以控制的风险，只要是在危机发生区域，都会遭受冲击；金融体制由分业到混业转变是大势所趋，它意味着金融业务的逐步放开，有更多的金融机构参与各项金融服务的竞争，同时也对金融监管制度提出了更高的要求；贸易自由化促使了发展中国家和发达国家服务贸易市场的进一步开放，有更多的外包商参与竞争，优劣都充斥其中，难以分辨；贸易保护主义和自由贸易主义两股力量的抗衡，导致国家外包政策的变化，或是支持外包，或是反对外包，这种不确定性严重影响了跨国金融机构外包战略的制定和实施。此外，系统风险还表现在风险集中上，如果外包市场被一个或少数外包商所垄断，那么极有可能导致风险的集中和扩大。金融产业是牵动国家经济命脉的关键产业，因此要分析金融服务外包的系统风险就要时刻关注整个社会系统的变化。

（2）市场风险。这个市场指的是外包市场，包括市场结构、市场机制和市场环境的完备程度、市场评价机制的健全程度、市场的利润构成以及利润空间等。市场风险主要表现为名誉风险（服务成本和质量问题）。随着外包经验和技术的成熟，外包市场格局发生变化，某些外包商竞争能力加强，从而提高了讨价还价的能力，导致外包成本上升；也有可能是行业标准、知识产权等法规完善加大了外包的进入门槛，导致总成本上升。质量下降可能是由于金融机构对外包商进一步的低成本控制降低了其利润空间，导致外包商丧失服务积极性，也可能是由于外包商人才流失严重，在很大程度上影响了生产能力，从而导致质量下降。在应对市场风险方面，印度比中国更有优势。印度相对于中国的最大优势是政府的重视以及知识产权保护的力度。在中国从事外包的企业规模普遍较小，一个原因是中国人做生意比较依赖关系，这种方式必然会形成很多的小公司，而印度的外包企业则遵循着行业市场规则，不管是知识产权保护还是安全保护都是如此。

（3）技术风险包括技术不适用、技术泄密和技术被模仿。如今金融服务的提供越来越依赖于信息技术，信息技术的应用直接关系到金融服务提供的数量和质量，金融服务制造和提供过程与技术的应用是密不可分的，因此，技术风险对金融机构的运作可能产生连带作用。技术风险主要表现在技术不适用和技术泄密两个风险事件上，主要原因是技术标准不统一、技术缺乏连续性和延展性，以及技术安全保密性能差、抗侵袭能力差等。如技术的不断更新可能使得金融机构最先开发的信息系统落后，而不能匹配新技术发展的需要，从而导致系统资源的浪费等。此外，技术本身是有缺陷的，当技术被黑客所利用的时候，就会导致金融机构的巨大损失，“数据门”事件就是个很好的教训。目前，国内银行业务或信息系统的外包微乎其微。

（4）服务商的风险包括服务商锁定风险、法律诉讼和争议风险以及评级风险。服务商锁定风险指外包商的选择具有不可逆性。导致外包不可逆的因素有很多，如少量外包商对外包市场的垄断、对外包商的过分依赖性，以及资产专用性高导致重新选择的沉没成本高等。法律诉讼和争议风险可以由多种因素引起，如可能是由于服务商按照自己的利益行事、风险分担和收益不匹配、服务商与客户的互动不符合受监管实体的整体标准、服务商的活动不符合受监管实体（在道德或其他方面）的规定等引起。评级风险指错误的信用评级导致错误地选择外包商的风险。相对于以上几类风险而言，外包商的风险更加隐蔽，主要原因是信息不对称和机会主义行为现象更为严重。金融机构在外包前总是无法完全掌握外包商的真实经营能力、财务状况、技术实力等，也很难在合同中面面俱到；外包后金融机构也不可能完全事前察觉并制止外包商的投机行为，并消除这些行为带来的影响，因此，外包商的选择和控制非常重要。

第八节　风险的特殊性和多样性

首先，金融服务外包风险包含了哪些内容，哪些业务适宜外包，哪些业务不适宜外包，应该如何进行分类，是需要弄清楚的问题；其次，金融服务外包相对于其他类型的服务外包，以及制造业外包等又有哪些显著特征？这是在研究金融服务外包风险之前必须明确的；最后，需要了解金融服务外包风险的多样性，即外包的理论基础。据此可以分类如下：

一、决策风险

决策选择风险来自两方面：一是外包企业在进行外包决策时，必须清楚地界定哪些项目或职能适合外包，即界定哪些技术是本企业具有核心竞争力的技术，哪些技术是非核心技术。如果界定分析不充分，外包项目选择不合适，那么外包可能达不到预期目标，甚至可能给企业带来经营安全上的风险。二是外包企业在进行外包活动时，必然面临服务商的选择问题。按照信息经济学的理论，在服务外包中，企业与外包服务商之间形成了“委托—代理”关系，由于行业存在信息的不对称，外包企业无法真正了解外包服务商的经营业绩、社会声誉、发展状况、成本结构等与自己利益息息相关的资质信息，以致在外包之前无法筛选合适的外包服务商，造成逆向选择的后果。外包商的真实水平往往在过程中才能被准确评估。外包后，外包服务商也可能发生未尽力执行受托工作的道德风险。外包服务的质量和效果与服务提供商的优劣有直接关系，因此服务商选择的决策风险，对于选择外包服务来说，是不可忽视的。

二、泄密风险

企业在外包合作过程中必须向服务商披露大量信息，如企业战略、经营指标、人力资源管理现状等信息，其中，有相当一部分信息是本企业的商业机密。随着企业信息传递范围的扩大，可能会由于外包服务商的“不忠”而导致企业信息资源损失、核心技术及商业机密泄露。一旦外包服务商泄密，势必对企业产生经营上、法律上和职业上的严重后果。

三、合同风险

外包合同是外包企业与另一个法人实体、没有附属关系的第三方之间的一种协议关系。外包合同有效期限通常为5~10年，相当漫长，而在此期间业务需求和环境变化很大，甚至不可预期，服务外包提供商能否按时、按质完成协议任务，这是不确定的。

四、经营风险

为了取得规模经济、提高经营效率或者适应服务供应商不同的经营方式，企业进行服务外包时需要改变某些商业活动，这些改变会产生操作上的风险。在外包过渡阶段，内部人员可能需要在服务供应商的系统内接受培训。人员规模调整和雇员转移到服务供应商那里会产生道德风险和复杂的劳动法律问题。如果对这些问题处理得不完善，就会引起那些技术高度熟练和熟悉机构实践及要求的职员流失。

五、利益冲突风险

虽然外包企业与外包服务商之间是战略合作伙伴关系，但是它们也是风险的共同体。因为它们毕竟是两个不同的法人实体，各自都想实现自身利益的最大化。因此，就会出现外包企业希望外包服务商做得多一些，获利少一些，而外包服务商则希望做得少一些，获利多一些，这就注定了双方会有利益冲突。

六、文化差异风险

外包的功能之一就是提高服务质量，提升客户满意度，但是，在不同文化背景下，顾客需求存在着很大差异。特别是逐渐兴起的离岸外包、跨国间的服务转移，很可能因为发包方与承包方之间的文化差异而影响到外包的效果，甚至是导致外包的失败。服务外包风险也存在于接包企业中，其风险主要在于对发包企业依赖性过大，失去核心业务，缺少自主知识产权，被锁定在价值链低端等。

第十节　风险的共性和个性

在选择外包服务商的过程中，对于一些带有共性的基础指标，如企业的技术能力、专业化水平、企业的信誉等需要纳入选择评价的指标体系。这些指标能够反映服务商整体的实力和水平，对于这些基础性的指标选择不能够出现缺漏，否则，就可能在对服务商的评价和选择中出现这种情况：服务商在某一方面会出现明显的弱项（短板）而影响外包服务的质量。如某一服务商如果在信息技术方面较弱，但没有通过评价体系被发现，那就可能在人力资源管理外包的合作过程中，无法使外包职能进行及时的交接和转换，影响服务的及时性。同时，在指标体系的选择中也要注意个性化的选择问题，对于不同的企业来说，它们选择人力资源管理外包的动机和需求都不尽相同，因此它们在选择外包商时可能更加侧重某一方面的需求，这种需求的差异性应该在指标体系的选择时有所反映，也就是说，既可以选择不同的指标来进行差异化选择，同时也可以通过赋予各个指标不同的权重，来体现差异化。即便同一企业，它们在对于不同类型的外包职能进行外包时，所构建的指标体系也应该是不一样的。例如，企业选择培训外包的服务商时，就和薪酬外包的服务商应该在指标体系上存在显著的不同。即便是同一企业的同一职能的外包，在企业发展的不同阶段，对于服务商的选择要求也是存在差异的，这种差异应当在评价指标体系的构建中体现出来。基础性指标体系的选择是为了防范因为服务商的某种缺陷而可能给企业造成外包失败的风险，而个性化指标的选择则是为了让服务商的特质和企业的需求更好地匹配。

一、共性风险

（1）道德风险。作为独立于银行的经营实体，外包公司拥有自身的运作流程。银行无法对外包公司及其工作人员的行为进行有效监管，可能存在道德风险。

（2）声誉风险。由于外包公司工作人员的专业知识不过关而导致在与客户交流时误导客户，或由于外包公司工作人员服务态度恶劣而引起客户的不满而对银行产生潜在声誉风险。

（3）操作风险。由于流程、人员、系统等漏洞，使得外包业务造成客户损失而引发操作风险。

（4）对手风险。外包服务公司因为与银行的经营理念不一致，甚至在某些方面还存在对立面，导致外包公司可能会根据自身的利益，采取与银行的整体战略目标不一致的做法。

二、个性风险

（1）区别催收的风险。银行卡不良催收是以催收的金额向外包公司支付费用，外包人员可能会更乐于催收金额较大的不良户，而对金额较小的不良贷款不尽心催收。

（2）虚报催收流程的风险。银行无法对外包公司的催收流程进行有效监管，部分催收人员可能会偷工减料，虚报催收记录，特别是针对小金额的不良户。

（3）国内的金融服务外包公司由于自身条件限制，使得外包催收只能是机械化、简单化的纯人工催收。

第三章 金融服务外包风险识别

风险规避与监管的前提是对风险进行识别。风险识别是风险管理的重要步骤，风险识别指的是风险管理人员在收集资料和调查研究的基础上，运用各种方法对尚未发生的潜在的风险以及客观存在的各种风险进行系统归类并查找出来。简单地说，风险识别就是要找出风险存在以及引起风险的主要因素，然后才能在这个基础上对风险的后果做出定性或者定量的估计。风险度量的部分本书将在以后的章节中进行阐述。本章旨在阐述进入服务外包风险的识别。

第一节 风险识别方法

风险识别一方面可以通过感性认识和历史经验来判断，另一方面也可通过对各种客观的资料和风险事故的记录来分析、归纳和整理，以及进行必要的专家访问，从而找出各种明显和潜在的风险及其损失规律。由于风险具有可变性，因而风险识别是一项持续性和系统性的工作，要求风险管理者密切注意原有风险的变化，并随时发现新的风险。以下简要介绍几种常见的风险识别方法。

一、头脑风暴法

头脑风暴法是通过专家之间的相互交流，在头脑中进行智力碰撞，产生新的智力火花，从而产生创造性思考，使专家的论点不断集中和精化，从而找出解决某一特定问题的方案。当建立一份综合风险清单的时候可能用到这一方法。

二、德尔菲法（Delphi Method）

德尔菲法是美国兰德公司在20世纪50年代发明的一种专家意见收集法。该方法是在互相独立的基础上，以匿名的方式通过几轮信函征求专家们的意见，然后对

每一轮意见都汇总整理，作为参考资料再发给各位专家，供他们分析判断，提出新的论证。如此多次反复，专家的意见渐趋一致，使最终结论的可靠性越来越大。

三、面谈或访谈

与那些具有丰富专业经验的各类人员进行面谈，也是一种识别可能风险的重要工具。访谈是可以通过面对面或电话讨论的方式收集信息、寻求事实的一种技术，也可以通过电子邮件等方式进行访谈。访谈的对象也可以是一起有过合作经历的特定人员，当他们再次合作或有意合作的时候，将会对所涉及的可能风险提出自己的见解。

四、核对表

把人们经历过的风险事件及其来源罗列出来，制成一张核对表，供识别人员进行检查核对，用来判别某外包项目是否存在表中所列或类似的风险。核对表中所列的内容都是历史上类似的，曾发生过的风险，是项目风险管理的结果。在实际工作中，还需要不断搜集并分析常见的实施改进点、应用操作错误和解决办法清单，对照检查潜在的风险。

五、流程图

流程图是一种风险识别的常用工具，借助于流程图可以帮助项目风险识别人员去分析和了解项目风险所处的具体项目环节、项目各个环节之间存在的风险以及项目风险的起因和影响。

金融服务外包风险识别的内容包括确定其风险的影响因素和风险的来源，描述其风险表现形式和确定哪些风险事件有可能影响金融外包。并非所有的风险都是对金融外包产生严重后果的高风险，然而，有时几个小风险的合计也会对金融外包产生影响，因而，就需要我们对一些风险进行跟踪。因此，风险因素识别不是一次就可以完成的事，应当在项目的自始至终不断进行。本章将主要从金融服务外包风险影响因素的阐述开始，进一步寻找出风险的来源与表现形式，并以此得出风险的作用机理，以便金融机构能够对服务外包所面临的风险有清晰的认识，从而可以识别辨认出这些风险并加以应对。

第二节　金融服务外包风险影响因素

风险因素就是引起风险的影响因素，并不是所有的风险因素都可以导致外包风险。因此，较为准确地判定哪些外包风险是需要控制的，而哪些外包风险则是可以规避的，就成为了外包风险识别的重要内容。

在金融服务外包中，金融机构作为委托方实施金融服务外包战略，将金融服务外包给外包商，战略目标的实现就依赖于双方当事人的共同愿景。资源和竞争能力是实现战略目标的支持要素，资源和竞争能力之间是相互作用的，它们除了直接对战略产生影响之外，还可以通过对彼此的改变而间接影响战略；环境的变化会对战略产生影响，并导致资源以及竞争能力的变化；战略本身也暗藏着风险因素，委托方和承包商的战略之间也有很大的相关性。因此，不论是各个风险因素之间的关系，还是双方当事人的潜在风险，它们中间任何一个因素的变化都可能打破平衡，导致风险的出现；因而，外包风险管理的目标就是保持环境、资源、能力、战略之间的动态平衡。

本章结合对金融服务外包专家的调研和访谈将风险因素罗列如下。简单说，外包理论的关键词是：资源、成本、竞争力、关系。其中，关系包括了企业与外包商之间的关系以及它们与整体的社会、经济、政治、文化之间的关系，因此，在考察外包风险时也就离不开分析和研究这三个因素以及将它们结合起来的战略因素。可以归纳外包的风险因素为：资源因素、能力因素、环境因素和战略因素。其中，资源因素包括信息资源、人力资源、资金资产资源、制度资源、市场资源、管理资源、技术资源等；能力因素指组织竞争能力、管理控制能力、沟通协调能力、技术创新能力、市场控制能力以及将资源转化为能力的能力等；环境因素包括经济环境（包括宏观经济周期、经济政策的调整、行业相关经济政策的变化）、市场环境（包括市场竞争结构、竞争激烈程度等）、社会环境（包括社会诚信和道德约束），以及政治环境、文化环境等；战略因素包括战略的制定、实施、修改、控制等，具体地说，包括外包的目的、范围和深度，供应商的评价和选择，外包合同的制定和延续，外包绩效的评价，外包中止或终止等。

第三节　巴塞尔《金融服务外包》文件中对金融服务外包风险的界定

巴塞尔联合论坛在《金融服务外包》[①] 文件中指出了10种主要风险，包括：①战略风险，是指承包商依照自己的利益自行处理业务而不符合发包方的总体战略和利益，发包方未对承包商实施有效监督，发包方没有足够的技术能力对承包

① The Joint Forum at Basel Committee on Banking Supervision. Outsourcing on Financial Services [R]. Basel: Bank for International Settlement, 2005.

商进行监督。②声誉风险，是指承包商服务质量低劣，对客户不能提供达到发包方要求标准的服务，或承包商的操作方式不符合发包方的规定做法。③法律风险，是指承包商不遵守有关隐私的法律，或未能充分遵守保护客户资料以及审慎监管的相关法律，或没有充分遵从监管和制度。④操作风险，是指出现技术故障，或承包商没有充足的财力来完成承包的业务并无力采取补救措施；欺骗或过失，或发包方难以对外包项目进行检查或检查成本过高。⑤退出风险，是指发包方过度依赖某一承包商，或自身缺乏对有关制度的熟悉而没有能力在必要时收回外包业务，或快速终止外包合同和更换承包商的成本过高。⑥信用风险，是指保险或信用评估不当，应收账款质量下降。⑦国家风险，包括政治、社会和法律环境造成的风险，或商业可持续性规划更加复杂。⑧履约风险，是指承包商不能履约完成合同规定任务的风险。⑨沟通风险，是指外包业务阻碍了发包方及时向监管当局提供数据和其他信息，监管当局理解承包商业务活动有额外的困难。⑩集中和系统风险，是指承包商给行业整体带来的风险较大，包括个别企业对承包商缺乏控制，以及行业整体面临系统性风险。

根据巴塞尔联合论坛在《金融服务外包》中对金融服务外包风险的归类，本书将贯穿于金融外包全过程的风险分为内部风险和外部风险，其中，内部风险主要包括金融机构本身存在的风险，外部风险主要包括来自服务承包商的风险和来自交易过程的风险。可见，金融服务外包的风险形成受内、外部环境影响，是一种项目风险。

第四节　金融服务外包的风险来源

要有效地规避金融服务外包的风险，仅仅识别其影响因素是不够的。我们必须追根溯源，从而能从根本上解决问题。本书认为，金融服务外包的风险源可以分为三个，即金融机构本身、服务承包商和交易过程。

一、源自金融机构本身的风险

具体来说，源自金融机构本身的风险一般是金融机构由于接触不到较为前沿的技术而缺乏创新，或是金融机构与所外包的服务脱节而不能使其他相关业务与之相衔接，或是由于金融机构临时性的需求变动使得服务提供商无法很好地随之更新。在金融服务外包中，由金融机构自身所引发的风险包括：没有新的金融方面的专业知识，缺乏创新能力，所外包出去的业务资源与核心业务紧密相关，并且金融机构与服务提供商及技术人员之间有可能会缺乏交流。所以，应该在服务外包合同中规定服务提供商在提供服务的过程中应该积极地与客户即金融机构保持沟通状态，并且列出如果达不到相应的服务质量时服务提供商应该承担的赔偿责任。

另外，在金融服务外包中，由于商业上的不确定性，金融机构可能在签完外包合同之后改变需求，这就需要服务提供商在迅速变化的商业环境中具备更新换代的积极适应能力。当然，这样的变化并不代表就一定会产生损失，但是站在服务提供商的角度，同样可以以合同形式对可能发生的类似情况予以规定，以期能够在将来提供服务的过程中准备好充分的缓冲机会。与此同时，为了取得规模经济、提高经营效率或者适应服务供应商不同的经营方式，金融机构进行外包时需要改变某些商业活动，这些改变会产生操作上的风险。

学习机会和核心能力培养机会丧失也可能带来相应的风险。整合资源管理（Integrated Resource Management）强调企业资源的不可分割性，设计和生产是一对密切相关的技能。从根本上讲，金融机构的核心竞争能力是金融机构独特的知识和技能的集合，它对金融机构的作用在于用动态的整合资源的能力提供与环境变化相适应的应变能力。金融机构或许有可能保住它们当前产品的竞争优势，但可能会破坏作为整体的设计与生产活动的互动关系，损坏了自身的竞争能力。此外，金融服务外包可能使金融机构只获得了短期的竞争优势，却可能丧失了研制新一代产品的能力以及获得关键技能和提升未来核心能力的机会。

在外包过渡阶段，内部人员可能需要在服务供应商的系统内接受培训。人员规模调整和雇员转移到服务供应商那里会产生道德风险和复杂的劳动法律问题。若问题处理得不完善，就会引起那些技术高度熟练和熟悉机构实践及要求的职员流失。

二、源自服务承包商的风险

源自服务承包商的风险一般是由于服务提供者所提供的服务质量不能使最终的顾客满意而对委托外包的客户造成各方面的损失，或者是由于相关操作的服务人员缺乏经验所引起的缺陷，或者是由于服务商疏于掌握新的技术而引起的服务质量及竞争力问题，或者是由于某些服务提供人员将客户资料外泄而造成了法律问题。在金融服务外包中，对于客户来说，由服务商所引发的风险包括：服务人员缺乏经验，服务商疏于掌握新技术，客户过于依赖服务提供商而对自己的相关业务逐渐生疏最终在必要时无力收回，由于服务商恶劣的服务会对客户的声誉造成很大的影响，以及由于服务商的工作人员可能将顾客的资料外泄而产生法律风险。针对此类情况，可以为客户建立知识管理体系，并且帮助建立客户的合同

管理团队。在外包合同中将服务商可能违反的条例条规进行量化，从而有依据地给予相应的惩罚和监管。在金融服务外包中，由服务提供商所引发的风险包括：由于服务商提供的服务得不到客户的满意而导致额外成本增加。因此，服务提供商在提供服务之前就应该通过合同条款中的规定，对客户满意度进行明确的规定和量化，这不仅可以为客户保证服务质量，也可以为服务商所提供的服务确立一个可以度量的标准，使得双方的沟通以及相处关系更加有利于双方的利益。

在外包过程中，金融机构将自己的部分或全部信息提供给外包商开发、运行和管理，这期间外包商及其员工有获准接触金融机构秘密及机密资料的权力，这样，金融机构的商业秘密及其相关信息就极有可能会泄露给竞争对手，从而使金融机构面临着战略泄露和知识产权纠纷风险。此外，在开发较大的核心项目的过程中，IT 服务商往往比金融机构更具有知识产权意识，将共同的开发项目抢先占为己有由此而发生知识产权的纠纷问题，还可能导致更为严重的信誉风险和法律风险，从而使金融机构蒙受巨大损失。

依赖性风险：金融服务外包在一定程度上使得金融机构对金融服务外包提供商形成事实上的依赖性，这在某种程度上具有一定潜在风险。例如，如果在某些方式下金融机构要求服务供应商改变传统服务，那么服务供应商是否有能力按照要求完成任务？如果合同签订后，发现服务供应商不能令人满意，那么重新寻找服务供应商可能会产生沉没成本。另外，对服务供应商的依赖性增强，也难免会降低金融机构组织学习的能力。

三、源自交易过程的风险

源自交易过程的风险一般是在交易过程中所产生的隐藏成本，或者是在交易过程中双方由于商业上的不确定性而引起的纠纷和冲突，或者是在交易过程中由于双方缺乏沟通如合约不甚详尽而引起的矛盾，这些往往成为了容易忽视却又影响重大的风险。在交易的过程中所产生的风险主要包括：金融机构以及服务承包商这两个利益主体之间的利益分配不均衡，以及在交易过程中双方可能因为商业上的不确定性而引起纠纷和冲突，还包括可能在交易过程中由于双方缺乏沟通而引起矛盾。具体而言，可以分述为以下三点：

第一，外包合同履行的风险。外包协议是外包企业与另一个法人实体、没有附属关系的第三方之间的一种合同关系。在合同履行期间，由于商务需求和环境可能发生了出人意料的变化，并与外包合同履行的基础不确定性连接起来，最终导致了法律上的风险。总的来说，合同履行的风险可以概括为，设置有关持续改善合同条款的机制，文化与目标差异导致的不相容性，合同缺乏弹性，外包商的机会主义行为，忽视外包关系管理所导致的服务水平下降，指派不合适的人员管理外包合同。

第二，由外包收益分配的不确定性导致的风险。其一，由于资产的专用性（无论是地点专用性、物资资产专用性、贡献资产，还是人力资源的专用性），对于已签订外包合同的双方而言，他们必定会处于一定程度的双边垄断。双边垄断的程度与外包的产品或服务所在的行业竞争激烈程度呈负相关。其二，任何外包的合同都是不完全合同，因为，签订外包合同的双方都不可能完全预测到未来执行合同时可能出现的各种情况，以及相应的解决办法；即使可以预测到未来执行合同时可能出现的所有情况和相应采取的对策，却不可能完全没有争议地把它们写进合同中，即使可以都写进合同中，也不能确保所有条款都有可证实性。合同的不完全性与双边垄断的结合将产生一定的准租金，由于机会主义的存在，对于准租金的分配会有很大的不确定性，从而提高了外包收益的不确定性，进而使金融机构承担很大的盈利风险。

第三，交易环境风险。它包括市场机制和市场环境的完备程度；市场评价机制的健全程度；商业持续性计划的复杂性；外包市场环境不成熟；外汇汇率波动较大；政治法律环境差异较大；不适当的信用评级；行业舆论导向；不同政治周期的政策转向等。

第五节　业务流程外包（BPO）的风险要素识别

作为金融服务外包的主要组成部分，BPO 的风险要素识别对整个金融服务外包风险的识别有重要的作用，BPO 中所应对的主要风险代表着较为典型的金融服务外包风险。因此，在此节中，本书将着重介绍 BPO 中的风险划分。

结成伙伴关系的双方都应该考虑将他们的风险控制在可以接受的范围之内。随着 BPO 在全球的迅速蔓延，越来越多的服务提供商开始进入这个市场领域，并声称自己拥有相应的能力，而实际上却并非如此。从目前来看，BPO 市场还处于未成熟的状态。任何组织都无法控制 BPO 市场的发展，但却可以决定与谁合作，以及如何合作。Rick 和 Thomas① 识别出导致 BPO 关系失败的七个风险因素：缺乏合适的买方控制；文化差异；BPO 协议不灵活；服务级别协议（SLA）规范或衡量指标不明确；治理不充分；双方目标不一致；缺少

① Rick L. Click and Thomas N. Duening. Business Process Outsourcing: The Competitive Advantage [M]. John Wiley & Sons, Inc. New Jersey, USA, 2005.

集成。

买方和卖方的交互关系可以通过委托—代理理论来分析，BPO 伙伴关系中的服务接收方和服务提供方在委托—代理理论中分别被称为委托方和代理方。委托—代理关系以信息不对称为特征，委托方通常缺乏需要的专业知识和信息，因而无法对代理方提供的服务做出正确评价。在委托—代理理论中，委托方和代理方的关系一般可以划分为三个阶段：一是委托方寻找合适的代理方，这个阶段在合同签订后结束；二是合同执行阶段；三是关系结束或合同续签。基于这三个阶段，本书将 BPO 伙伴关系的风险分为签约风险、执行风险和结束风险。

一、签约风险

签约风险中最重要的风险就是错误地选择了服务提供方。双方应该互相理解和尊重对方的目标和期望，被选择的服务提供方应该能够实现服务接收方的期望并将服务传递给接收方。服务提供方的规模应该与服务接收方的规模接近，规模过大将使接收方得不到足够的优先权，规模过小则可能无法实现规模经济带来的优势并且可能过分依赖于接收方。

外包企业（委托方）通常无法判断潜在服务提供商提供服务的质量。因此，要减少选择阶段带来的风险，就要独立收集关于服务提供商尽可能多的信息，信息的来源可以是市场研究人员，服务提供商现有的或以前的客户，以及从事评估工作的权威机构或研究机构。为了鼓励潜在服务提供商提供最好的服务，选择过程应该是公开透明的。企业现有的服务提供商通常具有信息优势。因此，服务接收方应该尽力向潜在服务提供商提供他们所需要的信息。

签订外包合同时，应该清楚、准确地定义服务级别和规范，否则，无法利用合同来管理 BPO 伙伴关系，不清晰的合同是造成不成功伙伴关系的最重要的原因。因此，在合同的起草过程中，双方都要尽力追求用精确的语言来反映他们之间伙伴关系的战略本质，同时，提供解决未来可能出现问题的机制。

二、执行风险

一旦合同签订，服务接收方必须确保服务被正确地传递，且代表了自身最大的利益。然而，服务提供方具有信息优势，其行为难以评估。服务提供方可能为了达到自身利益的最大化，采取对服务接收方不利的行为。比如，花费比协议规定更少的时间和资源，造成提供服务时间延迟或者服务质量下降。表 3 - 1 列出了一些执行风险的种类。

表 3-1 执行风险的类型

风险类型	含 义
成本	成本优势是许多服务接受方实施 BPO 的重要原因，但成本优势并不总能够得到实现
管理	服务提供方的角色必须清晰，使得服务接收方能够管理所传递服务的细节和规范
需求	服务提供方传递的服务必须满足服务接受方的要求
知识	服务提供方必须掌握客户所在行业的商业知识
机密性	确保服务接收方信息的安全
优先级	服务接收方的需求得到提供方足够的优先权
动态机制	当意外事件发生时，对双方都合理的机制
革新	服务接收方应该投资于不断更新的系统，以推动革新；提供方对伙伴关系中革新的实施负责

监控能够降低执行风险，但成本较高，因为需要设定性能标准并检测实际工作是否达到标准，或者由独立的机构进行审计。定期进行正式的评估（比如，每个季度或半年一次）可以使问题早些被发现，避免问题变得过大而难以解决。另外一种方法是，使服务提供方的利益和服务接收方的利益一致，比如，可以采取适当的激励机制。情感压力也可以增强服务提供方的忠诚度，防止他们采取机会主义行为。

三、结束风险

不管 BPO 伙伴关系是否是长期关系，双方从一开始就确定地知道，有一天这种伙伴关系会结束。在合同期结束的时候，双方都会面临一些特定的风险。即使新的服务提供方更好，服务接收方也可能面临着改变合作伙伴的风险。服务提供方可能面临着投资尚未收回的风险。在这种情况下双方面临的转换成本可以通过以下两种方法来避免：一是减少专用投资，这种投资在与其他合作伙伴合作时几乎不能起到什么作用；二是减少由另一方独有的技能和知识带来的对其过度依赖。

第六节　知识流程外包（KPO）的风险要素识别

在金融服务外包领域，KPO 指金融企业将知识密集的业务，或者那些需要高水准研究与分析、技术与决策技能的流程委托给专业服务提供商来完成。例如，股票分析、市场研究、基金管理、风险评估、金融数据挖掘、债务重组等。

在现有文献基础上，以契约签订和成果交付为分界线，可将 KPO 的全过程划分为三个阶段：外包洽谈阶段、外包执行阶段和成果交付阶段。结合 KPO 业务流程的三个阶段，从知识自身特性出发，提出 KPO 知识性风险要素框架，如表 3 –2 所示。

表 3 –2　KPO 知识性风险要素框架

KPO 知识性风险要素	KPO 中体现
知识外部性风险	显性知识的外部性 隐性知识的外部性
知识个体性风险	关键员工的流失 集体员工的流失
知识破损风险	知识的不完整 知识的变异
知识关联性风险	外包范围的确定失误 共享知识范围的确认失误

一、知识外部性风险

从知识管理的角度来看，知识分为显性知识和隐性知识。因此，知识外部性风险主要体现在显性知识的外部性风险和隐性知识的外部性风险两个方面。

（1）显性知识的外部性风险。知识可以无限复制，并被同时使用，因此，知识具有很强的公共物品性质。奥尔森“搭便车”理论的中心论点是，公共物品一旦存在，每个社会成员不管是否对这一物品的产生做过贡献，都能享受这一物品所带来的好处。① 私人将知识生产出来后，其他人可以通过“搭便车”行为而获益，但却不支付费用，这便会产生知识外部性的问题。② KPO 过程中客户提供给提供商的知识的外部性，意味着这种知识被转移给 KPO 提供商以后，提供商会将这些知识当做其自身所有的知识，或者公共的知识，因而其他人（包括其他客户）可以不对其付费而在不同程度上获取该项知识，进而获得收益。如果“搭便车”的知识使用者恰好与客户属于同一行业、同一领域或相关行业、相关领域，则其可能与客户构成竞争性的市场关系而使客户遭受潜在的知识产权风险。如损害其知识产权的垄断性，削弱知识产权的排他性，从而危害客户的经济利益。

① 赵鼎新．集体行动、搭便车理论与形式社会学方法［J］．社会学研究，2006（1）．

② 何英，黄瑞华．论知识外部性引发的知识产权风险［J］．科学学研究，2006，24（5）．

（2）隐性知识的外部性风险。隐性知识具有外部性。虽然从个体角度而言，隐性知识具有较强的排他性，但是从组织角度来说，由于组织所用的隐性知识是通过人脑而存在的，而人具有流动性，如果组织人才流失的话，也将导致其所掌握的组织隐性知识被其他组织或他人所利用并产生利益的可能性存在，这时隐性知识也体现出外部性的性质。此外，知识外部性会导致客户的利益可能受到损失，并且这种损失具有不确定性。[①] 知识外部性的存在只是说明给客户带来的私人收益小于该知识产生的社会收益；其引起的客户收益的损失不是一定会发生，因为“搭便车”的知识使用者不一定会与客户产生绝对的竞争性市场关系，也不一定会对客户的经济利益产生绝对的损害。

二、知识个体性风险

知识是依赖于个体而存在的。知识个体性风险主要表现在知识员工的流失方面。知识员工流失是客户在 KPO 过程中最容易忽视的问题。当组织选择 KPO 时，意味着企业内部人力资源可能发生变动，原流程相关的员工可能会转换部门或面临失业。从心理契约角度来看，当员工个体感受到这种违背时，就会改变其行为和思想。[②] 这体现在：在行为上，员工可能会降低工作效率和工作绩效（隐性流失），或离职（显性流失）；在思想上，员工的工作满意程度下降，组织忠诚度和信任度也会降低，这反过来又促进心理契约违背情况的产生。员工，尤其是骨干员工，在工作过程中经过长期的积累，往往熟悉该业务流程，并掌握着关键性知识甚至核心流程知识，如应急处理某些特殊情况的能力、与企业相关流程岗位的人员沟通协调的能力等。[③] 这些知识往往无法用语言或文字等方式直接表达出来，因此，这类员工的流失将导致某些专业技能或其他隐性知识的流失，最终会影响企业竞争优势，给企业带来巨大的经济损失。此外，在外包双方合作过程中，流程相关的专业人才都会积极参与进来，KPO 提供商会很容易就了解客户的骨干人才情况。因此，在双方合作关系结束后，KPO 提供商很有可能会在适当的时间采用适当的方式把客户的人才挖走为己用或将其推荐到客户的竞争对手那里，随之而流失的则是隐藏在骨干人才头脑中的重要隐性知识。骨干人才的流失，一方面会使得关键岗位空缺，另一方面可能会对其他员工造成心理冲击，从而带动其他相关人才的“集体流失”，最终影响组织整体的运营。

---

① 邓灵斌．企业隐性知识转移中的知识产权风险及其规避研究［J］．进步与对策，2009（4）．

② 李华军，光宇．新技术企业知识型员工流失风险管理——基于心理契约的视角［J］．科技进步与对策，2009（8）．

③ 孙培燕．关于知识价值链的企业知识转移研究［D］．吉林大学，2009.

三、知识破损风险

知识破损表现为知识的不完整和知识的变异。KPO 中传递的业务流程相关知识具有系统性，但知识从外包一方传递到另一方时，由于参与双方的理解和接受能力的不同以及网络环境的不安全性等综合因素，传递的知识经常不能被对方完整或准确地吸收，造成知识破损。此外，由于团队中“专家”或“权威”等个体的主观思想以及彼此间的情感和人际关系，也会使具体参与人在刻意地过滤、隐瞒或误传知识，造成知识破损。[①] 因此，知识破损将导致知识接受方无法完全掌握和理解所传递的知识，从而丧失其价值，增加不确定性，甚至带来潜在的危险。

四、知识关联性风险

知识之间具有一定的相关关系。知识关联性风险主要体现在客户外包决策的失误带来的一定风险。这主要体现在两个方面：

（1）外包范围的确定失误。KPO 中进行外包的流程，位于价值链的高端，在决策时需要注意那些关键性的非核心流程以及与关键性知识流程相关的非核心流程不可以外包。关键性的非核心流程是指对企业业务的开展具有重大影响的流程或构成企业核心竞争力的流程。这类流程看起来不是很重要，但是，如果外包出去，短期内可能会给组织带来收益，但从长期来看，将逐渐削弱组织的创新能力或影响其优势的保持。

（2）共享知识范围的确定失误。客户提供给 KPO 提供商的知识并非无边界的，需要根据外包需求进行针对性的选择。如果不加限制地扩大共享知识的范围，那将导致客户不必要的知识的流失；如果共享知识的范围过小，则可能影响外包的效果，难以产生客户真正需要的知识产品。

第七节　信息技术外包（ITO）的风险要素识别

信息技术外包的风险识别包括两部分：风险因素与不利后果。基于信息技术外包活动的生命周期，信息技术外包风险因素分为外部环境风险因素与外包活动各阶段风险因素。风险的不利后果主要有核心竞争力的弱化、丧失灵活性、成本

① 李纲，刘益，廖貅武．合作创新中知识转移的风险与对策研究［J］．科学与科学技术管理，2007（10）．

上升、服务质量下降、技术落伍、丧失技术创新能力、冲突和诉讼等。外部环境风险因素主要包括政治与法律、社会与文化、经济与技术等方面的风险因素。图3－1是基于生命周期的信息技术外包风险因素分析框架。

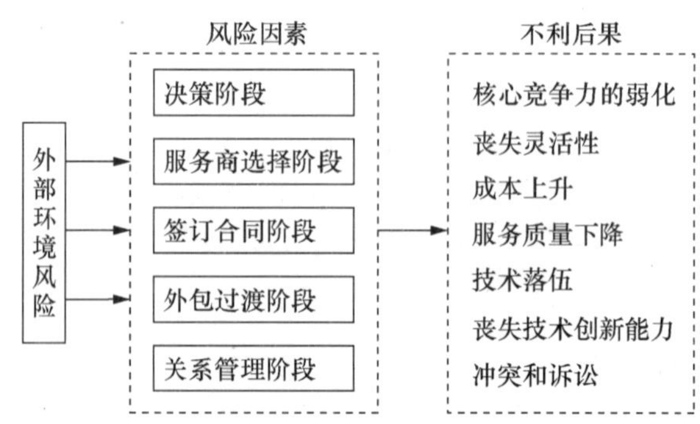

图3－1　基于生命周期的信息技术外包风险因素分析框架

一、外部环境的风险因素

外部环境的风险因素有：①政治与法律风险因素。政治与法律风险因素包括法规与政策的变动、社会的不稳定、政府的干预、国际政治环境的动荡和工会组织的干预等。②社会与文化风险因素。社会和文化左右着人们的生活、工作和消费的方式，影响着人们的认知态度和道德观念等，而这些因素都可以导致风险的产生。③经济风险因素。经济风险因素包括市场需求变动、市场竞争、经济滑坡、利率的变动、汇率的变动、股市的波动及地区性或全球的金融危机等。④技术风险因素。技术影响显而易见，近年来技术革新速度加快，给企业带来了机遇和挑战，技术的影响既可能是创造性的，也可能是破坏性的，这些变化可能会波及外包双方的各个部门。

二、外包决策阶段的风险因素

外包决策阶段的风险因素有：①外包市场不成熟。在信息技术服务市场上，如果市场成熟度低，服务商数量就少，市场则缺乏公平有效竞争，这会导致企业各种成本的增加，也可能导致服务质量的降低；同时，企业可能被服务商套牢，使企业的灵活性降低，而这种被服务商所操纵，风险是非常大的。所以，在进行外包决策时，信息技术外包市场的成熟情况会直接影响企业是否会外包、什么时间外包、外包什么等问题的决策。②外包目标。企业希望通过外包达到什么目的，是企业外包成功与否的关键。同时，企业对于信息技术外包目标不明确、目

标短视与不切实际的目标也成为信息技术外包中隐藏的重大风险因素。③外包方的经验和IT能力不足。外包方的经验和IT能力不足，不但是外包决策阶段的风险因素，它也会贯穿于信息技术外包的全过程。

三、服务商选择阶段的风险因素

服务商选择阶段的风险因素有：①合作伙伴选择。合作伙伴选择不当是信息技术外包失败的最主要原因之一，中途更换合作伙伴或终止外包项目会给企业带来重大损失。外包方由于没有能力或没有认真了解服务商的实际情况或者直接责任人存在个人倾向等，会导致决策层缺乏充分有效的信息来选择合适的服务商。②合作伙伴逆向选择。隐蔽信息的问题在外包方选择服务商的过程中非常具有普遍性，由于信息不对称，服务商会比外包方更了解自己的资信、真实的技术和人员实力，可能会向外包方提供不充分或不真实的信息，从而导致了逆向选择的风险，即外包方选择了不合适的服务商。

四、签订合同阶段的风险因素

签订合同阶段的风险因素有：①信息技术的特性。信息技术发展迅速，不确定性高，具有难以分割性，并且对于外包方来说可能是其核心能力的来源，也可能是具有战略潜力的资源。此外，信息技术还可能具有或者产生资产专用性，所谓资产专用性是指构成外包交易一部分的资产是特定外包协议所特有的，一旦交易破裂，损失很大。所以，它不是一个普通的商品。②合同的不完善。外包方与服务商签订的外包合同条款不完善，增加了服务商机会主义的可能，在外包实施过程中造成成本增加、服务质量下降、产生纠纷，甚至导致外包的失败。③合同缺乏灵活性。合同僵死的条款、缺乏应急条款、缺乏谈判机制、缺乏对业务发展和新技术应用的考虑等都可能导致合同缺乏灵活性，当遇到情况发生变化时可能造成不利的后果。

五、外包过渡阶段的风险因素

外包过渡阶段的风险因素有：①外包双方的沟通。由于沟通渠道或相互主动沟通的积极性不足，导致管理层和员工、外包双方交流出现问题，妨碍了外包的正常过渡。②外包的整合。将外包方、服务商和第三方提供的服务整合到一起得到一个完整的服务是外包成功的重要支柱之一，它涉及管理的基本框架、资源的移交、人事的安排、跨组织业务流程的重组等方面。③服务商的经验和能力不足。服务商在外包过渡阶段扮演着重要角色，它的经验、资源、技能等是外包过渡成功的关键，服务商丰富的经验和优良的实施能力能够保障外包过渡平稳进行。

六、关系管理阶段的风险因素

关系管理阶段的风险因素有：①信息技术应用和业务的不确定性。企业的经营战略随着市场的变化而变化，企业经营的业务也相应发生变化；同时，信息技术的应用不是一成不变的，由于业务或者新技术的更替会产生不确定性，这些都会导致外包风险。②外包方培养和保持自己所必需的能力和技术的不足。信息技术外包在弥补企业信息技术能力不足的同时也使企业丧失了一些组织的能力，这对企业来说是一个挑战。企业要既能获得低价高质量的信息技术外包服务又能享受到外包带来的收益，就必须注重培养和保持自己所必需的能力和技术。③服务商的道德风险。服务商的经验和 IT 能力在为合作双方带来收益的同时，也可能被服务商所利用，来谋求自身利益最大化而让对方承担损失，出现所谓的道德风险。④服务商经营不善。由于信息技术外包市场环境变化快，从事信息技术外包的企业良莠不齐，因而，当服务商出现经营不善时，可能使外包方蒙受巨大的损失，特别是在中长期合约的情况下，有时甚至是致命的。⑤外包双方权利不对称发展。随着外包范围的扩展和程度的深化，外包方自身信息技术能力将会不断削弱，企业与服务商之间从资源与能力等角度来看，双方的权利可能发生变化，服务商的优势越来越明显，而外包方越来越依赖服务商，在双方关系中出现有利于服务商的情形。⑥缺乏对服务商在合同和关系方面的主动管理。很多 IT 外包项目的失败是由于外包方对合约缺乏积极有效的管理，外包方应积极监控合约的执行情况，适时进行绩效评估，并采取应对措施。

第八节　金融服务外包风险因素的作用机理

外包战略不同于公司的其他战略，这个战略的成功与否依赖于外包的双方或多方当事人。外包商的实力、资源及战略决策等对企业外包战略目标的实现有着举足轻重的作用。在《金融服务外包征求意见稿》[①]（中文摘要）中把战略风险归纳为外包商按自己的利益行事，从而可能有悖于受监管实体的整体战略目标的风险；未能对外包商实施适当监察的风险；缺乏足够能力检查外包商的风险。因此，在战略风险分析框架中，我们要考虑外包商相应的战略、资源、核心竞争力以及环境因素。

① 巴塞尔银行监管委员会. 金融服务外包征求意见稿（中文摘要）[N]. 李文龙编译. 金融时报，2004-10-26（4）.

在金融服务外包中，如图 3 - 2 所示，金融机构作为委托方实施金融服务外包战略，将金融服务外包给外包商，战略目标的实现依赖双方当事人的共同努力。风险因素包括环境因素、资源、竞争能力、战略。它们之间的关系是：资源和竞争能力是实现战略目标的支持要素，资源和竞争能力之间是相互作用的，它们除了直接对战略产生影响之外，还可以通过对彼此的改变而间接影响战略；环境的变化会对战略产生影响，并导致资源以及竞争能力的变化；战略本身也暗藏着风险因素，委托方和承包商的战略之间也有很大的相关性。因此，在图 3 - 2 中的箭头既表示各个风险因素之间的关系，也体现了双方当事人的潜在风险，它们中间任何一个因素的变化都可能打破平衡，导致风险的出现，因此，外包风险管理的目标就是保持环境、资源、能力、战略之间的动态平衡。

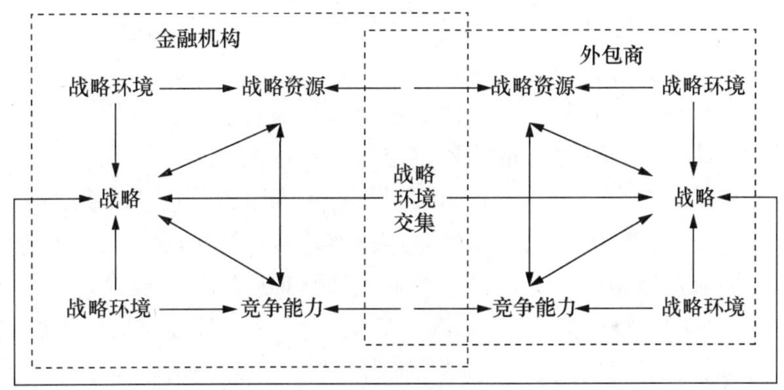

图 3 - 2　风险因素机理图

第四章　金融服务外包风险的动因和特性

本章的主要内容是金融服务外包风险的动因和特性，想要了解金融服务外包的动因，就先要知道哪些风险因素是诱发因素。本书即沿着这个思路，在第一小节首先讲述金融服务外包风险因素，这些风险因素既有来自金融机构内部的，也有来自金融机构外部的。接下来介绍了这些风险因素的作用机理，并介绍了金融机构如何就这些风险要素进行战略制定与实施的过程。

在接下来的三个小节中，分别介绍了信息技术服务外包、业务流程服务外包和知识流程服务外包风险动因及特性。信息技术外包从金融机构、承包商和社会环境三个方面分析风险动因。业务流程外包从其具有的两阶段性入手分析，并对这两阶段的风险因素分别进行分析。最后，介绍了金融机构业务流程外包（BPO）运营风险的六个主要方面及其作用机理。在知识流程外包中介绍了知识流程外包（KPO）独具的知识性风险要素以及 KPO 的知识产权风险。

在本章的最后一节中，以中国商业银行业务外包为例，分析金融服务外包的风险，并在最后简要分析了民生银行的虚假开户案例。

第一节　金融服务外包风险因素及其作用机理

风险因素就是引起风险的影响因素，对企业来说并非每个风险都需要考虑和控制，因为并不是所有的风险因素都可以导致外包风险。因此，我们首先需了解金融服务外包的风险因素。

金融服务外包的风险因素可分为战略、环境、资源、竞争力四个方面。具体来说，这四个风险因素对金融外包风险的影响主要体现在八个方面：战略决策方面、财务方面、管理方面、操作方面、市场方面、技术方面、环境方面以及服务商方面。前四个方面的风险因素来自金融机构内部，后四个方面的风险因素来自金融机构外部。这些风险因素始终贯穿于金融服务外包实施的全过程。

本节在最后一部分，据前面所述的风险因素的四个方面来讲述风险因素的作用机理，展现了四个因素之间的动态平衡，任何一个因素的变化都可以打破平衡，导致风险的出现。在最后展示了委托方（金融机构）战略行为过程，包括战略思考和制定过程、战略实施过程、战略的评价和调整以及战略控制过程。

一、来自金融机构内部与外部的风险因素

1. 内部风险因素

来自金融机构内部可能导致金融外包风险的影响因素，包括决策、操作、管理和财务等方面。

（1）决策因素。来自金融机构内部可能导致金融外包服务风险的一个重要因素是决策方面，其中包括金融机构外包决策失误、外包项目可行性研究不充分、外包目标和需求分析不准确、金融机构超越现实的过高期望、对风险估计不足、提供商选择失误等。产生决策方面风险因素的原因有金融机构对自己的核心能力和非核心能力的把握不准确或不够重视、战略指导理论落后、环境的频繁变化、与本身前期制定的发展战略不一致、金融机构资源对目标缺乏支持、对所处行业环境的发展规律的认识不够以及领导层的新旧更替等，其中，主要原因还是金融机构对自身能力、资源和所处环境把握不准确。

（2）操作因素。操作方面的风险影响因素包括：金融外包合同签订不完善、需求不断变更、实施细则和操作流程不具体、外包管理制度不健全、对外包的行业规范了解不够等。产生操作方面风险影响因素的原因有外包执行过程中的操作不当，规章制度不健全，内部的服务能力低下、后备人才缺乏以及信息不对称、信息沟通渠道不畅通等。

（3）管理因素。管理方面的风险因素包括：对承接方的监控不力；缺乏执行控制、质量控制、权利和义务控制等方面的细化规定；技术与支持不得力；激励机制不到位，项目管理缺乏动力；管理中涉及的环节过多；外包主体之间缺乏沟通、协调等。导致管理方面风险因素的原因有质量保障体系欠完整性、联络渠道不健全、外包绩效衡量标准的不科学性、高层领导知识结构和领导能力的欠缺，以及组织学习与知识管理体系、组织结构适应性、信息保密性差等。由于金融外包涉及的是两个或者多个不同的、独立的经济实体，它不是管理的结束，而是新的管理的开始，而在金融领域，管理的对象更为复杂，因此加大了管理的难度。

（4）财务因素。财务方面的风险因素包括：金融外包合同执行中的沟通成本增加；合同在实施中的监控成本增加；存在某些难以预见的开支成本等。金融外包实施过程中的各种难以预见的成本开支增加都会导致外包风险的发生，从而导致外包失败，因而企业的财务状况在很大程度上决定着外包能否顺利实施，同时外包的各种方式，如合同、战略联盟、以参股或合资企业形式建立合作关系等要求保持合作关系的稳定性，加强双方的目标一致性，减少机会主义的产生，否则，一方的财务危机也会产生连带效应，从而导致风险的产生。

2. 外部风险因素

来自金融机构外部可能导致金融外包风险的影响因素，包括技术、环境、市场和提供商的道德水准等方面。

（1）技术因素。来自金融机构外部可能导致金融服务风险的一个重要因素是提供商的技术条件，其中包括提供商的从业经验不足；提供商无力采取补救措施；提供商存在技术方面的问题无法逾越；提供商管理能力不济；提供商严重的资金短缺和提供商人才流失严重等。

（2）环境因素。环境方面的风险影响因素包括：金融外包双方文化差异较大；政治法律环境差异较大；不适当的信用评级；行业舆论导向；不同经济周期的政策的转变等。环境因素的改变会对金融外包的政策和策略产生很大的影响，例如金融危机、经济危机等都对金融外包带来很大的冲击。

（3）市场因素。市场方面的风险影响因素包括：市场机制和市场环境的完备程度；市场评价机制的健全程度；商业持续性计划的复杂性；外包市场环境不成熟；外汇波动率较大；双方合作的稳定性差；双方利益冲突，市场的利润构成以及利润空间等。

（4）提供商的道德水准因素。提供商的道德方面的风险因素包括：违反保密协议，违约成本低，欺诈行为等。提供商的选择具有不可逆性。导致金融外包不可逆的因素有很多，如少量提供商对外包市场的垄断，金融机构对提供商的过分依赖，以及资产专用性高导致重新选择沉没成本高等。另外，可能存在提供商与金融机构的互动不符合受监督实体的整体标准，提供商的经营活动不符合受监督实体的规定等。

二、金融服务外包风险因素的作用机理

外包战略不同于其他战略，这个战略的成功与否依赖于外包的双方或多方当事人。外包商的实力、资源及战略决策等对外包战略目标的实现有着举足轻重的作用。在《金融服务外包征求意见稿》中把战略风险归纳为外包商按自己的利益行事，从而可能产生有悖于受监管实体的整体战略目标的风险、未能对外包商

实施适当监察的风险以及缺乏足够能力检查外包商的风险。因此，在战略风险分析框架中，我们要考虑外包商相应的战略、资源、核心竞争力以及环境因素。

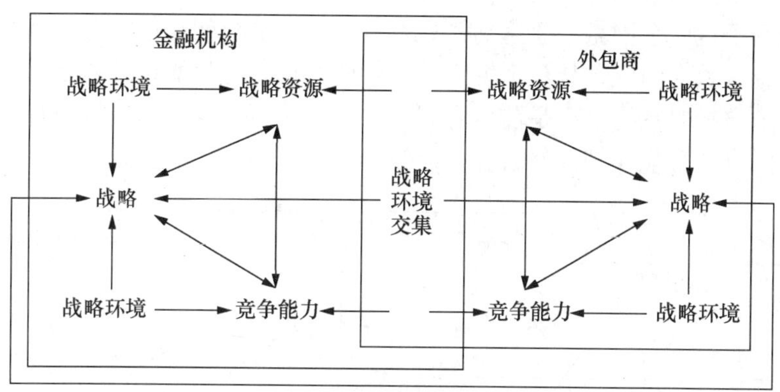

图4-1　风险因素机理图之一

在金融服务外包中，如图4-1所示，金融机构作为委托方实施金融服务外包战略，将金融服务外包给外包商，战略目标的实现依赖双方当事人的共同努力。风险因素包括环境因素、资源、竞争能力以及战略。它们之间的关系是：资源和竞争能力是实现战略目标的支持要素，资源和竞争能力之间是相互作用的，它们除了直接对战略产生影响之外，还可以通过对彼此的改变而间接影响战略；环境的变化会对战略产生影响，并导致资源以及竞争能力的变化；战略本身也暗藏着风险因素，委托方和承包商的战略之间也有很大的相关性。因此，图4-1中的箭头既表示各个风险因素之间的关系，也体现了双方当事人的潜在风险，它们中间任何一个因素的变化都可能打破平衡，导致风险的出现，因此，外包风险管理的目标就是保持环境、资源、能力、战略之间的动态平衡。

以上分析框架结合了外包战略的特征，并基于传统的战略风险管理理论，通过对外包风险的影响因素的分析阐述了相关的风险问题。图4-2在此基础上将战略按照行为过程展开来表述，从而得到纵横交织的、更系统全面的风险因素机理图。

委托方（金融机构）战略行为过程包括了战略思考和制定过程、战略实施过程、战略的评价和调整以及战略控制过程。在模型的左边，这几个过程分别受资源、环境、竞争能力以及战略决策本身的影响，这四个因素的合力决定了战略制定A点、战略实施B点以及战略控制C点的所在位置，只有这三个过程协调一致，即朝一个方向运动时才能达到平衡，然而这是局部的平衡，只是金融机构外包战略的局部平衡，外包战略的整体平衡协调还依赖于外包商的合作。如图4-2

左边 A′、B′、C′及其箭头所示，战略行为过程与战略目标不一致，这将导致战略的重新调整，虚线表示的就是战略的评价和调整过程，即外包商针对金融机构的委托，基于自身的资源、环境、竞争能力会采取相应的战略措施；同时，它的行为也会受制于这四个因素，要达到模型右边的局部平衡就要使得外包商战略的三个过程协调一致。因此，从整个模型看，要使委托方达到既定的目标，不仅要使得双方的各自战略行为过程是前后协调一致的，还要使双方的既定目标的方向是基本一致的，才可能实现战略目标，即使两条黑线的交点落在既定的目标区域。

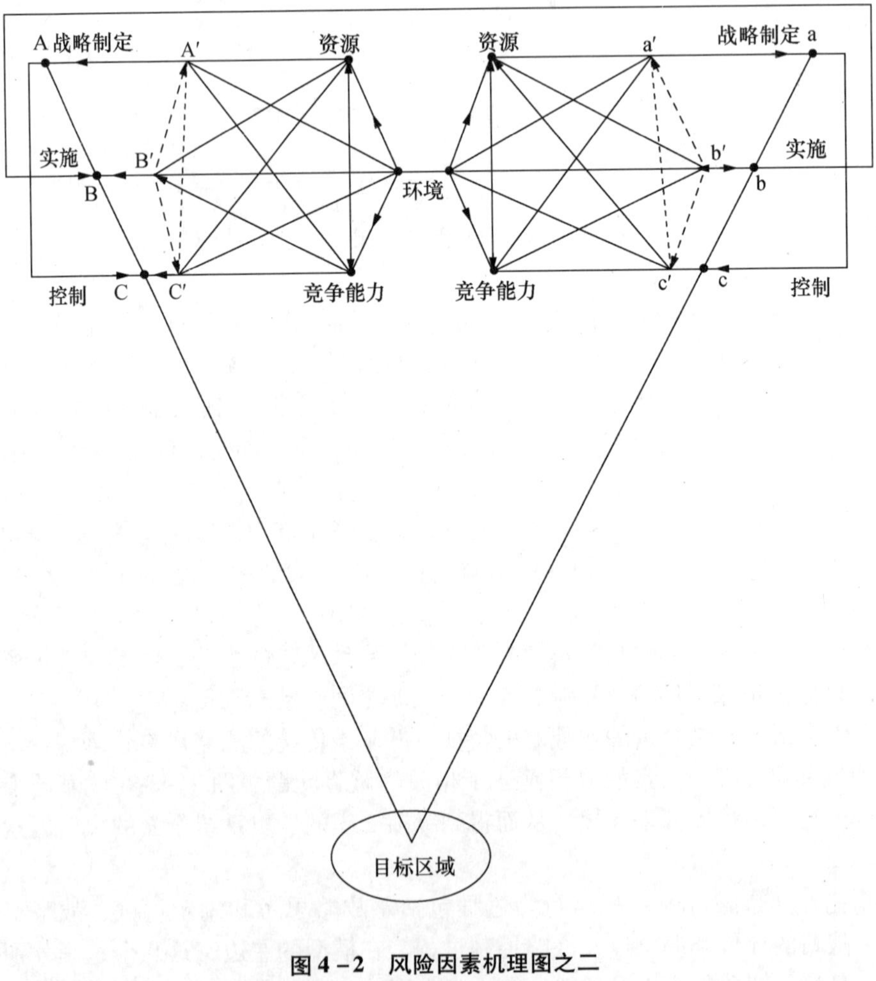

图 4-2　风险因素机理图之二

值得注意的是，外包风险因素中任何因素的变化都可能带来公司整体的不协调，而要了解相关的风险事件，有的风险事件可能导致局部的战术性的风险，而有的则可能导致整体的战略性的风险，因此要对各类风险进行分析、评估、衡量，从而制定相应的监督、预警、控制措施。

上面已对风险因素及其这些因素的作用机理做了介绍，但这些只是对引发金融服务外包风险动因的共性表述，但是 ITO、BPO、KPO 这些外包风险的动因又有自己的特性，在接下来的几节里将会分别表述 ITO、BPO、KPO 的外包风险的动因及特性。

第二节 信息技术外包风险的动因及特性

任何一种结果都是由各种各样的原因造成的，信息技术作为一种信息商品，是信息市场交易的对象，信息技术外包这种交易的发生受到复杂环境的制约，主要包括信息市场的主体因素和客体因素。主体因素有：信息技术、金融机构和承包商；客体因素有：信息市场的信息和社会环境。因此，造成金融机构信息技术外包风险的原因也很多。

首先，信息不对称是产生信息技术外包风险的根本原因。传统经济学理论都建立在信息完全对称的假设基础之上，无风险和风险管理可言。如今，信息经济学打破了市场信息完全的假设，发现了信息不对称是一种普遍现象，是信息市场的一个显著特征。在信息技术外包中，“委托—代理”是金融机构和承包商之间的关系，它们之间的信息不对称就是在相互对应的经济活动主体之间不对称分布的有关事件的知识或概率分布，是它们交易之间的一个典型特征，如不完善的合同制定。合同是最终确定双方合作关系的具有法律效力的文件，一份完善的合同对外包的成功至关重要。信息技术以不可预见的方式变化，金融机构业务环境的变化也带有不可预知性，这两者的结合加剧了信息系统的不确定性。当技术和业务环境同时处于不确定状态时，在制定外包合约的时候，往往无法收集到制定合同相关的完备信息，如果金融机构想要获得非常多的、比较精确的信息，必须花费大量的时间和金钱，在与承包商洽谈、制定合同时不够完善，而外包过程中会发生很多不确定情况，典型的就是有些不确定情况如果没有在合同中加以说明，双方的责任和权利问题就会出现混乱，从而导致信息技术外包风险的产生。这种普遍现象和特征在信息技术外包活动中的表现尤为明显，是产生信息技术外包风险的一个最根本的因素。

其次，由于信息不对称引起的金融机构自身、承包商和社会环境方面的原因，它们共同造成了金融机构信息技术外包风险的产生。下面着重从这三个方面来进行分析。

一、金融机构的原因

金融机构作为信息技术外包的主体，其自身拥有的资源、外包的条件、高层领导的管理思想等都影响着信息技术外包的结果，具体包括金融机构的管理者、结构、文化和资源四个部分，涉及整个管理、营销、理财、研究开发等职能领域的各个要素，是引起金融机构信息技术外包风险的主要原因。

1. 外包决策失误

正确的外包决策是保障金融机构顺利开展信息技术外包的前提，在决策过程中要分析整个外包过程中涉及的要素，主要有：目前信息技术服务承包商市场是什么状况、信息服务承包商的销售策略是什么样的，是否符合自身的需要、金融机构信息技术服务的需求是什么，期望为金融机构解决什么问题、信息技术服务采购采取什么样的策略、如何对信息技术承包商进行管理，管理策略是什么，这都是在外包决策阶段所要考虑的，没有足够详细的、准确的信息做基础，金融机构管理者就很难做出科学合理的决策，比如按照信息技术外包的程度可以将信息技术外包划分为整体外包、选择性外包和零外包，每种外包方式都有自己的好处和不足。很多外包的金融机构在这个方面比较混乱，未能很好地把握自己的外包业务及其特征，导致选择的信息技术外包方式不适合自身的需要，不利于提高金融机构的核心竞争力，给金融机构的信息技术外包活动埋下了风险的种子。

还有一种情况是逆向选择问题，逆向选择的风险是由隐蔽信息引起的，是指在签订契约之前，代理人就已经掌握了一些委托人所不知道的信息，而这些信息可能是对委托人不利的。因此，代理人与委托人签订了对自己有利的契约，而委托人因处于信息劣势并处于对自己不利的位置上，使得自己的利益极易受到损害。这是契约签订阶段的一种机会主义行为。隐蔽信息的问题在金融机构选择信息技术服务外包服务商的过程中非常具有普遍性。由于信息不对称，外包服务商比金融机构更了解自己的资信、真实的技术实力、人员实力，并向金融机构提供不充分或不真实的信息。同时在金融机构方面，由于金融机构没有能力或没有严格设计和遵照招标规程去了解服务商的实际运作情况、背景、主导产品与核心业务情况，也没有对服务商的财务状况、非财务状况、稳定性等进行认真核查及分析，从而无法把握来自服务商的风险。这种信息不对称的决策导致了金融机构误选了不适合自身实际情况的服务商。

如果金融机构选择了不适合自身实际情况的外包服务商，那么金融机构和外包服务商之间的问题就会层出不穷。当双方的文化、理念差距太大以至于在沟通、协作等方面产生障碍，外包服务商的文化与人员的适应性差，特别是一些创业型的外包服务商为跨国公司提供服务时，这种文化与管理上的差异往往成为很大的问题时，外包可能会增加协调难度，对商业的理解在沟通上缓慢，造成磨合期过长，这样金融机构并没有从外包上得到好处。还有的外包服务商对外包业务和项目的内容及其外延定义不清由此带来了运营混乱与责任不清，或者双方均存在控制力度差及责任义务不明确的现象，这会引起金融机构内部更大的矛盾。另外，外包服务商的系统落后，对客户的响应性降低，对于变化的响应和敏感性低，差强人意的服务水平，合同的可发展性低，缺乏对金融机构运转和需求的理解，金融机构各组织部门缺乏一致性，信息的安全性受到破坏或威胁等都是逆向选择带来的风险。

2. 金融机构不能进行科学全面的成本效益分析

做任何事情都要事先计划和做成本效益分析，信息技术外包给金融机构带来的好处显而易见，但是给金融机构带来收益的同时，也给其带来了相关成本。根据外包活动的市场性质和企业性质，使得外包具有交易成本和代理成本。前者包括：确定外包项目的成本、获取有关的市场价格信息及筛选承包商的成本，制定与承包商谈判以及签订合同的成本；后者包括：监督成本和失控成本、合同变更和沟通成本、信息外泄的成本等。交易成本涉及的要素基本上都是确定性的、可以进行计算的，因此金融机构做得比较好，而后者涉及的要素具有很大的不确定性，金融机构很难做出精确的预算，或者在实施过程中，有些技术上的变故等没有预料到或者忽略了，因此会造成财务、投资方面的风险。

选择 IT 服务外包可能不仅不会降低信息技术的成本，反而可能会降低金融机构的利润，而导致费用更高的原因通常是那些不可预测和未予说明的变更。由于技术更新的速度非常之快，技术成本会随着时间的推移而降低，外包合同价格的相对不变性与市场技术成本不断下降之间造成了不对称性，但因服务商缺乏来自金融机构的激励或者为了赚取更多利益，反而限制了新技术的应用或服务费用的降低，服务费用不随技术成本的降低而变化，相对来说更昂贵，从而存在着与金融机构想要分享信息技术进步、增强成本控制的初衷背道而驰的风险。还有可能性就是，成本容易超出预算，有时候，金融机构要配合外包服务提供商的需求进行一些额外工作，这其中的协调成本，可能会非常昂贵。除此之外，签约金和监督外包厂商进展的支出，也可能远高于预期支出。

3. 忽视与承包商的沟通

与承包商沟通与同员工沟通一样，金融机构与承包商不能及时沟通就不能解决随时出现的问题。如在外包实施的过程中，承包商在技术上出现了什么问题、金融机构的需求又有哪些变化、哪些环节需要进行调整和改进等，金融机构和承包商没有及时沟通的话，承包商会一直按照合同、企划书中的计划去进行，金融机构会逐渐失去对承包商的控制；另外，由于金融机构内外部环境的不断变化，人力资源管理工作也会不断变化，没有良好的沟通，承包商也会对金融机构的信息逐渐生疏，对外包活动是有风险的。

4. 对承包商的监督、激励机制不全

从金融机构的角度来看，监督、激励也是一种投资，投资的回报便是工作效率的提高，对于金融机构至关重要。当实施信息技术外包的金融机构和外包承包商通过协议或者合同达成一致后，两者之间就形成了委托与代理关系。金融机构从非核心业务中解放出来了，基本上都抱着“交钥匙工程”的观念，忽略对外包活动的跟踪和管理，对承包商的激励机制更是不健全。没有良好的监督和激励机制，承包商员工的能力、天赋不能被很好地发挥和激发，承包商不会尽心尽力为金融机构服务，有意隐瞒自己的实际情况，使金融机构无法了解到承包商是否在利用其自有信息更好地为金融机构服务，产生最典型的“道德风险”，造成无论金融机构拥有多高的管理能力，都不能被付诸使用的风险。

5. 过分依赖承包商

如果金融机构对于选择的承包商比较满意，就对承包商的工作比较放心，导致对其过分信任，但承包商与金融机构并不是同一个盈利方，承包商为了自己的利益，可能会借助这种信任损害金融机构的利益，如“隐藏行为”和“代理问题”交易中的一方（通常是供应商）可能采取影响合同价值而又不易被对方观察到的行为。例如，IT 供应商可以安排最优秀的员工实施合同项目或者将不称职的员工安排进项目组，由于难以对项目组的每一个成员进行审查，因而当项目出现困难时，问题却很难鉴定。在委托—代理关系中，这种现象被称为“道德风险”，即当金融机构不能明确辨识承包商的努力程度时，承包商伺机偷懒，并非按照金融机构的期望行事，这种现象在 IT 外包关系中普遍存在。同时，如果金融机构对承包商的依赖性过强，金融机构就可能受制于承包商，在其退出外包时也很困难，也导致 IT 外包关系充满了风险和不确定性。

二、承包商的原因

承包商在金融机构信息技术外包过程中起到至关重要的作用，其提供服务的好坏直接关系到金融机构是否能够降低成本，在市场竞争中有序运作，是产生金融机构信息技术外包风险的另一个重要因素。

1. 可供选择的承包商数量少

可供选择的承包商数量少是指可供金融机构选择的、能满足其需求的、著名和值得信赖的承包商的程度。目前市场上，技术过硬、信誉好、业务价格合理的承包商数量并不多。金融机构的信息技术并非自己的运营所长，要想外包自己的业务，必须要找承包商，承包商的有限选择使金融机构在将来合同的谈判、合同条款的制定、专业的技术要求、个性化的信息技术选择等中处于不利地位，会受机会主义议价能力的支配，一旦与其签订了合同就会在不招致成本的情况下有较小的能力变换供应承包商，如果想退出，则给金融机构带来较高的转移成本。

2. 专业技能不够

承包商强大的技术力量是保证信息技术外包项目按时保质完成的关键。如果承包商的技术力量不足以完成所承包信息技术项目的开发，可能会使承包项目无法进行，半途而废。承包商的专业技能主要包括承包商提供必要服务的能力，关键人员的技术能力，对当前和未来要求的支持技术；承包商在未来运行环境中提供服务的经验；承包商对于因业务系统中断，为了避免风险，而采取的应急措施和响应能力。承包商的技术人员缺乏该社会组织所在行业的信息化经验以致对该社会组织的信息化建设不能考虑周全，就会影响信息技术外包项目对社会组织的适应性和针对性。承包商对信息技术变化缺乏敏锐的洞察力，会使金融机构不能采用最先进或者说是最合适的信息技术，就难以保证信息技术外包项目的先进性。还有就是目前承包商的发展不成熟，一方面是信息技术行业新技术标准不断完善，另一方面是软件开发商在发展中后期新技术的开发和跟踪跟不上实际技术的发展需要，出现相对落后的现象，因此专业技能在不断的提高之中，一部分承包商出于商业目的和竞争，谁都不会说自己技术不成熟，有时为拿到项目，对客户随意承诺，加大了选择承包商的风险。

3. 管理能力不济

承包商承接社会组织的信息技术外包项目后，不仅要对所承接的项目进行技术开发，而且要对所承接项目的资金、人员、进度、质量进行科学而有效的管理。承包商可能利用合同的伸缩性，故意放松对承包项目的管理，以拖长开发时间，要求社会组织多支付劳动报酬，这样既延误了信息技术外包项目的时间，又增加了信息技术外包项目的成本，还难以保证信息技术外包项目的质量。如果承包商管理能力不济，轻则影响信息技术外包项目的质量和进度、增加信息技术外包项目的成本，重则导致项目失败或承包商倒闭，对金融机构外包带来严重影响。

4. 资金不足

在信息技术外包中，社会组织一般不是在签订协议后就将所有的经费打入承包商的账户，而是要求承包商先垫付部分资金。如果承包商没有足够的资金作为后盾，就无法及时购买先进的信息技术和聘用有能力的信息技术开发人员，无法保证项目的正常运作；还有就是突发事件，造成承包商倒闭或者破产，就会造成金融机构信息技术外包活动无法继续下去，给金融机构造成外包风险。

5. 败德行为

如果金融机构对于选择的承包商比较满意，就可能对承包商的工作比较放心，导致对其过分信任。但承包商与金融机构并不是同一个盈利方，承包商为了自己的利益，可能会借助这种信任损害金融机构的利益，如“隐藏行为”和“代理问题”交易中的一方（通常是供应商）可能采取影响合同价值而又不易被对方观察到的行为。例如，IT 供应商可以安排最优秀的员工实施合同项目或者将不称职的员工安排进项目组，由于难以对项目组的每一个成员进行审查，因而当项目出现困难时，问题却很难鉴定。在委托—代理关系中，这种现象被称为“道德风险”，即当金融机构不能明确辨识承包商的努力程度时，承包商伺机偷懒，并非按照金融机构的期望行事，如承包商可能采用处于生命周期后期的硬件和软件技术，节约成本并增加利润，这种现象在 IT 外包关系中普遍存在。同时，如果金融机构对承包商的依赖性过强，金融机构就可能受制于承包商，对需求的任何变更都必须经由或取得承包商的同意，这样就降低了信息技术服务的灵活性，创新能力也会下降，在其退出外包时也很困难，也导致 IT 外包关系充满了风险和不确定性。

三、社会环境的原因

造成金融机构信息技术外包风险的主要因素是信息市场信息不对称、金融机构和承包商引起的“道德风险”，但是社会环境作为整个交易市场的宏观环境，相应的市场机制和调节功能都没有健全，外包市场的稳定性较差，也是引起其风险的一些不可忽视的因素。

1. 缺乏健全的法律法规机制

首先，现有的法律、法规没有对承包商的运作做出明确的规定，只能按照一般的规定去做；其次，如果金融机构发现承包商违规，双方不能协调解决就会采取法律手段，而目前我国的相关法律、法规对技术外包中发生的冲突还没有充分的解释和处理措施，会让双方陷入比较僵持的局面，会对承包商和金融机构产生影响，并且这种影响是很难预测和防范的，也是造成信息技术外包风险的一个重要因素。

2. 缺乏第三方监理机制

第三方监理公司的监理人员具有专业上的优势，他们以自身信誉为保证，以信息服务为主要活动内容，监理即监理人员对外包活动进行监督和管理，是为金融机构提供专业的监督管理服务的，可以减少因为信息不对称给金融机构带来的风险。但是目前我国的监理业发展还处在起步阶段，没有建立起能使信息达到对称的、公正规范的监理机制。

第三节　业务流程外包风险的动因及特性

在本节中，我们沿袭着这样的思路进行剖析业务流程外包风险动因及特性。首先要了解业务流程外包本身具有什么特性，这样我们可以针对业务流程外包的不同阶段找出相应的风险因素，并针对这些风险因素进行分析。

业务流程外包的全过程有着鲜明的阶段性特征。以是否签订契约为界可以将其分为业务流程外包决策和业务流程外包实施两个阶段。

第一阶段，业务流程外包决策阶段。

在这一阶段，一方面金融机构需要对自身业务进行评估，明确哪些业务可以外包，哪些不能外包；哪些业务需要外包，哪些更适合自制；同时还要明确对外包服务的需求，将外包需求书面化、规范化和标准化。另一方面要收集和调查市场上外包服务商的经营状况、服务状况、资信状况、自身实力等，比较外包服务商与外包服务需求的匹配性，据此制定相应的业务外包计划和策略，与外包服务商谈判并最终签订外包契约。该阶段以契约的签订完成为标志。

第二阶段，业务流程外包实施阶段。

指外包契约签订后，外包双方开始进入履行合约的阶段。在这一阶段，金融机构需要对业务流程进行改造、配置合适的人员对外包实施过程进行监控和管理，并在外包合同完成后对本轮外包进行绩效评估和总结，及时地解决外包中遗留的各种问题，如解决合同争议、进行事后补救工作等。

一、业务流程外包风险因素分析

1. 业务流程外包决策阶段风险因素分析

业务流程外包决策阶段风险因素主要涉及金融机构的有限理性、对外包服务商的依赖效应、外包服务商的缺陷三个方面。

（1）金融机构的有限理性。有限理性的概念最初是阿罗提出的，他认为有限理性就是人的行为，“即是有意识地理性的，但这种理性又是有限的”，即有限理性指主观上追求理性，但客观上只能有限地做到这一点的行为特征。有限理性的管理人与完全理性的经济人两者的区别是经济人企求找到最锋利的针，即寻求最优，从可为他所用的一切备选方案当中，择其最优者。管理者则只需找到足以缝衣服的针就满足了，即寻求满意，寻求一个令人满意的或足够好的行动程序。在业务外包决策阶段，金融机构在收集和处理大量相关的市场信息时，其能力受到自身很多限制，所以交易主体在决策过程中的感知和认知能力是极其有限的，交易主体的行为不可能是绝对理性的各种交易活动的理性。金融机构的有限理性不可避免地将造成两个方面的后果：

1）管理层的有限理性。尽管承认管理者的决策是基于完全的主观理性，但人类的理性毕竟是有限的，时间、业绩压力以及个人知识与能力欠缺使得金融机构的管理者在进行外包决策时不可能考虑到影响因素的方方面面，保持超然的客观性。也就是说，即使处于非功利主义初衷，外包决策仍要受限于管理层因有限知识和经验主义而做出的一些不明智的决定。在业务外包决策过程中，由于金融机构管理者外包经验的欠缺、掌握的外包相关信息不充分，以及决策时人的主观性，这些都导致了外包决策时不能保证考虑问题的全面性，这更加重了外包的决策失误。

2）不完全契约。完全契约，是指这些承诺的集合完全包括了双方在未来预期的事件发生时所有的权利和义务。但是，未来在本质上是不确定的，特别是将来某种程度上是现在选择的结果，而现在的选择又基于对未来的预期，这使得现在与将来之间的关系有一种内禀的随机性。因此，从观察者的角度看，大部分契约都是不完全的。一方面外包商所面临的经营环境充满着各式各样的不确定性，金融机构不可能搜集到所有与外包契约安排相关的信息，更不可能准确预测未来发生的所有变化，从而无法在签订契约前把外包服务需求规范下来并列入契约条款中。另一方面大多数的契约缺乏前瞻性，对未来可能发生的变化，如未来外包服务的定价、新技术的开发、服务的质量和等级等都缺乏明确的解决机制。契约的不确定性不仅增加了外包的事后成本，影响了外包商的满意度，而且在客观上助长了外包服务商的机会主义行为，使争议上升为诉讼，给金融机构带来潜在损失。

（2）对外包服务商的依赖效应。依赖效应指外包方无法摆脱与外包服务商的交易关系，除非金融机构愿意支付高额的转移成本，即一旦形成对外包服务商的依赖性，再重新选择就很难，因为重新选择的成本不菲，而且外包实施的时间越长，成本就越大，再选择其他外包服务商，以前投入的成本就可能会变得一文不值。这对金融机构来说都是一笔不小的损失，也是选择新外包服务商时要考虑的经济因素。外包服务商利用依赖效应占据了谈判的主导权，他们可以在外包续约谈判中相要挟，逼迫金融机构接受不利的契约条款，金融机构要么支付昂贵的转移成本，要么无条件接受。依赖风险直接导致了业务外包谈判和决策成本的提高，争议与诉讼的升级，甚至可能造成新的成本，如重新选择外包服务商的转移成本等。外包服务商的依赖性使金融机构在外包关系中处于非常被动的地位，从而加大了外包商的风险。造成外包依赖的主要因素有两个，即资产专用性与少量可选的外包服务商。

1）资产专用性。资产专用性是指用于特定用途后被锁定很难再移作他用性质的资产，若改作他用则价值会降低，甚至可能变成毫无价值的资产。一般情况下，资产可用于不同用途和由不同使用者利用，即资产具有通用性。但当一项耐久性投资被用于支持某些特定的交易时，所投入的资产就具有专用性。在这种情况下，如果交易终止，所投入的资产将部分甚至完全地无法改作他用。资产的专用性越低，金融机构的转移成本越低。相反，在外包决策阶段如果金融机构计划在外包交易中投入大量的专用性资产，那么金融机构将陷入被迫接受不利条款或不得不支付高昂的转移成本的两难境地。同时金融机构从一个服务商转向另一个服务商时又可能面临新的专有资产投资。资产专用性越大转换成本越高。

2）少量可选的外包服务商。当市场上仅存在少量外包服务商时，金融机构对外包服务商的依赖性显著加强。在极端情况下，即市场上只有一家能满足需求的外包服务商时，金融机构除了选择它以外别无选择。另外，外包服务商的力量随着它们数量的减少而递增。少量外包服务商参与竞争意味着金融机构将处于讨价还价中不利的位置，使得金融机构的交易成本增加。服务商的有限选择还会使金融机构在合同谈判中处于不利地位，且在合同期满后难以更换供应商。

（3）外包服务商的缺陷。服务商的缺陷包括机会主义和能力限制两个方面，具体分析如下：

1）服务商的机会主义。所谓机会主义行为是指外包服务商利用信息不对称或某种有利的地位等不正当手段来谋求个人利益的最大化。在选择外包服务商阶段，金融机构与外包服务商之间存在严重的信息不对称劣势，外包服务商可能出于私利的目的，刻意隐瞒对自身不利的信息，或刻意向金融机构提供误导性的、虚假性的信息以谋取自身更大的利益。这种业务外包发生前出现的信息不对称将导致逆向选择问题，即金融机构可能放弃优质的外包服务商而错选较差的外包服务商，从而造成外包服务商的服务达不到金融机构预期的要求，使企业外包活动的质量急剧下降。

2）服务商的能力限制。随着竞争的升级和客户需求的不断变化，金融机构对服务商提出了更多的要求，外包服务商不仅要能满足现阶段外包服务的能力，还必须与金融机构一同具有应对未来各种变化的能力、技术改进及发展和创造新知识的能力。但在业务外包实践中，外包服务商和金融机构之间很难达到同步发展，外包服务商要么不能满足金融机构需求量的变化，要么不能满足质量要求抑或提供具有竞争性的价格。

2. 业务流程外包实施阶段风险因素分析

业务外包实施阶段的风险主要涉及外包服务商道德风险、外包交易过程中的协同问题以及隐藏成本的失控问题等方面。

(1) 外包服务商的道德风险。业务外包本质上是外包商与外包服务商之间的“委托—代理”关系，金融机构是“委托人”而外包服务商是“代理人”。“委托—代理”理论下，外包双方的利益是不完全一致的。外包实施过程中的信息不对称将导致道德风险，外包服务商出于某种目的会刻意隐藏行动和隐藏知识，从而使外包商处于更加不利的位置。道德风险的存在加大了金融机构外包管理和监控的难度，使外包管理和监控的成本激增。

1) 隐藏行动。当金融机构与外包服务商之间的关系以契约形式固定下来后，相应的业务或资源将交由外部的外包服务商进行管理，金融机构无法对外包的全部内容进行直接掌控。如果合同双方未就权利义务有明晰的界定，那么在服务效率、服务质量、对服务需求变化的灵活性掌握、金融机构的商业秘密和内部资讯、费用控制乃至知识产权等方面都可能存在风险。对外包服务商而言，由于缺乏可操作且严格的监控措施，降低服务质量级别能为外包服务商带来更多的利益；由于外包服务商缺乏来自金融机构的激励，在技术变更日新月异时，限制新技术的应用反而能赚取更多利益，而这与金融机构想要增强成本控制、分享技术进步的初衷背道而驰，进而使外包收益达不到预期的高度。

2) 隐藏知识。外包双方签订契约后，外包商将注意力放到了核心竞争业务上面，对外包业务的关注度在减退。可能出现外部业务环境的变化仅为外包服务商，即代理人所观察到的情况。外包服务商出于短期利益考虑可能隐瞒、欺骗外包商，从而损害外包商的利益。

在业务外包结果方面，金融机构仅能观察到外包效果的好坏，但是却无法判断造成此结果的主要原因是外部环境的变化还是外包服务商的努力。外包服务商可以利用隐藏知识的优势将外包过程中的失误归结为外部环境变化带来的不利影响，而将成功之处归功于自身的努力。金融机构对此则难以分辨，这更加大了对外包收益控制的难度。

(2) 外包交易的协同问题。外包实施过程中，外包双方在协同上也存在一定的风险。外包服务商和金融机构是两个独立的经济实体，二者之间在战略目标、管理理念等方面的差异往往造成协同障碍，容易产生误会。此时如果没有权责明晰的合作契约为约束，没有共同的利益为基础，金融机构与外包服务商之间互相猜疑、相互指责、彼此推诿，双方的合作可能处于僵持状态，外包执行和实施成本将激增，最后可能导致金融机构运作变差。外包交易的协同问题突出地表现为以下两个方面：

1) 对外包服务商监控不力。对业务外包过程进行监督和控制需要技术和管理机制的支持，监控技术落后、监控环节不到位、监控管理机制不健全都有可能使监控的目标不能完全实现，造成第三方外包服务商有机会利用不确定因素，有效地转嫁风险，给业务外包方造成损失。如果持续对外包服务商监控不力，随着外包服务商在金融机构外包业务介入程度上的深入，对金融机构将形成潜在威胁，给金融机构自身经营管理带来负面影响。

2）信息渠道不通畅。一直以来，由于金融机构对信息建设的忽略，在信息渠道构建上缺少人才和资金进行科技创新，信息渠道不畅通日益成为困扰业务外包成功实施的“瓶颈”，造成信息传递不准确和信息交换不及时，当外包服务运作出现问题时，双方之间难以快速达成共识。

（3）外包交易的成本失控。在外包契约签订以后，金融机构还面临着某些潜在的成本支出，主要表现为监控成本和沟通成本。

1）沟通成本。由于环境的不确定性及由此导致的契约的不完善性，外包契约是一个不断完善和持续修订的过程。外包双方在签订契约后仍然要为修补和完善契约进行讨价还价的谈判，这必然造成交易费用的增加。此外，外包过程中，外包双方由于就某些契约条款认知的不同，产生双方的争执甚至付诸法律诉讼，致使诉讼成本的损失。造成双方争执的最大原因通常是业务外包实际绩效难以使用数量指标来进行评估。金融机构的外包业务如果因为诉讼而告失败，可能引起业务流程的中断，从而造成巨大的损失。

2）监控成本。在外包执行过程中，有许多正在发生的成本不能被完全预测到。由于金融机构丧失了对外包业务的控制权，也缺乏相应的信息，为了保证外包服务商有效履行合同，金融机构需要加强对服务商的监控，从而造成交易费用的增加。金融机构对外包过程的监控成本，是业务外包过程的重要支出。一般情况下，随着金融机构对外包服务商监控力度的增加，信息不对称程度降低，金融机构的掌控能力增强，外包风险降低。但相应的监控成本也会成比例地增加。

二、BPO 运营风险的六个方面及其动因分析

金融 BPO 作为金融服务外包的一个领域，在其外包运营过程中，会存在风险并可避免。中国金融 BPO 本身就是全球服务外包发展的产物，世界先进的外包国家在金融 BPO 运营上存在的风险，在中国同样存在，但中国有其自身的国情和行业特点，比照起来，中国金融 BPO 运营风险主要包括以下六个方面：外包责任风险、数据安全风险、运营质量风险、准时交付风险、经验技能风险和技术保障风险。

1. 外包责任风险动因分析

金融机构最大的风险在于外包责任的风险，金融机构对外包业务内容界定的失误、对服务提供商评估和选择的失误以及对运营过程监控的失误，均可能并能

最终使之面临并承担着有损本机构发展战略、业务创新、社会声誉、机构形象和经济利益的责任风险。

对于服务提供商而言，金融机构在为外包责任风险付出代价的同时，也就意味着金融 BPO 服务提供商与金融机构之间合作的失败和终结，并承担着应有的法律责任、利益损失和公司信誉的丧失。

导致外包责任风险的因素主要是指：

第一，决策者将本机构或本行业中规定不能外包的业务外包出去。这其中有个外包范围程度的问题，通常出现这方面的风险并不是说决策者没有这方面的认识，而是决策者将业务范围有意或无意地扩大化了，从而蕴藏风险。

第二，没有对服务商进行系统而全面的考察和评审，选择了一个不合格的服务提供商进行外包，结果可能会因服务商运营能力不及预期而遭受损失。

第三，金融机构对服务提供商运营过程没有进行有效监控，从而无法及时告知和纠正运营错误。

2. 数据安全风险动因分析

金融行业特殊的信息高敏感性和高保密性，迫使金融机构决策者在作出金融 BPO 服务外包时承受着较大的外包责任风险的压力。决策者在数据安全问题上的风险考量，成为了决定业务是否外包的关键性因素。

这种来自金融机构对外包过程中信息数据是否安全的期望和关切，无疑给金融服务提供商以“过分”的投入以保障数据的安全性。金融 BPO 服务提供商在运营过程中任何数据安全的失误，对双方来说都是灭顶之灾。

金融机构对数据安全的要求越高，服务提供商所承受的数据安全风险就越大。

金融机构外包业务中的关键信息和数据必须保密。导致其风险的原因涉及多方面：第一，金融机构在进行外包服务时，从法律层面未告知服务提供商业务数据的保密要求。第二，金融机构告知了服务提供商数据信息保密的义务，但对需要保密的数据信息范围未做清晰的指定。第三，服务提供商安全保密意识薄弱；服务提供商缺失有效的数据安全控制措施。

3. 运营质量风险动因分析

金融 BPO 催生的原始动力就是出于降低成本和提高质量的考虑，任何疏忽质量的行为和结果最终都是“两败俱伤”。

通常，金融机构会根据其外包业务要求的精度，对服务提供商的运营质量要求取一个合理的最低限制，因为决策者不得不在质量和外包成本之间寻求平衡，高质量要求就意味着更高的外包成本投入。

当然，金融机构对质量要求越高，对 BPO 服务提供商来说运营成本的投入程度就越大，在可能获得更大收益的同时承担的质量风险就越大。

服务提供商的下述行为将导致质量风险：第一，服务商运营的行为不符合金融机构的规定做法。第二，服务商业务经验或员工能力欠缺导致不能提供符合金融机构质量要求标准的服务。第三，服务提供商缺乏有效的质量控制措施。

4. 准时交付风险动因分析

金融机构进行 BPO 外包，除了降低成本和提高质量外，也是出于提高业务效率的需要，决策者期望通过这种模式，以更大地提高其业务处理的核心竞争能力。

中国经济的高速发展，迫使金融机构不得不进行战略调整和业务创新，以适应市场经济的发展需要。因而，不可避免地会产生外包业务在内容要求和量上的波动，这会给服务提供商带来运营安排和生产作业上的难度和复杂度，但金融机构对服务结果准时交付的要求是不变的，这是业务效率的需要。

金融 BPO 提供商必须承受这种准时交付的压力，也只能通过不断提高和改进其运营能力来化解这个风险。

影响准时交付的因素归纳起来主要是指如下三点：第一，服务提供商没有足够的员工储备应对金融机构外包业务在量上的波动，不能削峰平谷。第二，服务提供商作业安排能力薄弱。第三，缺乏对金融机构业务流量动态的掌握。

5. 经验技能风险动因分析

金融 BPO 虽然有其业务的专业性，但这种业务并不意味着专业知识的单一性，相反，出于运营成本和交付效率的需要，迫使服务提供商要求受理人员的技能必须是多样和复合的；另外，金融 BPO 业务虽然有其连续性，但并不是一成不变的，各种特殊情况随时发生，这就需要服务提供商具备充分的业务经验以应对这种变化。

BPO 服务商对于自身经验技能的不足将直接影响运营，具体是指：第一，服务提供商业务技能浅薄，不够深入，无足够能力应对外包业务的受理要求。第二，服务提供商业务经验欠缺，无足够能力应对外包业务的特殊情况。第三，服务提供商掌握技能和经验单调，无法应对金融机构在业务上的创新。

6. 技术保障风险动因分析

金融 BPO 对技术的要求首要考虑的是连续不可中断，然后是稳定、可靠和先进。信息技术是金融 BPO 赖以发展的基础，任何业务数据和交流都必须依赖 IT 系统的处理和传递。技术保障的连续性、稳定性和可靠性是金融 BPO 顺利运营的前提，任何技术保障上的失误都可能阻碍运营的实施，从而影响金融机构业务开展的顺畅性。

尽管金融 BPO 服务提供商采取了技术方面的运用，但是下列因素仍将对其运营构成风险：第一，服务提供商运营 IT 系统设计不够先进，系统布局不够科学，从而影响运营效率。第二，服务提供商在关键 IT 硬件方面的投入太低，从而影响运营的效率。第三，服务提供商缺乏灾备意识，可能因技术上的故障导致运营的停止。第四，服务提供商运维力量薄弱，无足够技术和经验保障运营所需技术的稳定、可靠和连续性要求，从而导致作业受阻，影响准时交付。

第四节 知识流程外包风险的动因及特性

知识流程外包作为服务外包的一种新形式，发展规模和影响力还是比较有限的，但是，由于 KPO 知识密集度高，对发包方的高智力、高技能工作岗位产生了冲击，可能影响到金融机构的核心利益，因此 KPO 比 ITO 和 BPO 更为复杂。到底它会产生怎样的风险就成了值得关注的问题。KPO 的风险要素与 ITO 与 BPO 有明显的区别，这是 KPO 外包风险的特性，主要分为知识外部性风险、知识个体性风险、知识破损风险和知识关联性风险。接下来将会详细阐述这四种类型的风险。之后 KPO 还会出现知识产权的风险问题，并对外包流程和经营流程两个方面的知识产权问题进行分析。

一、KPO 知识性风险要素

以契约签订和成果交付为分界线，可将 KPO 的全过程划分为三个阶段：外包洽谈阶段、外包执行阶段和成果交付阶段。结合 KPO 业务流程的三个阶段，从知识自身特性出发，提出 KPO 中知识性风险要素框架，如表 4－1 所示。

表 4－1 KPO 中知识性风险要素框架

KPO 知识性风险要素	KPO 中的体现
知识外部性风险	显性/隐性知识的外部性
知识个体性风险	关键/集体员工的流失
知识破损风险	知识的不完整/变异
知识关联性风险	外包/共享知识范围的确定失误

1. 知识外部性风险

从知识管理的角度来看，知识分为显性知识和隐性知识。因此，知识外部性风险主要体现在显性知识的外部性风险和隐性知识的外部性风险两个方面。

(1) 显性知识的外部性风险。知识可以无限复制，并被同时使用，因此知识具有很强的公共物品性质。奥尔森“搭便车”理论的中心论点是：公共物品一旦存在，每个社会成员不管是否对这一物品的产生做过贡献，都能享受这一物品所带来的好处。私人将知识生产出来后，其他人可以通过“搭便车”行为而获益，但却不支付费用，这便会产生知识外部性的问题。KPO 过程中客户提供给提供商的知识的外部性，意味着这种知识被转移给 KPO 提供商以后，提供商会将这些知识当作其自身所有的知识或者公共的知识，因而其他人（包括其他客户）可以不对其付费而在不同程度上获取该项知识，进而获得收益。如果“搭便车”的知识使用者恰好与客户属于同一行业、同一领域或相关行业、相关领域，则其可能与客户构成竞争性的市场关系而使客户受到潜在的知识产权风险，如损害其知识产权的垄断性，削弱知识产权的排他性，从而危害客户的经济利益。

(2) 隐性知识的外部性风险。隐性知识具有外部性。虽然从个体角度而言，隐性知识具有较强的排他性；但从组织角度来说，由于组织所用的隐性知识是通过人脑而存在的，而人具有流动性，如果组织人才流失的话，也将导致其所掌握的组织隐性知识被其他组织或他人所利用并产生利益的可能性存在，这时隐性知识也体现出外部性的性质。

此外，知识外部性会导致客户的利益可能受到损失，并且这种损失具有不确定性。知识外部性的存在只是说明给客户带来的私人收益小于该知识产生的社会收益；其引起的客户收益的损失不是一定会发生，因为“搭便车”的知识使用者不一定会与客户产生绝对的竞争性市场关系，也不一定会对客户的经济利益产生绝对的损害。

2. 知识个体性风险

知识是依赖于个体而存在。知识个体性风险主要表现在知识员工的流失方面。知识员工流失是客户在 KPO 过程中最容易忽视的问题。当组织选择 KPO 时，意味着金融机构内部人力资源可能发生变动，原流程相关的员工可能会转换部门或面临失业。从心理契约角度来看，当员工个体感受到这种违背时，就会改变其行为和思想。这体现在：在行为上，员工可能会降低工作效率和工作绩效（隐性流失）或离职（显性流失）；在思想上，员工的工作满意程度下降，组织忠诚度和信任度也会降低，这反过来又促进心理契约违背情况的产生。员工，尤其是骨干员工，在工作过程中经过长期的积累，往往熟悉该业务流程，并掌握着关键性知识甚至核心流程知识，如应急处理某些特殊情况的能力、与金融机构相关流程岗位的人员沟通协调的能力等。这些知识往往无法用语言或文字等方式直接表达出来，因此，这类员工的流失将导致某些专业技能或其他隐性知识的流失，最终会影响金融机构竞争优势、给金融机构带来巨大的经济损失。此外，在外包双方合作过程中，流程相关的专业人才都会积极参与进来，KPO 提供商会很容易就了解客户的骨干人才情况。因此，在双方合作关系结束后，KPO 提供商很有可能会在适当的时间采用适当的方式把客户的人才挖走以占为己用或推荐给客户的竞争对手，随之而流失的则是隐藏在骨干人才头脑中的重要隐性知识。而骨干人才的流失，一方面会使得关键岗位空缺，另一方面可能会对其他员工造成心理冲击，从而带动其他相关人才的“集体流失”，最终影响组织整体的运营。

3. 知识破损风险

知识破损表现为知识的不完整和知识的变异。KPO 中传递的业务流程相关知识具有系统性，但知识从外包一方传递到另一方时，由于参与双方的理解和接受能力的不同以及网络环境的不安全性等综合因素，传递的知识经常不能被对方完整或准确地吸收，造成知识破损。此外，由于团队中“专家”或“权威”等个体主观思想以及彼此间的情感和人际关系，也会使具体参与人刻意地过滤、隐瞒或误传知识，造成知识破损。因此，知识破损将导致知识接受方无法完全掌握和理解所传递的知识，从而丧失其价值，增加不确定性，甚至带来潜在的危险。

4. 知识关联性风险

知识之间具有一定的相关关系。知识关联性风险主要体现在客户外包决策的失误带来的一定风险。这主要体现在两个方面：①外包范围的确定失误。KPO 中进行外包的流程，位于价值链的高端，在决策时需要注意那些关键性的非核心流程以及与关键性知识流程相关的非核心流程不可以外包。关键性的非核心流程是指对金融机构业务的开展具有重大影响的流程或构成企业核心竞争力的流程。这类流程看起来不是很重要，但如果外包出去，短期内可能会给组织带来收益，但长期来看，将逐渐削弱组织的创新能力或影响其优势的保持。②共享知识范围的确定失误。客户提供给 KPO 提供商的知识并非无边界，需要根据外包需求进行针对性的选择。如果不限制地扩大共享知识的范围，将导致客户不必要的知识的流失；如果共享知识的范围过小，则可能影响外包的效果，难以产生客户真正需要的知识产品。

二、KPO 的知识产权风险

由于 KPO 提供的是建议，并分析核心的知识，必然涉及知识产权问题。ITO 和 BPO 有隐私和知识产权保护方面的各项法规，已经相对完善，会严格按照法规来执行。在 KPO 领域，这部分还处于开放的状态，并没有成熟的法律法规。知识流程外包中发包方与接包方的知识传递，必然存在发包方将自己的核心技术和核心知识透露给接包方，这使得知识流程外包的双方之间可能存在甲方的知识产权意外流失给乙方，从而造成和知识产权有关的知识资源被掠夺的产权风险等。这也是由于知识流程外包中知识和知识产权所固有的特性而增加的知识共享、知识转移及知识管理中的知识产权风险。

目前，世界范围内的知识流程外包产业中对知识流程外包成果的知识产权归属都有着统一的规则，那就是知识流程外包成果的知识产权归发包方所有。但是即便如此，知识流程外包同样存在着知识产权风险。下面通过知识流程中知识产权风险因素、风险产生的原因和机理分析，依据基于 KPO 主体和 KPO 实施流程的知识产权风险分析，得到了 KPO 中存在的典型的知识产权风险问题。

1. 基于外包流程的知识产权风险

（1）KPO 中商业秘密的保护风险。对于 KPO 中商业秘密的保护，主要由我国《合同法》、《反不正当竞争法》、《劳动合同法》等法律进行规范，而这些不同法律规范所依据的原则均是诚实信用原则。由于 KPO 外包的特殊性质，在委托—代理阶段，接包方有机会接触到发包方的商业秘密。

（2）KPO 外包合同执行过程中产生的知识产权归属风险。在外包决策阶段，KPO 外包并不是发包方向接包方简单地采购一件产品或服务，而是接包方按照发包方的要求和提供的信息开发研究并制定出符合发包方要求的服务方案。这一过程就必定会产生新的成果，并在合同中将这些知识产品的归属权作出明确的规定。

（3）挪用、滥用等造成知识产权侵权风险。这种风险一般发生在经营风险中，即直接使用接包方知识产品，未按照规定支付报酬的。由于在知识流程外包过程中涉及的相关知识以不同的方式在不同外包主体之间的转移，最终达成 KPO 接包方对发包方知识产品或服务的成功交付，并实现外包主体知识的创新和知识的增值。这种知识转移的主体，主要涉及 KPO 接包方、发包方以及各方参与人员等多个主体。于是其难以避免某个主体挪用、滥用另一个主体的知识产权，从而造成侵权。

（4）歪曲、篡改主体方知识产品的风险。这种风险一般发生在外包决策的外包流程中。由于 KPO 中的知识转移具有复杂性。对 KPO 接包方来说，发包方所拥有的业务流程知识、专业知识等，是不容易学习和理解的；对发包方来说，KPO 接包方所拥有的专家技能、丰富的经验知识等，也是不容易理解和掌握的。于是，某一个主体很可能根据自己知识的特点和理解能力，歪曲、篡改另一个主体的知识产品。

2. 基于经营流程的知识产权风险

（1）机会主义所导致的知识产权流失风险。该风险即是未经发包方许可，公开发表其知识产品的风险。这种风险一般发生在经营流程中。这种风险存在的主要原因是：知识流程外包中的知识转移具有双向性和互补性，即 KPO 中知识转移是一个双向的、不断反馈的过程。KPO 接包方和发包方，既是知识的提供者，也是知识的需求者。高效的知识转移需要双方不断进行互动。而这种双向性就造就了侵权的机会。发包方所需要的，也即 KPO 接包方最终交付给发包方的产品，是融合了发包方业务流程、领域专业知识、个体经验与技能等在内的创新性成果。这种使用价值的让渡，容易让外包主体方误解为知识产品所有价值的让渡，从而造成在没有主体监督的情况下，未经发包方许可，公开发表其知识产品。

（2）接包方成员以个人名义申请“智力成果”的风险。这种侵权行为一般发生在“经营风险”的过程中，在外包中可以分别表现为：在并没有参与自己的知识加工，为谋取个人名利，在接包方单独创作的知识产品上署名的风险；未经发包方许可，以营利为目的，复制并利用其知识产品的风险；接包方买卖发包方享有专有版权的知识产品的风险；未经发包方许可，以发行、改编、注释、编辑等方式使用发包方知识产品的风险。

（3）对外包第三方的知识产权侵权风险。外包双方也有可能违约侵犯第三方知识产权造成的侵权风险。知识流程外包在协同创新的过程中，接包方、发包方或者合作双方在合作过程中存在侥幸心理，提供了不能使用的具有第三方知识产权的资料，主要形式包括：①接包方或发包方技术的投入被另一方利用而未经授权；②知识流程外包过程中盗用原作者的知识产权，用于新生成的知识产品中而未经知识产权所有者授权，这可能是接包方的道德缺失所导致的；③违反约定地使用接包方和发包方之外间接合作方的知识成果，这些成果可能是接包方与其他发包方所共同创新的成果。

总之，以上几种风险情况，一旦被发现就会给外包双方带来损失，双方可能面临共同侵权而被巨额索赔的风险。

第五节　金融服务外包的风险分析——以中国商业银行业务外包为例

银行是经营风险的行业，具有资产负债不对称、高负债经营及银行和客户信息不对称的特点，这些因素决定了银行与生俱来的脆弱性与风险性。商业银行通过业务外包实现了降低成本、集中资源、利用外部优势、塑造核心竞争力等战略目标的同时，由于引入了第三方，即外包服务商，使后者在一定程度上参与到银行的经营，使得银行原有的风险发生了变化，也引入了外包所导致的新的风险因素，加大了银行经营的不可控性、不确定性和风险性。

一、商业银行业务外包的风险因素

银行的各项业务主要有资产业务和负债业务、中间业务和表外业务都面临着一定程度的风险，业务运作的每一个环节都会对银行风险产生不同程度的影响，可以说银行在运营的整个过程中包含着多种风险。商业银行采取业务外包这一方式既延续了银行自身运作所面临的风险，又引入了业务外包带来的新风险，改变了银行原有风险的具体表现形式和权重大小。

总体而言，信用风险、市场风险和流动性风险是银行风险管理中最重要的内容，对银行的经营管理影响重大，所以商业银行通常对于风险管理、资金运作等涉及银行核心能力的业务不会采取外包方式。在不考虑商业银行的支持系统如 IT 系统外包而产生风险的前提下（相关风险在操作风险等风险中考虑），商业银行采取业务外包一般不会对上述三类风险产生影响。业务外包主要对以下风险产生影响：操作风险、法律与合规风险、声誉风险、策略风险及资本风险产生不同程度的影响，如果有离岸业务外包，还会产生国家风险。但是业务外包并不是一定会增大商业银行的风险，因为外包商的专业性服务也可能会降低商业银行的经营风险，问题在于商业银行如何适当地管理和控制这些风险。以下对商业银行业务外包的风险因素进行具体分析。

1. 操作风险

操作风险是指商业银行由于不完善或失灵的内部程序、人员、系统、外部事件等导致损失的风险。这类风险受商业银行业务外包的影响程度最大，通常情况下是加大了操作风险。由于业务外包引入了第三方——外包服务商，外包公司的技术水平和服务质量直接影响着商业银行操作风险的大小，而商业银行又无法直接参与外包商的经营管理，很难掌握并控制其中的操作风险。

（1）外包商自身的经营风险向商业银行转移的风险。与外包业务相关的产品质量、服务水平的高低都与外包商的业务水准有密切关系，外包公司的内部控制、管理方法、员工专业素养、系统和服务理念等直接影响商业银行的操作风险。外包商的业务水平达不到商业银行的要求，会直接影响商业银行的服务水平与质量；外包商的运作出现失误，很有可能影响商业银行运营；而外包商经营失败会对商业银行的正常运作和声誉产生非常严重的影响。

（2）沟通风险。在业务外包中，具体业务的操作人与业务成果接受人相分离，导致外包商和商业银行看待问题的角度、掌握的信息都不完全相同，导致双方对问题的理解和意见不同。从而需要花费较高的信息沟通成本，容易产生外包商完成的业务成果不能完全满足商业银行的业务需求的风险。

（3）道德风险。外包商会从自身利益考虑，制定适合自身的发展战略和经营方针，这可能与银行的经营目标和要求不一致，导致外包商按照自身规划行事但与银行约定背离的现象，出现道德风险。例如，商业银行进行业务外包的目的之一是通过外包降低成本，实现以最低的代价获得最大的收益；外包商是自负盈亏的企业，希望承接的项目能够取得最大的利润回报、提供最少的功能和足够的质量、在合理的时间内完成交付。由于存在一定的利益冲突，使得商业银行很难确保其关于控制相应业务操作风险的要求和标准能够得到外包公司切实的贯彻，达到符合其要求的效果。

（4）合同约定不完备的风险。银行与外包商之间签订的合同具有不完全合同的特性，容易造成外包收益分配的不确定性。外包行为一般会延续一段较长的时期，外包合同中不可能把事先预测到交易过程中可能出现的所有问题都囊括进来，这样做无疑会增加商业银行管理操作风险的难度。如果业务外包的运作过程中出现意外状况，则需要商业银行与外包商妥善协商并及时处理，这就造成商业银行事后成本的增加。

（5）信息数据安全性与保密性的风险。为了方便外包商进行业务开发、有效管理业务，商业银行向外包方的相关工作人员开放了数据、客户信息、系统等方面的资源。商业银行以外的人员接触到这些重要信息将会加大信息安全性和保密性管理的难度与风险，商业银行无法保证外包商相关人员的素质，从而容易发生黑客侵入、窃取数据等违法事件。这些事件的发生，一方面造成商业银行自身数据、系统的安全问题，影响了商业银行的正常运营；另一方面由于商业银行掌握了大量客户信息，既包括企业客户的财务数据和业务经营情况，也包括个人客户的信息和资金状况的大量隐私，因而影响了银行客户的资金安全与个人利益。

（6）商业银行不能准确评估风险程度的风险。商业银行与外包服务商存在着信息不对称，不利于商业银行充分认识并准确评估自身面临的操作风险的大小，增加了管理和控制操作风险的难度。

2. 法律风险

由于商业银行对法律规定的理解不当、执行不到位等情况导致无法执行合约，可能造成损失，从而形成法律风险。商业银行业务外包所涉及的法律风险主要表现为：

（1）合同条款风险。商业银行与外包商的合同条款不完善，对合作行为可能出现的问题未做事先约定，一旦出现问题而又缺乏解决的法律依据，可能使银行面临法律风险。

（2）信息数据风险。一旦泄露客户信息等重要资料，致使企业客户商业秘密和个人客户隐私外泄，这就违反了保守商业秘密的法律规定和个人隐私保护法。如果由于客户账户资料泄露，影响了客户的资金安全，商业银行将会面临更严重的法律风险。

3. 合规风险

合规风险指商业银行业务经营与法规不符，甚至互相抵触的风险。相对而言，商业银行是一个需要严格监管的行业，监管部门对于商业银行的经营行为做出许多严格规定，包括对其业务外包具体运作的规定。这是商业银行业务外包相对于其他行业较为独特的风险，这种风险主要表现为：

（1）业务不被外包法规允许。监管部门通常对商业银行可以外包的业务范围进行了具体规定，商业银行外包的业务必须符合相关法规的规定，不得把法规不允许的业务外包。如果违反这一规定，将是重大不合规问题，可能面临监管部门的处罚。

（2）外包商的操作违反银行法规。作为业务最终风险的承担者，各国监管法规基本都明确规定外包商的合规行为应由银行把关，外包商运作中违反银行法规的行为将被视为银行的违规。

（3）商业银行难以满足监管要求。业务外包使得商业银行把部分业务操作的主体转换到商业银行以外的第三方——外包服务商，而外包商一般都不属于银行业监管机构的监管对象，监管部门需要从商业银行获得外包商进行外包业务的运作信息。商业银行对这些信息的获取也是处于比较被动的地位，这些信息主要依靠外包商提供，承担外包商信息准确性的风险。商业银行和外包商之间的信息不对称，增加了商业银行满足监管部门监管要求的难度，从而产生相应的合规问题。

4. 声誉风险

操作不当、经营业绩不佳、违法违规等现象都会使商业银行声誉受损，产生声誉风险。因为商业银行经营主要依赖公众对其的信心，所以一旦发生声誉风险，将直接对商业银行造成不可估量的损失。虽然业务外包是商业银行与外包商的合约行为，但是商业银行客户看到的始终只是银行的经营行为，外包商的不良运作很可能直接影响到商业银行的声誉。商业银行业务外包出现的重大操作风险、法律风险、合规风险都可能导致商业银行的操作风险。

5. 策略风险

策略风险又称作战略风险，是商业银行董事会和高级管理层的重大经营决策失误而使银行面临的风险。商业银行是否采取业务外包策略、哪些业务可以外包等有关决策对银行而言是非常重要的决策。尤其当业务外包伴随着银行架构的调整、资源的重新分配时，决策失误将对商业银行造成极大的损失。与策略风险相关的业务外包风险可以分为以下几类：

（1）对外包业务失去控制。外包可能只是使商业银行获得短期的竞争优势，而逐渐丧失对外包业务的控制，进而对其经营和竞争力造成负面影响。在企业业务外包中就出现过这种情况，K－mart公司利用物流业务外包策略成功在短期内降低了企业的运营成本，但后来却丧失了对物流的控制，最终使公司的总成本大幅上升，这是在其与沃尔玛竞争中处于弱势的主要原因之一。同样的问题在商业银行业务外包中也有可能出现，商业银行不适当的外包策略，也会导致其丧失对有关业务的控制。

（2）丧失学习与培养竞争力的机会。业务外包通常意味着商业银行不得不放弃相关方面的操作和知识积累，而单单依靠外包商来从事相关业务。这样的话商业银行将很难有机会提高这些方面的能力，从而长期受限于外包商的业务能力。特别是对一些需要长期经验、数据积累的业务，这一风险表现得更为突出。

（3）退出风险。商业银行退出外包战略会付出非常高昂的代价，对外包商的依赖性越强，相应的成本越高昂。商业银行放弃外包战略，就需要重新培养业务技能、积累相关的业务经验、引进相关的业务人才；与外包商协商合作转回业务也是一个比较困难的过程。

（4）公司发展受限制。这一限制主要发生在银行业务转型的过程中。美国西尔斯百货公司曾把财务管理集中外包给安达信公司，然而几年后当西尔斯百货公司想将部分零售业务剥离出去时，由于财务管理外包的限制而很难剥离相应零售业务的财务管理。同样地，如果商业银行放弃批发业务或者零售业务，在以后的转型过程中可能会由于后台功能的集中外包而影响其未来的发展策略。

6. 资本风险

资本属于自有资金，是商业银行抵御风险的最主要也是最后一道防线，资本风险要求商业银行在开展业务时必须考虑自身所拥有的资本量，把有限的资本进行合理而恰当的分配。业务外包是银行缓释资本风险的一种有效方法，通过把某些业务外包，同时就减少了相应的资本分配，这就使得银行可以把资本资源进行更加有效的分配。

7. 国家风险

商业银行业务离岸外包是指因为外包服务商所在国家政策的变动影响外包商经营，从而使外包服务商无法完全按照商业银行要求开展业务的风险。总的来看，在上述各类风险中，操作风险是商业银行业务外包中最主要也最难控制的风险，它贯穿于业务外包的整个过程，受到程序、系统、人员等诸多因素影响。另外，策略风险是最重要的风险；不恰当、不正确的外包决策会对商业银行经营产生根本性的影响；其他各项风险都不同程度地影响了商业银行经营。

从本质上看，导致这些风险的主要原因有两个。首先是代理人行为风险。商业银行进行业务外包，与外包商构成委托—代理关系，外包商作为代理方应该按照委托人即商业银行的意愿行事，努力实现委托人的各项要求。然而委托人与代理人是两个不同的经济主体，两者之间存在信息不对称，委托人不得不承担代理人主观或客观上无法完成委托人全部要求的风险，或者为了实现要求而不得不付出高昂的成本。其次是因为商业银行进行业务外包，采取委托第三方经营的方式，这就舍弃了原本应由银行自身承担的责任，同时也意味着放弃了企业独立经营的自由度，所以必然要承担由此带来的不利影响，包括失去对外包业务的控制，丧失学习与塑造竞争力的机会，影响未来发展战略决策等。

二、中国外包商市场对风险的影响分析

商业银行业务外包的主体为银行和外包服务商，作为接包方的外包服务商，其专业水平和市场成熟程度必然会对银行业务外包风险造成直接影响。外包商市场的成熟程度，外包商的专业水平与管理能力，能否满足商业银行业务外包的需求并为银行提供高质量的服务与产品，这些都决定了商业银行业务外包能否成功开展，决定着商业银行是不是能够选择出合格而适宜的外包商并与之合作，进而将相关风险控制在较低的水平。因此，分析商业银行业务外包的风险必须要考虑外包服务商和外包服务商市场的情况，才能全面准确地评估我国商业银行开展业务外包所面临的风险。

1. 外包服务商市场成熟度标准

总的来说，判断外包服务商及外包服务商市场的成熟程度需要综合考虑外包服务商的专业素质、外包服务商的规模和外包服务商的数量这三方面因素。

首先，外包服务商的专业素质是最重要的因素。具备高超的专业水平和完善的管理体系的外包服务商才有能力提供满足商业银行要求的服务和产品，才能不断完善自身的服务和产品从而适应快速发展的商业银行业务外包市场的需求，从而对商业银行的经营发挥积极的促进作用。

其次，外包服务商达到一定的规模才能有效地发挥规模经济效应，达到削减成本的作用。具有一定规模水平的外包服务商更具有持久的生命力，与商业银行形成长期的合作关系。

最后，外包服务商市场中具备一定数量的外包服务商是保证市场充分竞争，促进外包服务商良性发展的重要条件。这一点对商业银行业务外包尤为重要。商业银行外包业务过于集中于单一外包商容易产生集聚风险，一旦该外包商出现问题将对大量的银行业务产生不利影响，甚至演变成系统风险，可能对整个银行市场甚至整个社会经济造成严重威胁。

2. 国内外包服务商市场存在的问题

近年来，随着国内商业银行业务外包的开展，已经逐步出现了一批具有一定规模的外包商，其中既有专门从事商业银行业务外包的企业，也有兼营商业银行业务外包的公司。但是与国外成熟有效的外包服务商市场相比，国内外包商、外包商市场的发展还不够成熟，存在许多问题。

首先，外包商的素质良莠不齐，专业水平不高。国内专门从事商业银行业务外包服务的公司中，既有从专业企业转型而来，也有银行参资组建而成，大多数公司的经营时期、专业化运作时期较短，实践经验相对不足，对承接商业银行业务外包的管理和经营能力相对较弱。以目前非常流行的金融 BPO 服务商而言，还没有出现具有绝对领先优势的 BPO 公司，专门承接金融 BPO 的公司屈指可数，国内除了华道、炎兴、华拓等少数专门开展金融 BPO 业务的公司，大部分的外包服务商都是另有主营业务，承接银行业务外包只是兼而为之。

国内兼营商业银行外包业务的公司，虽然具备了足够的专业能力，在专业领域具有较强的优势，但并不一定熟悉商业银行的运行状况。由于银行业务外包不是公司的主营业务而没有投入充足的人力和物力，造成服务质量不高。国内一家中资银行曾经聘请国际某著名会计师事务所的国内机构为该行进行信贷业务专项审计，由于该事务所不了解该行的具体业务流程，导致审计结果并不理想。

国际知名外包服务商由于需要时间来适应国内银行业经营实际，也不能够完全满足国内商业银行的业务需求。以某国有商业银行为例，该行在前些年引进了某知名信用卡公司的国际卡发卡系统，在一年多的时间里投入了大量人力参与项目的需求分析、系统软件开发和测试、系统试运行，但是投产上线后仍然存在很多问题，此后经过三年多的系统优化，性能虽然得到了改善，但仍不能完全满足客户需求。

其次，外包服务商的数量和规模有限。国内现有承接商业银行外包业务的公司在数量和规模上都还比较有限，不足以满足中国商业银行业务外包快速发展的需求。以中国发展较为迅速的信用卡外包为例，承接信用卡业务的外包服务商中至今仍少有规模较大、管理服务水平较高的专业化公司。中国地域广阔，然而大多数外包商都是区域性经营，对于全国性的银行而言，只能在不同地区分别确定不同的外包商，不但增加了银行的经营成本，而且会造成服务质量和标准的地区差异。

最后，中国缺乏对外包商的统一识别标准，没有建立相应的资格认证体系。中国商业银行业务外包服务没有明确、完善的行业标准，这使得商业银行对外包商的资质认定、技术和业务能力评估缺乏参考依据，也没有形成市场化的价格标准。这就加大了商业银行与外包商之间的信息不对称，各个商业银行依据自身标准进行判断，加大了道德风险。

一些银行由于难以选择合适外包商，于是对业务外包采取回避态度，宁愿自己花费大量精力和时间而不愿冒外包的风险。所以，政府等主管部门采取措施从宏观层面促进外包商的发展，将是控制商业银行业务外包风险的重要内容。

三、案例分析——民生银行虚假开户事件

1. 事件经过

2008 年 6 月上旬，为了推销网上银行业务，扩大客户规模（尤其是增量客户），民生银行华北营运中心电子银行部（以下简称“华北电子银行部”）与其多个支行配合，在北京高校区的各个大学进行了营销活动。该次活动以大学生为目标客户，通过一系列校园活动推销其网上银行业务。民生银行电子银行部把此项活动外包给了北京市恒宜中天企业形象策划公司（以下简称“恒宜中天”），由后者负责具体实施。恒宜中天的任务就是收集参与活动的学生的个人信息（申请表和身份证信息等），经过整理汇总后转交电子银行部，由后者通过一系列操作（审核、确认、开卡、激活网上银行、再促销等），开拓民生银行的网上银行业务及相关个人零售业务。

营销活动结束后，电子银行部与部分支行配合，利用公安部身份证信息数据库逐一核实了恒宜中天提交的个人信息。如果个人信息通过身份核实，支行采用代发工资卡的方式，把这些个人集合到一起，以团体方式办理民生银行卡；否则，不予办理。

恒宜中天负责该项目的经理在提交上述个人信息的同时，也提交了盖有相关学校学生会公章的确认函（证明学生信息的真实性）。经过进一步身份确认，电子银行部对通过核查的人员开卡，总计开卡 10741 张，其中有 9771 户开通了个人网上银行大众版。

华北电子银行部为了防范风险，在发卡前对这批集中办卡的人员进行了电话回访。回访的结果让人意外，工作人员发现回访的电话号码绝大部分都不是有效号码（无法拨通、关机、停机、空号或错误号码等）。这引起了电子银行部的警觉，于是立即联系恒宜中天调查此事并要求给予解释。

恒宜中天在一个月后得出了初步调查结果：公司负责该项目的经理在营销推广的过程中发现客户数量无法完成任务指标，于是私自从非法渠道购买了大量个人身份证信息，然后把这些虚假信息提交给银行来完成任务。

事后，华北电子银行部对恒宜中天提交的资料进行了整理，并由各支行逐一核实。最后发现，非客户本人意愿开卡竟然有 10739 张，这意味着 10741 张卡中

仅有两张卡是真实有效的，其中有 9771 户属于民生银行的增量客户，其余 1028 户属于存量客户。民生银行对这两类客户作出了不同处理：对增量 9771 户进行了销卡、删除客户信息处理，对存量客户进行销卡处理。这一处理过程持续了半年时间，直到 2009 年初才处理完毕。

2. 事件分析

首先，民生银行由于选择了不合格的外包商——恒宜中天，从而导致了这起事件的发生。恒宜中天的项目管理采用“一揽子”模式，即根据整个项目的预算，一次性拨付经费。这样，项目经理便产生了作假的可能，在其职业道德水平不高的情况下，他就会压缩工作成本、截留项目经费从而中饱私囊。恒宜中天替民生银行进行业务推广，但是后者不可能对前者的一举一动进行监督，而且双方的利益并非完全一致，于是发生了上述事件——代理人的道德风险。

其次，此事件暴露了民生银行风险控制机制存在的问题。在事前、事中及事后的一系列控制过程中，显然，民生银行在事前控制出现了问题。对恒宜中天提交的信息，银行方面在数据库中对其进行了核实，这只能说明这些信息是真实存在的，但并不代表信息的有效性且来源合法。银行方面没有对信息的有效性进行检查，造成了第一个环节的失误。然而，银行在事中控制做得比较好，在发卡前进行了电话回访，从而及时发现了问题，制止了风险的发生。否则，发展到事后控制阶段，处理难度可想而知。

在这起事件中，民生银行的声誉受到负面影响。银行作为金融单位，具有极高的公信力，其每一项业务的进行都是在严格审核、周密检查的情况下进行的，所有业务都是程序化操作，所以，公众对银行的信任度相当高。然而，这起事件竟然牵扯到上万人，无疑对其声誉造成了较大影响。在信息发达的现代社会，往往一件小事，就足以引发公众对企业的信任危机，“丰田召回事件”便是明证，到目前为止，丰田汽车的召回量达到了上千万辆，损失近 200 亿美元。如果银行出现类似的情况，遇到大规模诉讼赔偿，后果将可能是毁灭性的。

民生银行的市场份额遭到损失。目前，国内商业银行在信用卡领域的竞争还处于“跑马圈地”的阶段，大量发卡造成持卡人信用质量下降、风险加大，金融危机过后，这种情况已经有所收敛。此次民生银行发行如此大规模虚假信用卡（虽然还没有流入社会），势必对其信用卡品牌造成不良影响，从而被竞争对手蚕食自身的市场份额。

经过这次教训，民生银行电子银行部在操作流程上对开卡进行了规范，禁止中介公司的参与。开通网上银行只能由客户凭本人身份证去支行办理。如果需要办理代发工资业务，则要求单位为员工集体办理。

第五章　中国金融服务外包风险的度量

金融服务外包是社会进步的必然结果。金融服务外包的风险种类众多，引起外包风险的原因又很复杂，因此，如何对金融机构在金融服务外包过程中所可能产生的各种风险进行科学度量便成为本章的重点。本章主要介绍了目前西方发达国家金融机构在金融服务外包过程中运用来度量外包风险的风险矩阵法、波尔达序值法以及多因素层次分析法。为了对三种金融服务外包风险的度量方法的实际效果进行直观的对比，本章以中国银行湖南省分行电子报表管理系统外包项目作为案例，采取专家打分评估等方式严格按照三种风险度量方法的要求，对中国银行湖南省分行电子报表管理系统外包项目的外包风险进行了实际度量。三种方法度量的结果都显示中国银行湖南省分行电子报表管理系统外包项目的外包风险是较低的。风险矩阵法在度量中国银行湖南省分行电子报表管理系统外包项目的风险时操作过程是最简单的，结果也是最直接的，但是这种度量的结果却不够精确。多因素层次分析法在度量中国银行湖南省分行电子报表管理系统外包项目的风险时度量结果最为精确，甚至可以给出具体的数值，但其操作过程最为复杂，涉及诸多变量，需要专家多次进行打分等比较烦琐的操作。波尔达序值法的度量结果实质上是一种过渡性的度量结果，但它给出的中国银行湖南省分行电子报表管理系统外包项目所可能产生的各种风险事件的风险等级却是非常重要的。中国银行湖南省分行可以根据风险的不同等级有针对性地制定各种应对外包项目风险的对策，这对中国银行湖南省分行来说具有很大的实用价值。

第一节　金融服务外包风险的动态博弈分析

本节主要介绍金融服务外包风险的产生过程及对外包风险产生的原因进行动态博弈分析。为了简化模型，本书首先作出如下假设：①金融服务外包市场上的发包方和承包方双方是该博弈的两个参与人，且外包双方都是经济理性的，即都追求各自利益的最大化。②外包和承包双方进行动态博弈，一方先行动，另一方观测到前者的行动后相机行动。③博弈双方都知道自己在每种状况下的支付函数，而且可以观察到对方在自己选择行动前的行动。因此，这是一个不完全动态博弈模型。金融服务外包活动的过程是有先后顺序的，该博弈双方动态博弈的先后顺序为：第一，承包机构向金融机构提出承包申请，金融机构做出决策；第二，承包机构做出决策，依次循环。行动顺序为：金融机构首先决定是否发放外包服务，这取决于其对承包方资信、服务能力和预期收益的预测，如果不发包，则此博弈终止；如果决定发包，第二阶段则由承包方决定是否承包；如果决定承包，则双方各有收益，金融机构获得外包服务，承包方获得服务收益；如果承包方不按照合约尽职履约，金融机构既可以采取容忍的态度，接受损失，也可以进行追究以维护自己的利益，如向承包方求偿，或者通过诉讼获取赔偿等。金融服务外包过程中的博弈过程见图 5－1。

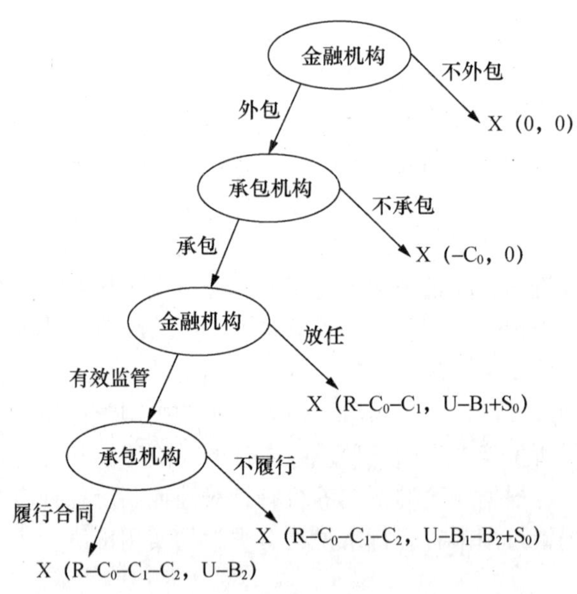

图 5－1　金融服务外包风险的产生的动态博弈过程

图 5－1 中，C_0 为金融机构发包过程前后的调查承包方信用、技术、管理等成本的总和；U 为承包机构承接外包服务获得的收益；C_1 为金融机构监督合约履行的成本；R 为金融机构收益，即因专业化分工节约的金融服务研发成本、人力成本、固定资产投入成本以及节约成本带来的机会成本收益；B_1 为不按照合

同履行合约而在未来可能承受的经济损失和道德压力的折现值，其大小取决于违约的惩戒力度和信用体系的完善程度，因为信用不良的记录而导致的损失越大，B_1 越大，B_2 则为受追讨被迫履约时承受的舆论和处罚成本；C_2 为追讨损失时的成本（如诉讼成本、诉讼结果执行成本等）；S_0 为承包方因服务水平降低而节约的成本。

上述博弈过程中，如果金融机构不发包，承包机构和金融机构双方获得的收益均为0，双方收益向量为 X（0，0）。如果金融机构发包，而承包机构选择不承包，则金融机构损失发包过程前后调查承包方信用、技术、管理等成本的总和 C_0 收益为（$-C_0$），承包机构获得收益为0，双方收益向量为 X（$-C_0$，0）。如果金融机构发包而承包机构承包，在这种情况下，如果金融机构采取放任的态度，那么金融机构将多节省为监督合约履行的成本 C_1，其收益为（$R-C_0+C_1$），承包机构将因服务水平降低而节约成本而多获益 S_0，其收益为（$U-B_1+S_0$）。双方的收益向量为 X（$R-C_0-C_1$，$U-B_1+S_0$），如果金融机构发包承包机构承包，而金融机构采取有效监管的策略，此种情况下，如果承包机构仍然不履行合约，那么它将多损失受追讨被迫履约时承受的舆论和处罚成本 B_2，其收益为（$U-B_1-B_2+S_0$），金融机构将多损失为追讨损失时的成本 C_2，其收益为（$R-C_0-C_1-C_2$），双方的收益向量为 X（$R-C_0-C_1-C_2$，$U-B_1-B_2+S_0$）；如果承包机构采取履行合约，承包机构将多节省，不按照合同履行合约而在未来可能承受的经济损失和道德压力的折现值 B_1，其收益将变为（$U-B_2$），而金融机构的收益将保持不变，此时，双方的收益向量为 X（$R-C_0-C_1-C_2$，$U-B_2$）。

从上述博弈过程可以看出，承包机构在承包后若不履约将获得收益（$U-B_1-B_2+S_0$），若承包后履约将获得收益（$U-B_2$），所以，承包机构在承包后是否履约主要取决于（S_0-B_1）的大小。对金融机构来说，如果不采取有效的监管措施将获得收益（$R-C_0+C_1$），如果采取了有效的监管措施将获得收益（$R-C_0-C_1-C_2$），因此，对金融机构来说最优策略始终是不采取有效的监管措施，除非为追讨损失时的成本（如诉讼成本、诉讼结果执行成本等）C_2 小到几乎可以忽略。由于 S_0 为承包方因服务水平降低而节约的成本，B_1 为不按照合同履行合约而在未来可能承受的经济损失和道德压力的折现值，因此只要 $B_1>S_0$，承包机构将选择履约，反之则选择不履约。

金融服务外包风险的动态博弈说明，由于 S_0 和 B_1 并不是固定的，C_2 始终不为零，影响到 S_0、B_1 和 C_2 三个变量的因素太多，金融机构和外包机构各自的内部因素和外部因素的变动都将引起它们的变动，因此，在金融外包业务的开展过程中，各种风险均有可能产生。

第二节 度量金融服务外包风险的方法

对金融服务外包风险的动态过程有了一个理论和直观的了解，以下主要对金融外包风险进行度量，这里主要介绍了三种目前较为普遍使用的方法，即风险矩阵法、波尔达序值法和多因素层次分析法。

一、风险矩阵法

风险矩阵法是在外包项目服务过程中度量风险（风险集）重要性的一种结构性方法，并且还是对外包项目风险（风险集）潜在影响进行评估的一套方法论。外包项目风险是指某些不利事件对项目目标产生负面影响的可能性和可能遭受的损失。在风险矩阵法中，风险是指采用的技术和方法不能满足项目需要的概率。风险矩阵方法首先主要考察外包项目需求与技术可能两个方面，在此基础上分析辨识外包项目是否存在风险。一旦识别出项目风险（风险集）之后，风险矩阵下一步要分析的是：评估风险对项目的潜在影响，计算风险发生的概率，根据预定标准评定风险等级，然后实施计划管理或降低风险。风险矩阵法测度银行业务外包的一般形式介绍如下：假定一金融机构有 m 项外包业务，设为

$$A=(A_1,A_2,\cdots,A_m) \tag{5.1}$$

其中，某项外包业务用 A_i 表示；每项外包业务在外包过程中有 n 种风险，设为

$$\theta=(\theta_1,\theta_2,\cdots,\theta_n) \tag{5.2}$$

其中，某项外包业务在外包过程的第 j 阶段的状态用 θ_j 表示；每个阶段风险发生的概率

$$p_j=p(\theta_j) \tag{5.3}$$

则每项业务的概率向量为

$$p=\{p(\theta_1),p(\theta_2),\cdots,p(\theta_n)\} \tag{5.4}$$

于是某项外包业务 A_i 在 θ_j 的损益值用 a（A_i，θ_j）表示，计作 a_{ij}，即

$$a_{ij}=a(A_i,\theta_j) \tag{5.5}$$

期望损益值为

$$E(A_i)=\sum_{j=1}^{n}p_ja_{ij} \tag{5.6}$$

风险决策矩阵的一般形式见表 5－1。

表 5-1　业务外包风险决策矩阵的一般形式

银行外包业务及风险状态	外包业务状态及概率				期望损益值
	θ_1	θ_2	θ_j	θ_n	E（A）
	p_1	p_2	p_j	p_n	
A_1	a_{11}	a_{12}	a_{1j}	a_{1n}	E（A_1）
A_2	a_{21}	a_{22}	a_{2j}	a_{2n}	E（A_2）
A_i	a_{i1}	a_{i2}	a_{ij}	a_{in}	E（A_i）
A_m	a_{m1}	a_{m2}	a_{mj}	a_{mn}	E（A_m）

表 5-1 的损益矩阵可表示为

$$\begin{bmatrix} a_{11} & a_{12} & \cdots & a_{1j} & \cdots & a_{1n} \\ a_{21} & a_{22} & \cdots & a_{2j} & \cdots & a_{2n} \\ \vdots & \vdots & \ddots & \vdots & \ddots & \vdots \\ a_{i1} & a_{i2} & \cdots & a_{ij} & \cdots & a_{in} \\ \vdots & \vdots & \ddots & \vdots & \ddots & \vdots \\ a_{m1} & a_{m2} & \cdots & a_{mj} & \cdots & a_{mn} \end{bmatrix} \tag{5.7}$$

而期望损益向量

$$E(A) = \begin{bmatrix} E(A_1) \\ E(A_2) \\ \vdots \\ E(A_i) \\ \vdots \\ E(A_m) \end{bmatrix} \tag{5.8}$$

又因为

$$p = (p_1, p_2, \cdots, p_j, \cdots, p_n) \tag{5.9}$$

所以

$$E(A) = BP^T \tag{5.10}$$

只要银行能够估计出来它所外包出去的业务在各个操作阶段所发生风险的概率以及该项风险发生时所可能造成的损失，那么该银行的整个外包业务风险就可以由式（5.10）计算出。由于上述风险矩阵的一般形式比较抽象，下面将对其进行简化，简化的风险矩阵法将风险的影响分为五个等级，分别为关键（Critical）、严重（Serious）、一般（Moderate）、微小（Minor）和可忽略（Negligible）。并提供了各种风险发生概率的解释性说明。银行业务外包中各外包风险被划分为低 L、较低 LJ、中 M、较高 HJ、高 H 五档，从而可以初步确定各风险的大小等级。银行服务外包风险等级定义见表 5－2，风险发生概率的解释性说明见表 5－3。

表 5－2 银行服务外包风险等级定义表

业务外包风险影响等级	定义或说明
关键（Critical）	一旦风险事件发生，将会导致业务外包项目失败
严重（Serious）	一旦风险事件发生，会导致经费大幅度增加，外包项目完成周期延长，可能无法满足银行的外包需求
一般（Moderate）	一旦风险事件发生，会导致经费一般程度增加，外包项目完成周期延长，但仍能满足银行一些重要的需求
微小（Minor）	一旦风险事件发生，经费只是小幅增加，外包项目完成周期延长不大，外包需求的各项指标仍然能够保证
可忽略（Negligible）	一旦风险事件发生，对外包项目的完成几乎没有影响

表 5－3 银行服务外包风险发生概率的解释性说明表

风险概率范围	解释说明
0% ~10%	非常不可能发生
11% ~40%	不可能发生
41% ~60%	可能在实施中期发生
61% ~90%	可能发生
91% ~100%	非常可能发生

根据表 5－2 和表 5－3，可以做出业务外包风险等级对照表，也就是简化的服务外包风险等级度量表，风险等级对照情况见表 5－4。

表 5－4 银行服务外包风险等级对照表

风险概率范围	风险影响等级				
	可忽略	微小	一般	严重	关键
0% ~10%	低	低	低	较低	中
11% ~40%	低	较低	较低	中	较高
41% ~60%	低	较低	中	较高	高
61% ~90%	较低	中	较高	较高	高
91% ~100%	中	较高	高	高	高

表5－4是银行服务外包的风险矩阵估计。它实际上是将表5－1的内容在假设条件更严格或者说是更具体一些的情况下的翻版。但由于表5－4的内容更为具体，因而表5－4可用于在银行服务外包过程中对风险进行大概的估计度量。

二、波尔达序值法

前面的一节，通过风险矩阵方法将外包风险大小划分为五种不同的风险等级（低、较低、中、较高、高），风险等级所显示的还只是一些风险结（处于同一等级具有基本相同的属性还可以继续细分的风险模块）；外包风险的度量却是希望得到哪些风险更为关键，因此，在对复杂系统风险的评估中，这五个风险区域分布的风险结范围比较大，从对项目失败影响不大的风险区域中分离出最关键的风险比较困难。下面先对金融服务外包中的风险等级进行分析，由于金融服务外包中存在着决策风险、管理风险、财务风险、人力风险、国家风险、产品风险、技术风险以及对手风险等各风险，而以上的各种风险中又可以分出更多的关键风险事件来引起该类风险的产生，例如决策风险主要可由合同的修订、变更、终止等合同事件和外包商退出外包的退出事件等两个关键事件引起。因此，本节先把各类风险事件用 R_i 来表示，其中 R_1 表示合同问题，R_2 表示退出外包，R_3 表示人员流失或者人才匮乏，R_4 表示失误或者欺诈，R_5 表示连带风险，R_6 表示外汇风险，R_7 表示流动性风险，R_8 表示应收账款质量下降，R_9 表示合规风险，R_{10} 表示检查困难，R_{11} 表示信息传递不畅或被盗，R_{12} 表示限制、禁止外包或被迫撤离，R_{13} 表示风险集中，R_{14} 表示成本上升，R_{15} 表示质量下降，R_{16} 表示技术不适用，R_{17} 表示技术泄密，R_{18} 表示技术被模仿，R_{19} 表示外包商锁定，R_{20} 表示法律争议和诉讼，R_{21} 表示评级风险。在上述21个风险事件的基础上，对各个风险事件给出一个概率区间和风险影响程度，得到金融服务外包的风险等级。金融服务外包的风险等级见表5－5。

表5－5 金融服务外包的风险等级表

风险类型	风险事件 R	风险影响程度	风险概率区间	风险等级
决策风险	R_1	一般	91%～100%	高
	R_2	关键	41%～60%	高
人力风险	R_3	一般	61%～90%	较高
	R_4	严重	91%～100%	高
财务风险	R_5	关键	41%～60%	较高
	R_6	微小	61%～90%	中
	R_7	一般	41%～60%	中
	R_8	微小	11%～40%	较低

续表

风险类型	风险事件 R	风险影响程度	风险概率区间	风险等级
管理风险	R_9	一般	41% ~60%	中
	R_{10}	严重	61% ~90%	较高
	R_{11}	关键	61% ~90%	高
国家风险	R_{12}	关键	11% ~40%	高
	R_{13}	严重	0% ~10%	较低
产品风险	R_{14}	微小	0% ~10%	低
	R_{15}	严重	0% ~10%	较低
技术风险	R_{16}	一般	11% ~40%	较低
	R_{17}	一般	0% ~10%	低
	R_{18}	可忽略	61% ~90%	较低
对手风险	R_{19}	关键	11% ~40%	高
	R_{20}	严重	11% ~40%	中
	R_{21}	关键	11% ~40%	较高

从表 5 -5 可以看出 5 个风险等级中，属于高风险等级的有 6 个风险结，分别是 R_1、R_2、R_4、R_{11}、R_{12}、R_{19}，属于较高风险等级的有 4 个风险结，分别是 R_3、R_5、R_{10}、R_{21}；属于中等风险等级的有 4 个风险结，分别是 R_6、R_7、R_9、R_{20}；属于较低风险等级的有 5 个风险结，分别是 R_8、R_{13}、R_{15}、R_{16}、R_{18}；属于低风险等级的有 2 个风险结，分别是 R_{14}、R_{17}。在如此多的风险结中要分出关键风险确实是个难题，为了处理风险结，研究人员将投票理论应用到风险矩阵软件中，提出了 Borda 序值法。Borda 序值法假定设 N 为风险总个数，设 i 为某一特定风险，k 表示某一准则。原始风险矩阵只有两个准则：用 k =1 表示风险影响 I，k =2 表示风险概率 P。如果 R_{ik} 表示风险 i 在准则 k 下的风险等级，则风险 i 的波尔达数可以由式（5. 11）给出：

$$b_i = \sum_k (N - R_{ik}) \tag{5.11}$$

风险等级排序由这些数值给出。如果风险的 Borda 序值为 0，说明该风险是关键的风险，序值为 4，说明另外有 4 种风险更为关键。

根据式（5. 11）可以计算出各个风险事件的波尔达数，对风险事件 R_1 来说，它的风险事件发生概率为 91% ~100%，因此比 R_1 发生概率更高的风险个数为 0；R_1 的风险影响程度为“一般”，因此比 R_1 风险影响程度更高的风险个数为 11 个（根据表 5 -5 风险影响程度为“严重”和“关键”的风险事件共有 11 个），

从而 R_1 的波尔达数为：$b_1=(21-11)+(21-0)=31$。风险事件 R_2 的风险事件发生概率为 41% ~60%，因此比 R_1 发生概率更高的风险个数为 7；R_2 的风险影响程度为“关键”，因此比 R_1 风险影响程度更高的风险个数为 0 个，从而 R_2 的波尔达数为：$b_2=(21-0)+(21-7)=35$。同样的计算方法可以计算出 R_3 ~ R_{21} 的 19 个风险事件的波尔达数 $b_3=29$、$b_4=36$、$b_5=35$、$b_6=23$、$b_7=24$、$b_8=14$、$b_9=24$、$b_{10}=34$、$b_{11}=40$、$b_{12}=31$、$b_{13}=19$、$b_{14}=8$、$b_{15}=19$、$b_{16}=20$、$b_{17}=14$、$b_{18}=20$、$b_{19}=31$、$b_{20}=25$、$b_{21}=31$。

比 R_1 的波尔达数 31 更大的风险个数有 5 个，分别是 $b_2=35$、$b_4=36$、$b_5=35$、$b_{10}=34$、$b_{11}=40$，因此风险 R_1 的波尔达序值为 4；比 R_2 的波尔达数 35 更大的风险个数有 2 个，分别是 $b_4=36$、$b_{11}=40$，因此风险 R_2 的波尔达序值为 2。同样的方法便可以计算出其余 19 个风险的波尔达序值，各个风险的波尔达序值见表 5 -6 和表 5 -7。

表 5 -6　各个风险的波尔达序值表

风险	R_1	R_2	R_3	R_4	R_5	R_6	R_7	R_8	R_9	R_{10}	R_{11}
波尔达序值	5	2	9	1	2	13	11	18	11	4	0

表 5 -7　各个风险的波尔达序值表

风险	R_{12}	R_{13}	R_{14}	R_{15}	R_{16}	R_{17}	R_{18}	R_{19}	R_{20}	R_{21}
波尔达序值	5	16	20	16	14	18	14	4	9	5

根据表 5 -6 和表 5 -7 的波尔达序值表，按照风险的重要性从高到低可以分为 12 个等级，分别是：第一等级 R_{11}，第二等级 R_4，第三等级 $R_2=R_5$，第四等级 $R_{10}=R_{19}$，第五等级 $R_1=R_{12}=R_{21}$，第六等级 $R_3=R_{20}$，第七等级 $R_7=R_9$，第八等级 R_6，第九等级 $R_{16}=R_{18}$，第十等级 $R_{13}=R_{15}$，第十一等级 $R_8=R_{17}$，第十二等级 R_{14}。波尔达序值的 12 个风险等级的划分，给银行服务外包中的各风险的重要性进行了排序，在度量银行业务外包风险时可以根据风险的重要性程度的不同做出不同的决策。尽管波尔达序值法考虑了不同风险的重要性程度，但是其仍然没有完全解决风险结的问题，比如 R_{16} 和 R_{18} 就是一个风险结。波尔达序值法不能完全解决风险结问题的原因在于风险事件发生的可能性是用概率区间表示，而风险的影响程度则是用模糊语言表示，这就导致了风险等级有可能重叠。尽管风险发生的随机性以及影响的模糊性使得波尔达序值法不能完全解决风险结的问题，但是波尔达序值法却可以根据需要对风险发生可能性的概率区间以及对影响

等级进行进一步的划分，减少风险结；此外，波尔达序值法通过对风险重要性的排序，对风险分析和管理起到了连接桥梁的作用。

三、多因素层次分析法

波尔达序值法对银行服务外包的各个风险事件按照风险的重要性程度进行了排序，这对银行进行资源分配管理和控制风险提供了依据；金融机构在金融服务外包的过程中希望获得外包服务的整体风险状态，由于波尔达序值法没有对各个风险事件赋予适当的权重，这使得它不能度量外包服务的整体风险状态。为了解决波尔达序值法的上述缺点，在波尔达序值法基础之上的多因素层次分析法则可以解决这个问题。多因素层次分析法的基本理论是，在波尔达序值法的基础上对各个风险事件进行进一步的细分，对细分出来的所有风险事件采用一套指标体系进行表示，将这些指标体系中的指标划分为模糊指标和精确指标两种指标类型，通过专家评估等一系列的方法对模糊指标和精确指标赋予适当的权数，再根据不同的方法进行加权计算，这样就可以度量出金融机构服务外包的总体风险值。

在以上理论的基础上，先在波尔达序值法的基础上对各个风险事件进行进一步的细分，并对细分出来的风险因素给以相应的指标名称，从而可以构建出金融服务外包的风险评价指标体系，金融服务外包的风险评价指标体系见表5-8。

表5-8 金融服务外包的风险评价指标体系表

风险类别	事件	风险因素	指标名称	变量
决策风险	R_1	能力、环境、资源把握不准确	能力、环境、资源的认识能力	X_1
	R_2	丧失对核心能力的控制	能力的了解重视程度	X_2
		薪资下降	薪资下调幅度	X_3
人力风险	R_3	各种沟通障碍	沟通失败的可能性	X_4
		学习服务能力下降	学习效应	X_5
	R_4	信息失真	信息失真	X_6
		机会主义行为	机会主义行为发生可能性	X_7
财务风险	R_5	资产关联大	投资参股比例	X_8
	R_6	外汇计价外包资产比重不合理	外汇计价的外包资产比重	X_9
		汇率变动	汇率变动幅度	X_{10}
	R_7	履行职责或提供补偿资金不足	外包资金充足率	X_{11}

续表

风险类别	事件	风险因素	指标名称	变量
管理风险	R_8	应收账款质量恶化	恶化程度	X_{12}
	R_9	监控制度和能力的欠缺	监控制度的有效性	X_{13}
		违反法规的冲动	遵守法规的意愿	X_{14}
	R_{10}	外包业绩衡量不科学	绩效衡量标准有效性	X_{15}
		高管知识结构和管理水平欠缺	高管的能力	X_{16}
	R_{11}	信息渠道不健全	信息渠道健全性	X_{17}
		政权交替、利益集团力量改变	政策改变的可能性	X_{18}
国家风险	R_{12}	制度不健全、不能融合	制度障碍可逾越度	X_{19}
	R_{13}	经济不景气	通货膨胀	X_{20}
		单一外包商	外包市场结构	X_{21}
市场风险	R_{14}	外包商讨价还价能力提高	外包商市场控制力	X_{22}
	R_{15}	低成本控制的后果	外包商的利润空间	X_{23}
		外包商生产能力差	外包商的生产成本	X_{24}
技术风险	R_{16}	技术标准不统一	技术标准的统一性	X_{25}
		技术的缺乏连续性和延续性	技术的延续性	X_{26}
	R_{17}	技术安全保密性能差	技术安全保密性	X_{27}
		信息系统抗侵袭能力差	信息抗侵袭能力	X_{28}
	R_{18}	技术容易被模仿	技术被模仿性	X_{29}
		外包垄断、服务商实力悬殊	外包商的竞争力	X_{30}
对手风险	R_{19}	资产专用性高	资产专用性	X_{31}
		对外包商依赖性强	外包依赖程度	X_{32}
		更换外包商的前期成本过高	外包进入门槛	X_{33}
	R_{20}	风险分担和收益的匹配性	风险和收益匹配度	X_{34}
		战略目标的冲突	战略目标一致性	X_{35}
		外包商投机行为、不可控行为	投机的可能性	X_{36}
	R_{21}	错误的信用评级	评级的可信度	X_{37}

表5-8中的37个指标变量中有12个是精确指标变量（X_3、X_8、X_9、X_{10}、X_{11}、X_{16}、X_{18}、X_{20}、X_{21}、X_{23}、X_{25}、X_{31}），25个是模糊指标变量（X_1、X_2、X_4、X_5、X_6、X_7、X_{12}、X_{13}、X_{14}、X_{15}、X_{17}、X_{19}、X_{22}、X_{24}、X_{26}、X_{27}、X_{28}、X_{29}、X_{30}、X_{32}、X_{33}、X_{34}、X_{35}、X_{36}、X_{37}）；由于模糊指标的衡量比较困难，因此将各模糊指标的可能风险程度划分为统一的五个等级：W =（W_1、W_2、W_3、

W_4、W_5)，其中 W_1 表示低风险，W_2 表示较低风险，W_3 表示一般风险，W_4 表示较高风险，W_5 表示高风险。各模糊指标与风险等级的评判标准见表 5－9。

表 5－9　服务外包模糊评价指标与风险等级评判标准表

X_i	低风险 W_1	较低风险 W_2	一般风险 W_3	较高风险 W_4	高风险 W_5
X_1	很强	较强	一般	较弱	很弱
X_2	很重视	比较重视	一般	不太重视	很不重视
X_4	沟通到位	沟通基本到位	一般	沟通不到位	沟通失败
X_5	很强	较强	一般	较差	很差
X_6	不失真	小部分失真	中度失真	大量失真	完全失真
X_7	很小	较小	一般	较大	很大
X_{12}	没恶化	细微恶化	恶化程度小	较大	很大
X_{13}	很有效	较有效	基本有效	不太有效	基本无效
X_{14}	很强	较强	一般	不太强	不强
X_{15}	很有效	较有效	基本有效	不太有效	基本无效
X_{17}	很健全	较健全	基本健全	不太健全	很不健全
X_{19}	容易	较容易	一般	较难	很难
X_{22}	很大	较大	一般	较小	很小
X_{23}	很大	较大	一般	较小	很小
X_{24}	很高	较高	一般	较低	很低
X_{27}	很强	较高	一般	较弱	很弱
X_{28}	很强	较强	一般	较弱	很弱
X_{29}	不可模仿	可能性较小	中等可能性	较大可能性	完全被模仿
X_{30}	很弱	较弱	一般	较强	很强
X_{32}	很弱	较弱	一般	较强	很高
X_{33}	很弱	较弱	一般	较高	很高
X_{34}	.很合理	较合理	一般	较不合理	不合理
X_{35}	完全一致	大部分一致	基本一致	小部分一致	不一致
X_{36}	很小	较小	一般	较高	很高
X_{37}	完全可信	大部分可信	基本可信	基本不可信	不可信

表 5－9 中各评估指标是相互关联、相互影响的。它们从各个侧面反映了实施金融服务外包的金融机构的期望收益和潜在风险，因此对金融机构来说，在金融服务外包过程中对这些指标进行合理的度量就显得相当重要。然而，由于这些指标是模糊性指标，具有一定的模糊性、动态性和变化性，因此金融机构在服务外包过程中对各类风险的具体度量是在一种信息残缺的条件下进行的，信息的残

缺使得在对这些指标进行度量时具有一定的困难，也就是说要对各项风险指标的概率、可能的损失风险和投资收益等定量指标做出确切的估计并不容易。尽管金融机构难以直接对服务外包中的风险大小进行定量的评价，但风险大小的评价结果对金融机构外包的经营和管理决策却具有重要意义。因此，金融机构在对服务外包过程中的风险进行实际风险评估过程中，可以根据金融机构的实际情况，借助专家的意见和知识选择风险评价方法。有了专家的意见和知识就可以对模糊指标变量进行度量，下面介绍模糊指标的具体度量过程。

表 5－9 将 25 个模糊指标按照可能的风险程度划分为统一的五个等级：$W=(W_1、W_2、W_3、W_4、W_5)$，先将 W 中的个变量予以赋值，比如，W_1 赋值 100，W_2 赋值 80，W_3 赋值 60，W_4 赋值 30，W_5 赋值 0，也就是低风险得分高，高风险得分低。在确定具体的评价体系时，外包金融机构可以组织有关方面的专家，对这些指标赋予权重。需要重点关注的指标，权重可以相应地增加，并且在外包活动过程中，根据各种条件的变化，结合实际做适当的调整。专家可以对表 5－8 中的 25 个模糊指标变量的各个风险等级给出自己的意见，意见采用百分比的形式。例如表 5－8 中的 X_1 表示的是外包金融机构对能力、环境、资源的认识能力，X_1 被分为 5 个风险等级，分别是很强、较强、一般、较弱和很弱；实际度量中如果专家认为该外包金融机构对能力、环境、资源的认识能力很强的概率为 20%，对能力、环境、资源的认识能力较强的概率为 30%，对能力、环境、资源的认识能力一般的概率为 40%，对能力、环境、资源的认识能力较弱的概率为 5%，对能力、环境、资源的认识能力很弱的概率为 5%，那么根据前面对 5 个风险等级的赋值以及专家给出的 5 个概率值就可以得出 X_1 模糊指标评价值：

$$X_1=100\times20\%+80\times30\%+60\times40\%+30\times5\%+0\times5\%=69.5$$

采用同样的方法，就可以得出除 X_1 以外的其他 24 个模糊指标变量的模糊指标评价值。采用上面介绍的方法得出 25 个模糊指标变量的模糊指标评价值之后，就得到了模糊指标评价值集合 C。假定模糊指标变量 X_1、X_2、X_4、X_5、X_6、X_7、X_{12}、X_{13}、X_{14}、X_{15}、X_{17}、X_{19}、X_{22}、X_{24}、X_{26}、X_{27}、X_{28}、X_{29}、X_{30}、X_{32}、X_{33}、X_{34}、X_{35}、X_{36}、X_{37}，那么模糊指标评价值集合 $C=(C_1、C_2、C_4、C_5、C_6、C_7、C_{12}、C_{13}、C_{14}、C_{15}、C_{17}、C_{19}、C_{22}、C_{24}、C_{26}、C_{27}、C_{28}、C_{29}、C_{30}、C_{32}、C_{33}、C_{34}、C_{35}、C_{36}、C_{37})$。在得到模糊指标评价值后，接下来对精确指标变量 X_3、X_8、X_9、X_{10}、X_{11}、X_{16}、X_{18}、X_{20}、X_{21}、X_{23}、X_{25}、X_{31} 进行度量，精确指标评价主要是根据实际值和标准值的比较，并根据评价需要和外包业务特点规定计分办法。精确指标评价值的范围在 0～100，精确指标评价值按如下公式进行：

$$W=100-|P-Q|\times a \tag{5.12}$$

式（5.12）中 W 代表测评得分，Q 代表实际值，P 代表标准值，a 代表实际值每增减 1 时的得分增减值。假定 X_3 ~ X_{31} 的精确指标变量分别按照式（5.12）进行计算后便可以得出精确指标评价值分别为 D_3、D_8、D_9、D_{10}、D_{11}、D_{16}、D_{18}、D_{20}、D_{21}、D_{23}、D_{25}、D_{31}，那么精确指标评价值集合 D =（D_3、D_8、D_9、D_{10}、D_{11}、D_{16}、D_{18}、D_{20}、D_{21}、D_{23}、D_{25}、D_{31}）。

在获得模糊指标评价值集合 C 和精确指标评价值集合 D 后，在确定评价体系时，金融机构可以组织有关方面的专家，对 C 和 D 赋予权重。模糊评价指标权重集合设为 A，假定 A =（A_1、A_2、A_4、A_5、A_6、A_7、A_{12}、A_{13}、A_{14}、A_{15}、A_{17}、A_{19}、A_{22}、A_{24}、A_{26}、A_{27}、A_{28}、A_{29}、A_{30}、A_{32}、A_{33}、A_{34}、A_{35}、A_{36}、A_{37}）。

精确指标权重集合设为 B，假定 B =（B_3、B_8、B_9、B_{10}、B_{11}、B_{16}、B_{18}、B_{20}、B_{21}、B_{23}、B_{25}、B_{31}），模糊评价指标和精确评价指标的权重之和为 1。那么金融机构服务外包的整体风险可由 $M = (A, B) \times (C^T, D^T)$ 式（5.13）计算得出，其中 C^T 表示向量 C 的转置，D^T 表示向量 D 的转置。

金融机构可以事先确定五个风险等级的标准：优良状态 80 ~ 100 分；正常状态 60 ~ 79 分；轻微风险状态 40 ~ 59 分；高度风险状态 20 ~ 39 分；危急风险状态 0 ~ 19 分。据此可以推测金融服务外包的风险状态，为风险控制提供决策依据。如所选择业务是否能外包，外包的规模、深度、时间、金额的确定，如何保持与外包商的关系，等等。

四、三种风险度量方法的比较

前面采用了三种不同的金融服务外包风险度量方法，总体看来其他两种方法都是建立在风险矩阵法基础之上的，是对风险矩阵法从不同方面的改进。风险矩阵法是在外包项目实施过程中度量风险（风险集）重要性的一种结构性方法，并且也是对外包项目风险（风险集）潜在影响进行评估的一套方法论。风险矩阵法通过识别出项目风险（风险集），评估风险对项目的潜在影响，计算风险发生的概率，然后再根据预定标准评定风险等级，最后实施计划管理或降低风险。

波尔达序值法是为了解决风险矩阵法所不能解决的风险结问题，从风险区域中分离出最关键的风险而产生的，波尔达序值法的产生也使得风险度量更具有针对性。波尔达序值法对银行服务外包的各个风险事件按照风险的重要性程度进行了排序，这对银行进行资源分配管理和控制风险提供了依据。但波尔达序值法没有对各个风险事件赋予适当的权重，这使得它不能度量外包服务的整体风险状态。多因素层次分析法在波尔达序值法的基础上对各个风险事件进行进一步的细分，对细分出来的所有风险事件采用一套指标体系进行表示，将这些指标体系中的指标划分为模糊指标和精确指标两种指标类型，通过专家评估等一系列的方法对模糊指标和精确指标赋予适当的权数，再根据不同的方法进行加权计算从而度量出金融机构服务外包的总体风险值。

在适用范围上，风险矩阵法的适用范围最为广泛，其次是波尔达序值法，最后才是多因素层次分析法。究其原因在于，在具体的风险度量操作过程中，风险矩阵法在度量金融服务外包项目的风险时操作过程最简单，结果也最直接，但是这种度量的结果却不够精确。波尔达序值法在度量金融服务外包项目的风险时其操作过程比风险矩阵法复杂但却比多因素层次分析法简单。多因素层次分析法在度量金融服务外包项目的风险时度量结果最为精确，甚至可以给出具体的数值，但其操作过程最为复杂，涉及诸多变量，变量远多于风险矩阵法中所涉及的变量，而且多因素层次分析法需要专家多次进行打分等比较烦琐的操作。因此，尽管多因素层次分析法相比风险矩阵法和波尔达序值法的度量更为精确，但在金融机构的服务外包项目中，小型的外包项目没有太大的必要采用多因素层次分析法来进行风险度量。

在度量结果上，风险矩阵法给出的结果是比较模糊的，而波尔达序值法的度量结果实质上只是一种过渡性的度量结果，因为它比风险矩阵法的风险度量深入一些，却比多因素层次分析法的度量结果浅显。尽管波尔达序值法的度量结果是一种过渡性的度量结果，但是它给出的金融服务外包项目所可能产生的各种风险事件的风险等级相对而言是非常重要的。金融机构可以根据风险的不同等级有针对性地制定各种应对外包项目风险的政策，这对外包金融机构来说具有很大的实用价值。多因素层次分析法给出的结果最为精确，但这种精确的结果却难以给出具体的风险防范政策方案。

因此，总体看来风险矩阵法最为简单明了，适合度量小型外包项目的不同种类的风险状况；波尔达序值法的分析最具有实用性与针对性；多因素层次分析法的度量最为复杂，适合度量比较大的外包项目的整体风险状况。

第三节　金融服务外包风险度量的案例分析

前面介绍了度量金融服务外包风险的三种方法及其比较，下面将通过中国银行湖南省分行的一个金融服务外包案例来对这三种方法具体应用，并加以详细说明，解释这三种风险度量的方法在实际中的应用及其利弊。

一、案例背景介绍

首先，对中国银行湖南省分行的金融服务外包案例——中国银行湖南省分行电子报表管理系统外包案例的背景进行简要的介绍。

1. 中国银行湖南省分行业务系统概况

随着中国银行业务的不断发展，中国银行的业务系统也在逐步实现数据大集中，数据大集中不仅可以减少设备和维护成本，也可以降低业务操作过程中由于数据分散布置而可能存在的各种风险。但也相应出现一些矛盾，如数据报表及综合数据分析的生成，一方面为加强经营管理，报表数量越来越多，种类也变化较快；另一方面，总行数据中心的工作重点以开发和业务系统维护为主，没有更多的时间来快速响应业务报表的产生要求，只能提供一些原始交易数据及一些基本的业务报表。因此，分行各业务部门为实现管理目标，分别向总行数据中心要求提供带有个性化很强的数据接口，这不仅给总行业务中心造成了额外的工作负担，同时随着接口数量的增加，也会对生产机构的运行产生一定的影响。

经过多年业务系统的建设和运行，分行各个业务系统积累的各类型数据的数据量已经非常大，比如，中国银行湖南省分行的零售数据就超过了1TB，而对于历史数据的运用却没有很好的解决办法，基本是上采用流带、光盘或Lotus－Notes等形式进行存放，需要使用时就通过人工方式进行查找，或在备份机上将历史数据导入，再通过手工输入条件直接在数据库中进行查找或统计。因此，每当上级部门或领导需要收集某些在现有报表中没有的数据时，业务和科技部门的职员将要投入很大的人力和时间进行手工操作。每到月末、季度末、年末需要大量的人力进行手工汇总、报表处理，这样的处理方法不仅占用太多人力和处理速度比较慢，处理结果还往往不能满足业务分析和处理的需要。此外，中国人民银行、银监会和外管局的各种监管报表的定式制作和报送、业务操作类报表勾对是比较迫切的需求；内部管理报表和各种统计分析需求也在逐步增加。所以，统筹规划，分步实施，建立一个全面、科学、灵活的，包含丰富业务应用成果的中行湖南分行数据分析平台，成为中国银行湖南省分行的重要目标。

2. 中国银行湖南省分行业务系统存在的问题

随着中国银行湖南省分行业务的不断拓展，信息化应用也在不断地深入，因此也有不少的系统陆续投入生产。这些系统的投产支持了银行业务和信息化的发展，但同时也暴露出一些新的问题，通过对这些系统进行分析，问题主要表现在以下几个方面：

问题一：大量的业务数据很难充分利用传统的业务系统产生的业务明细数据，即使包含着大量对决策非常有价值的信息，但由于其组织方式是面向业务应用而不是面向管理，从中抽取有价值信息的难度比较大，所花费的代价也很高（如投入的IT人员和时间）。而且，随着基础业务系统将来不断地改进和扩充，这些数据将逐渐具备如下特点：异构的数据结构，还有一些数据在带格式的报表文件中；不同的数据库；分布存放；备份到各种介质；数据量极大。这将造成难以全面、综合地掌握和利用在经营过程中得到的信息。

问题二：基于传统联机业务处理技术的查询系统，开发周期较长。

问题三：基于传统联机业务处理技术的查询系统，针对分析人员随时可能发生变化的需求，不能即时地动态生成报表。

问题四：面对海量数据，基于传统联机业务处理技术的查询系统在执行复杂、大量计算的查询、分析、监控方面将表现出极低的效率。

问题五：查询系统与基础业务系统相互干扰。

问题六：多个业务系统，可能导致多个查询系统，使用起来非常不方便。

问题七：不准确的数据，可能误导决策。

问题八：同时从多个查询系统中发掘有价值的数据，需要通过人工的方法汇总加工，这样势必降低时效性和准确性。

问题九：查询系统不仅在统计和报表方面缺乏灵活和自由，而且缺乏对数据的分析和挖掘功能，不能发现隐藏在数据后面的有价值的信息。

问题十：查询系统不能够监控和预测风险。传统的联机业务处理业务系统是帮助企业运行业务的，它所能提供的传统报表的模式具有一定的局限性，而且由于它的静态性和可调整的困难性，极大地限制了业务的发展。因此，对中国银行湖南省分行来说，目前迫切需要搭建一个符合中国银行特色的商业智能平台，把需要的数据和信息集中起来，统一管理，在此基础上首先满足目前最亟需的报表方面的需求，进而进行多角度、全方位的分析，如绩效考核、大客户分析、经营指标分析、关系营销分析、风险分析等，提升企业的运营能力，增强企业的竞争力；更进一步是对信息灵活地进行深度加工、分析，实现对风险监控、风险预测、决策分析等工作的支持。达到寻找潜在市场、潜在客户和发掘商机的目的，为银行开拓业务、降低风险提供依据。

3. 中国银行湖南省分行业务系统的外包商介绍

为了尽快解决好报表方面的问题，中国银行湖南省分行经过反复研究后决定将湖南省分行的电子报表管理系统进行外包，外包商为武汉长天银通应用软件有限公司。武汉长天银通应用软件有限公司，系长天科技集团的成员企业，于1999年6月建成，具有独立法人资格。2000年公司引入创维集团的风险资金，并与IBM、Cisco、华为技术有限公司在软硬件及网络产品领域内展开全面合作，成为区域战略性合作伙伴。这家公司先后开发了中国银行北京市分行的信用卡透支催收平台、授信资产风险监控系统、数据分析平台，中国银行湖北省分行的授信资产风险监控系统、员工工作量考核系统、零售客户经理管理系统、事后监督系统，中国银行陕西省分行的管控系统和稽核系统，中国银行内蒙古分行的数据分析平台等多个金融平台系统。长天银通应用软件有限公司为中国银行湖南省分行今后功能的拓展构建的可拓展的电子报表平台系统主要包括以下七个方面的内容：

第一，建立和实现应用用户界面统一的接入与安全机制，利用门户技术进行构建。通过提供用户统一的界面，在系统管理层上，实现业务管理的统一、用户管理的统一、业务应用管理的统一以及认证分析方面的统一。

第二，建立数据分析平台基础架构及其数据字典（元数据），为分步实施应用系统与分析层次打下全局构架基础，因为元数据关系到整个数据仓库系统的结构和运行，元数据的管理是数据仓库处理模式中的重要环节。

第三，对现有各业务系统产生的报表进行报表电子档案化集中管理，为节省大量的人力成本和办公场地、资源费用，实现网点报表无纸化。

第四，利用科技信息等高科技手段，加强中国银行湖南省分行各业务系统风险监控管理的手段与科学性；实现电子报表科学管理与业务数据勾对功能。

第五，适应中国银行湖南省分行本地扁平化管理需要，为各层次柜员、管理者提供电子报表数据科技信息处理途径；采用有效技术控制机制考虑平台系统对敏感性数据的安全、数据库管理员的系统安全性控制、权限管理等方面，如数据加密、数字签字、密钥管理、网络加密传送与认证等先进的安全技术，有效地防止非法用户的入侵，使操作者无法越权操作。

第六，实现资源共享，积累各业务系统的历史数据，建立中国银行湖南省分行特色管理业务平台，为中国银行湖南省分行各管理机构科学决策管理打下基础。

第七，在所有的操作界面中提供完全的操作交互手段和功能，操作者可以很方便地完成要执行的任务。在交互性方面，利用先进技术手段提供丰富的线索机制、数据与功能的关联特征、操作历史保存机制，在界面上，必须加强数据的保证强度，以方便操作。

二、案例风险度量

1. 风险矩阵法风险度量

运用前两节介绍的三种方法对中国银行湖南省分行电子报表管理系统外包项目进行风险度量评估，首先采用风险矩阵评估法对中国银行湖南省分行的电子报表管理系统外包项目进行风险度量。由于风险矩阵法中的不同风险发生概率以及不同风险的影响等级都需要由专家给出，因此，本书在写作过程中调查了30名专家对中国银行湖南省分行的电子报表管理系统外包项目所可能涉及的不同风险发生概率以及不同风险的影响等级的意见。专家由中国银行湖南省分行的相关领导、软件公司高级管理人员以及风险评估专家共同组成。对30名专家关于中国银行湖南省分行的电子报表管理系统外包项目不同风险发生概率以及不同风险的影响等级的调查结果见表5-10和表5-11。

表5-10 外包项目不同风险发生概率的专家选择人数及占比情况统计

	0%~10%		11%~40%		41%~60%		61%~90%		91%~100%	
	选择人数	占比（%）	选择人数	占比（%）	选择人数	占比（%）	选择人数	占比（%）	选择人数	占比（%）
决策风险	20	70	10	30	0	0	0	0	0	0
人力风险	30	100	0	0	0	0	0	0	0	0
财务风险	30	100	0	0	0	0	0	0	0	0
管理风险	13	44	16	53	1	3	0	0	0	0
国家风险	30	100	0	0	0	0	0	0	0	0
市场风险	7	24	18	60	2	6	0	0	0	0
技术风险	8	27	17	57	4	13	1	3	0	0
对手风险	19	63	9	30	2	7	0	0	0	0

表5-11 外包项目不同风险的影响等级专家选择人数及占比情况统计

	可忽略		微小		一般		严重		关键	
	选择人数	占比（%）	选择人数	占比（%）	选择人数	占比（%）	选择人数	占比（%）	选择人数	占比（%）
决策风险	14	47	15	50	1	3	0	0	0	0
人力风险	5	17	25	83	0	0	0	0	0	0
财务风险	30	100	0	0	0	0	0	0	0	0
管理风险	12	40	17	57	1	3	0	0	0	0
国家风险	30	100	0	0	0	0	0	0	0	0
市场风险	1	3	11	37	15	50	2	7	0	0
技术风险	1	3	10	33	17	57	2	7	0	0
对手风险	4	13	9	30	16	53	1	3	0	0

从表5-10可以看出，大部分专家认为中国银行湖南省分行电子报表管理系统外包项目发生决策风险、管理风险、对手风险的概率都比较小，而认为中国银行湖南省分行电子报表管理系统外包项目中存在的管理风险、市场风险、技术风

险的概率比较大。所有的专家都认为这个外包项目几乎不可能存在国家风险、人力风险和财务风险。这样的调查结果是基本令人满意的，因为中国政局稳定没有国家风险是自然的事，而对中国银行湖南省分行来说这个外包项目也几乎不可能会有财务以及人力资源方面的问题。

从表 5－11 可以看出，专家们普遍认为财务风险和国家风险对外包项目的影响可以完全忽略，决策风险、人力风险以及管理风险对外包项目的影响是微小的，而市场风险、技术风险和对手风险对外包项目的影响则是一般的。因此，从表 5－11 可以看出专家们认为中国银行湖南省分行电子报表管理系统外包项目所可能产生的各种风险对外包项目的影响是比较小的。因此，运用风险矩阵法的风险评定方法再结合表 5－10 和表 5－11 的调查结果可以得出中国银行湖南省分行电子报表管理系统外包项目的风险评定结论，中国银行湖南省分行电子报表管理系统外包项目的风险矩阵法风险评定结论见表 5－12。

表 5－12　外包项目的风险矩阵法风险评定结论表

	风险发生概率	风险影响等级	风险评定结论
决策风险	0%～10%	微小	低
人力风险	0%～10%	微小	低
财务风险	0%～10%	可忽略	低
管理风险	11%～40%	微小	低
国家风险	0%～10%	可忽略	低
市场风险	11%～40%	一般	较低
技术风险	11%～40%	一般	较低
对手风险	0%～10%	一般	低

从表 5－12 可以看出，中国银行湖南省分行电子报表管理系统外包项目的决策风险、人力风险、财务风险、管理风险、国家风险和对手风险都是低的，市场风险和技术风险则是较低的。因此，整体而言，中国银行湖南省分行电子报表管理系统外包项目的风险是很低的。

2. 波尔达序值法风险度量

由于风险矩阵法的度量比较粗糙，也没有考虑风险结的问题，所以有必要采用波尔达序值法来对外包项目的风险等级进行度量，在采用波尔达序值法来对中国银行湖南省分行的外包项目所可能产生的各种风险进行等级度量的过程中，首先将中国银行湖南省分行的外包项目所可能产生的各种风险分解成各种风险事件，风险事件仍然用 R_i 来表示，这样做的目的是为了便于度量。由于中国银行湖南省分行的外包项目承包商在国内不需要用外币进行结算因此项目不存在外汇风险 R_6，同时该项目也不存在流动性风险 R_7、检查困难 R_{10} 以及人员流失或者人才匮乏风险 R_3。因此，在对中国银行湖南省分行电子报表管理系统这个外包项目所可能产生的各种风险进行风险事件分解时需要在表 5－5 的基础上剔除掉 R_3、R_6、R_7 以及 R_{10} 后的风险等级表即可用于度量中国银行湖南省分行电子报表系统外包的风险等级。中国银行湖南省分行电子报表管理系统外包的风险等级表见表 5－13。

表 5－13 中国银行湖南省分行电子报表管理系统外包的风险等级表

风险类型	风险事件 R_i	风险影响程度	风险概率区间	风险等级
决策风险	R_1	一般	91%～100%	高
	R_2	关键	41%～60%	高
人力风险	R_4	严重	91%～100%	高
财务风险	R_5	关键	41%～60%	较高
	R_8	微小	11%～40%	较低
管理风险	R_9	一般	41%～60%	中
	R_{11}	关键	61%～90%	高
国家风险	R_{12}	关键	11%～40%	高
	R_{13}	严重	0%～10%	较低
产品风险	R_{14}	微小	0%～10%	低
	R_{15}	严重	0%～10%	较低
技术风险	R_{16}	一般	11%～40%	较低
	R_{17}	一般	0%～10%	低
	R_{18}	可忽略	61%～90%	较低
对手风险	R_{19}	关键	11%～40%	高
	R_{20}	严重	11%～40%	中
	R_{21}	关键	11%～40%	较高

根据表 5－13 以及式（5.11）：$b_i = \sum_k (N - R_{ik})$（其中，$R_{ik}$ 表示风险 i 在准则 k 下的风险等级，b_i 表示波尔达数。）可以计算出中国银行湖南省分行电子报表管理系统外包项目所可能产生的 17 个风险事件的波尔达数。中国银行湖南省分行电子报表管理系统外包项目所可能产生的 17 个风险事件的波尔达数分别为：$b_1 = 24$，$b_2 = 30$，$b_4 = 28$，$b_5 = 28$，$b_8 = 13$，$b_9 = 20$，$b_{11} = 32$，$b_{12} = 27$，$b_{13} = 21$，

$b_{14}=7$，$b_{15}=15$，$b_{16}=17$，$b_{17}=11$，$b_{18}=16$，$b_{19}=27$，$b_{20}=21$，$b_{21}=27$。比 R_1 的波尔达数 24 更大的风险个数有 7 个，分别是 $b_2=30$、$b_4=28$、$b_5=28$、$b_{11}=32$、$b_{12}=27$、$b_{19}=27$、$b_{21}=27$，因此风险 R_1 的波尔达序值为7；比 R_2 的波尔达数 30 更大的风险个数有 1 个 $b_{11}=32$，因此风险 R_2 的波尔达序值为 1。同样的方法便可以计算出中国银行湖南省分行电子报表管理系统外包项目所可能产生的其余 17 个风险事件的波尔达序值，各个风险的波尔达序值见表 5－14。

表 5－14　外包项目所可能产生的 17 个风险事件的波尔达序值

风险	R_1	R_2	R_4	R_5	R_8	R_9	R_{11}	R_{12}	R_{13}	R_{14}	R_{15}	R_{16}	R_{17}	R_{18}	R_{19}	R_{20}	R_{21}
波尔达序值	7	1	2	2	14	10	0	4	8	16	13	11	15	12	4	8	4

根据表 5－14 按照风险的重要性从高到低可以把中国银行湖南省分行电子报表管理系统外包项目所可能产生的 17 个风险事件划分为 11 个风险等级，其中第一等级为 R_{11}，第二等级 R_2，第三等级 $R_4=R_5$，第四等级 $R_{12}=R_{19}=R_{21}$，第五等级 R_1，第六等级 $R_{13}=R_{20}$，第七等级 R_9，第八等级 R_{16}，第九等级 R_{18}，第十等级 R_{17}，第十一等级 R_{14}。由此可见，中国银行湖南省分行的外包项目大多位处于低等级的风险状况。

3. *多因素层次分析法风险度量*

在采用波尔达序值法对中国银行湖南省分行电子报表管理系统所可能产生的 17 个风险事件进行了风险等级划分后，采用多因素层次分析法对中国银行湖南省分行电子报表管理系统外包项目进行整体风险度量。按照多因素层次分析法的基本思想，首先在波尔达序值法的基础上对中国银行湖南省分行电子报表管理系统外包项目所可能产生的各个风险事件进行进一步的细分，对细分出来的所有风险事件采用一套指标体系进行表示，将这些指标体系中的指标划分为模糊指标和精确指标两种指标类型，通过对30 位专家的调查对模糊指标赋予适当的权数，再进行加权计算，这样就可以度量出中国银行湖南省分行电子报表管理系统外包项目的总体风险值。由于项目还没有精确风险数据，因此这里的度量不需要精确指标，根据外包项目的实际情况在表 5－8 中去除掉 R_2 中的薪资下降和 R_3 中的各种沟通障碍两种风险因素；去掉 R_5 中的资产关联大和 R_6 中的外汇计价外包资产比重不合理和汇率变动两种风险因素；去掉 R_{11} 中的政权交替、利益集团力量改变和 R_{12} 中的制度不健全、不能融合两种风险因素；去掉 R_{13} 中的单一外包商以及 R_{20} 中的战略目标的冲突便得到了中国银行湖南省分行电子报表管理系统外包项目的风险评价指标体系。中国银行湖南省分行电子报表管理系统外包项目的风险评价指标体系，见表 5－15。

表 5－15　中国银行湖南省分行电子报表管理系统外包项目的风险评价指标体系表

风险类型	事件	风险因素	指标名称	变量
决策风险	R_1	能力、环境、资源把握不准确	能力、环境、资源的认识能力	X_1
	R_2	丧失对核心能力的控制	能力的了解重视程度	X_2
人力风险	R_4	信息失真	信息失真	X_6
		机会主义行为	机会主义行为发生可能性	X_7
财务风险	R_7	履行职责或提供补偿资金不足	外包资金充足率	X_{11}
	R_8	应收账款质量恶化	恶化程度	X_{12}
管理风险	R_9	监控制度和能力的欠缺	监控制度的有效性	X_{13}
		违反法规的冲动	遵守法规的意愿	X_{14}
	R_{10}	外包业绩衡量不科学	绩效衡量标准有效性	X_{15}
		高管知识结构和管理水平欠缺	高管的能力	X_{16}
国家风险	R_{11}	信息渠道不健全	信息渠道健全性	X_{17}
	R_{12}	经济不景气	通货膨胀	X_{20}
市场风险	R_{14}	外包商讨价还价能力提高	外包商市场控制力	X_{22}
	R_{15}	低成本控制的后果	外包商的利润空间	X_{23}
		外包商生产能力	外包商的生产成本	X_{24}
技术风险	R_{16}	技术标准不统一	技术标准的统一性	X_{25}
		技术的缺乏性连续性和延续性	技术的延续性	X_{26}
	R_{17}	技术安全保密性能差	技术安全保密性	X_{27}
		信息系统抗侵袭能力差	系统抗侵袭能力	X_{28}
对手风险	R_{18}	技术容易被模仿	技术被模仿性	X_{29}
		外包垄断、服务商实力悬殊	外包商的竞争力	X_{30}
	R_{19}	资产专用性高	资产专用性	X_{31}
		对外包商依赖性强	外包依赖程度	X_{32}
		更换外包商的前期成本过高	外包进入门槛	X_{33}
	R_{20}	风险分担和收益的匹配性	风险和收益匹配度	X_{34}
		战略目标的冲突	战略目标一致性	X_{35}
		外包商投机行为、不可控行为	投机的可能性	X_{36}
	R_{21}	错误的信用评级	评级的可信度	X_{37}

表 5－15 所涉及的指标均为模糊指标，因此，先邀请 30 位专家对表 5－15 中的模糊指标变量的各个风险等级给出自己的意见，意见采用百分比的形式。30 位专家对表 5－15 中的模糊指标变量的风险等级意见见表 5－16。

表 5－16　30 位专家对表 5－15 中的模糊指标变量的风险等级意见表

X_i	低风险 W_1	较低风险 W_2	一般风险 W_3	较高风险 W_4	高风险 W_5
X_1	很强	较强	一般	较弱	很弱
概率	22%	32%	36%	10%	0%
X_2	很重视	比较重视	一般	不太重视	很不重视
概率	56%	30%	9%	5%	0%
X_6	不失真	小部分失真	中度失真	大量失真	完全失真
概率	63%	27%	8%	2%	0%
X_7	很小	较小	一般	较大	很大
概率	44%	41%	10%	5%	0%
X_{12}	没恶化	细微恶化	恶化程度小	较大	很大
概率	75%	20%	5%	0%	0%
X_{13}	很有效	较有效	基本有效	不太有效	基本无效
概率	80%	10%	10%	0%	0%
X_{14}	很强	较强	一般	不太强	不强
概率	50%	24%	16%	10%	0%
X_{15}	很有效	较有效	基本有效	不太有效	基本无效
概率	45%	32%	12%	11%	0%
X_{17}	很健全	较健全	基本健全	不太健全	很不健全
概率	52%	36%	10%	2%	0%
X_{22}	很大	较大	一般	较小	很小
概率	10%	15%	25%	40%	10%
X_{24}	很高	较高	一般	较低	很低
概率	35%	46%	10%	9%	0%
X_{27}	很强	较强	一般	较弱	很弱
概率	51%	35%	14%	0%	0%
X_{28}	很强	较强	一般	较弱	很弱
概率	65%	28%	7%	0%	0%
X_{29}	不可模仿	可能性较小	中等可能性	较大可能性	完全被模仿
概率	20%	31%	45%	4%	0%
X_{30}	很弱	较弱	一般	较强	很强
概率	15%	21%	40%	20%	4%
X_{32}	很弱	较弱	一般	较强	很强
概率	69%	15%	13%	3%	0%

续表

X_i	低风险 W_1	较低风险 W_2	一般风险 W_3	较高风险 W_4	高风险 W_5
X_{33}	很弱	较弱	一般	较强	很强
概率	62%	25%	10%	3%	0%
X_{34}	很合理	较合理	一般	较不合理	不合理
概率	33%	46%	13%	6%	2%
X_{36}	很小	较小	一般	较大	很大
概率	40%	42%	13%	5%	0%
X_{37}	完全可信	大部分可信	基本可信	基本不可信	不可信
概率	20%	44%	25%	5%	6%

根据表5－16中专家给出的风险等级意见，可以计算出各个模糊指标的评价值，如表5－16中的 X_1 表示的是外包金融机构对能力、环境、资源的认识能力，X_1 被分为5个风险等级，分别是很强、较强、一般、较弱和很弱；实际度量中如果专家认为该外包金融机构对能力、环境、资源的认识能力很强的概率为20%，对能力、环境、资源的认识能力较强的概率为30%，对能力、环境、资源的认识能力一般的概率为40%，对能力、环境、资源的认识能力较弱的概率为5%，对能力、环境、资源的认识能力很弱的概率为5%，那么根据前面对5个风险等级的赋值以及专家给出的5个概率值就可以得出 X_1 模糊指标评价值：$X_1 = 100 \times 20\% + 80 \times 30\% + 60 \times 40\% + 30 \times 5\% + 0 \times 5\% = 69.5$，采用同样的方法，就可以得出除 X_1 以外的其他19个模糊指标变量的模糊指标评价值，实际度量中仍然将 W_1 赋值100，W_2 赋值80，W_3 赋值60，W_4 赋值30，W_5 赋值0，也就是低风险得分高，高风险得分低。采用上面介绍的方法得出20个模糊指标变量的模糊指标评价值之后，通过计算就得到了中国银行湖南省分行电子报表管理系统外包项目的风险模糊指标评价值集合C。C＝（C_1、C_2、C_6、C_7、C_{12}、C_{13}、C_{14}、C_{15}、C_{17}、C_{22}、C_{24}、C_{27}、C_{28}、C_{29}、C_{30}、C_{32}、C_{33}、C_{34}、C_{36}、C_{37}）。

其中，$C_1 = 72.2$、$C_2 = 86.9$、$C_6 = 90$、$C_7 = 84.3$、$C_{12} = 94$、$C_{13} = 94$、$C_{14} = 81.8$、$C_{15} = 81.8$、$C_{17} = 87.4$、$C_{22} = 50$、$C_{24} = 80.5$、$C_{27} = 87.4$、$C_{28} = 91.6$、$C_{29} = 73$、$C_{30} = 62.2$、$C_{32} = 89.7$、$C_{33} = 88.9$、$C_{34} = 79.6$、$C_{36} = 82.9$、$C_{37} = 72.3$。在获得模糊指标评价值集合C后，需要获得模糊评价指标权重集合A的值，A表示采用30位专家对每一个模糊指标评价值的所给出的权重的平均值，平均值进行适当的调整已确保和为1。

调整后的A为：

A＝（A_1、A_2、A_6、A_7、A_{12}、A_{13}、A_{14}、A_{15}、A_{17}、A_{22}、A_{24}、A_{27}、A_{28}、A_{29}、A_{30}、A_{32}、A_{33}、A_{34}、A_{36}、A_{37}），其中 $A_1 = 6\%$、$A_2 = 5\%$、$A_6 = 7\%$、$A_7 =$

6%、A_{12} = 1%、A_{13} = 5%、A_{14} = 8%、A_{15} = 5%、A_{17} = 5%、A_{22} = 4%、A_{24} = 6%、A_{27} = 10%、A_{28} = 9%、A_{29} = 7%、A_{30} = 4%、A_{32} = 3%、A_{33} = 2%、A_{34} = 5%、A_{36} = 7%、A_{37} = 1%。在获得了 A 向量和 C 向量以后中国银行湖南省分行电子报表管理系统外包项目的整体风险可由 $M = (A, B) \times (C^T, D^T)$ (5.13) 计算得出，其中 C^T 表示向量 C 的转置，D^T 表示向量 D 的转置，根据案例的实际情况这里的 B 和 D^T 均为零向量，经计算得到中国银行湖南省分行电子报表管理系统外包项目的整体风险为 87.066。参照大多数金融机构确定的五个风险等级的标准：优良状态 80～100 分；正常状态 60～79 分；轻微风险状态 40～59 分；高度风险状态 20～39 分；危急风险状态 0～19 分，中国银行湖南省分行电子报表管理系统外包项目的整体风险评估结果为优良。

三、度量结果与对策建议

前面采用了三种不同的度量方法对中国银行湖南省分行电子报表管理系统外包项目的风险进行了度量，三种方法的度量结果都显示中国银行湖南省分行电子报表管理系统外包项目是低风险的。但是三种度量方法都有着各自的特点，风险矩阵法在度量中国银行湖南省分行电子报表管理系统外包项目的风险时操作过程是最简单的，结果也是最直接的，但是这种度量的结果却不够精确。多因素层次分析法在度量中国银行湖南省分行电子报表管理系统外包项目的风险时度量结果最为精确，甚至可以给出具体的数值，但其操作过程最为复杂，涉及诸多变量，变量远多于风险矩阵法中所涉及的变量，而且多因素层次分析法需要专家多次进行打分等比较烦琐的操作。因此，尽管多因素层次分析法较风险矩阵法和波尔达序值法的度量更为精确，但在金融机构的服务外包项目中，小型的外包服务项目没有必要采用多因素层次分析法进行风险度量。从三种方法的度量结果还可以看出，波尔达序值法的度量结果实质上是一种过渡性的度量结果。它给出的中国银行湖南省分行电子报表管理系统外包项目所可能产生的各种风险事件的风险等级非常重要。中国银行湖南省分行可以根据风险的不同等级有针对性地制定各种应对外包项目风险的对策，具有很大的实用价值。不难看出，风险矩阵法最为简单，适应小型外包项目的风险度量；波尔达序值法的分析最具有实用性与针对性；多因素层次分析法的度量最复杂，适应比较大的外包项目的整体风险度量。

第六章　金融服务外包风险的控制

金融服务外包风险管理的目标在于以最小的经济成本获得最大的安全保障效益，而这一基本风险管理目标还可以进一步细分为以下几个目标：第一，损失发生之前的风险管理目标→避免或减少风险事故发生的机会；第二，损失发生中的风险管理目标→控制风险事故的扩大和蔓延，尽可能减少损失；第三，损失发生后的风险管理目标→努力使损失的标的恢复到损失前的状态。这些风险管理目标的实现则依赖于有效的金融服务外包风险控制机制。金融服务外包风险控制是针对风险评价的结果，给出的有的放矢的风险控制方法。风险控制的目的在于帮助企业规避风险和减少损失，当损失无法避免的时候，务求尽量降低风险对企业所带来的不良影响。该环节是整个风险管理的核心，也是金融服务外包风险管理的核心所在。对于风险控制的方法，并没有固定的模式，通常都需根据具体环境制定出相应的控制措施。

第一节　金融服务外包风险控制的特征、原则和机制

金融服务外包风险控制相对于其他服务外包风险控制有其自身的特点和坚持的原则，在金融服务外包过程中风险控制策略要适应风险控制的特征和原则，同时依赖有效的风险控制机制。

一、金融服务外包风险控制的特征

（1）要有更强的动态性控制。金融服务随着企业的发展和环境的变化，需求也随时发生变化，风险因素也就随之变化，所以说金融服务外包风险控制要适应这种变化。

（2）软性控制。金融服务外包是一个长期的委托行为，在订立金融服务外包合同时，有些权利责任事先无法界定清晰，外包商的服务是软性的，外包商可发挥的空间较大，因此在风险控制中无法给出更具体的指标，所以给出的控制策略也要软性。

（3）有形产品风险控制。企业接受的服务是外包商依托信息技术系统提供给企业的服务，在一定意义上说，企业所购买的是产品（有形）加服务（无形）。风险控制不但要着眼于服务，还要重视来自于服务所依托的信息技术系统。

（4）服务过程控制。企业在接受金融服务外包过程中，风险因素多，作用机理复杂，需要与外包商之间进行大量的信息交互。这不同于其他服务外包更类似于服务黑箱，企业不必过多地参与服务过程。因此，金融服务外包的风险控制更多地要体现在接受服务过程中。

由于金融服务外包的动态性和软性特点，这就要求风险控制措施要作用于其未来的潜在风险行为的产生和发生，因此在外包商选择阶段就要采取风险控制措施；由于金融服务外包风险因素在接受服务过程中的产生及作用的复杂性，合理选择风险控制措施就显得尤为重要，这需要根据企业的实际情况做出选择，并对相关风险因素作用机理进行分析进而进行量化求解。

二、金融服务外包风险控制的原则

风险控制的主要目的是实现风险控制目标，金融服务外包实施执行阶段的风险控制应坚持以下几方面的原则：

（1）全面性原则。同一类风险控制措施对不同的风险因素的控制效果具有选择性，作为备选方案集的风险控制措施应涵盖所有风险，才能使得企业在做决策时有充分的可选的方案。金融服务外包执行阶段的风险及风险控制目标的多样性和复杂性，也要求企业必须采取多种不同的风险控制措施组合。

（2）可行性原则。确定风险控制措施的目的是进行风险控制，金融服务外包企业应根据自身实力，确定出风险控制措施所需要的成本，从而确保控制成本本身的可行性。同时，还应确保所制定的风险控制目标是可实现的。

（3）成本—收益原则。金融服务外包企业执行阶段的风险将会随着风险控制成本的增加不断降低。风险控制目标是以最少的经济投入获得最大的风险控制收益。因此，风险控制措施成本的投入要把握一定的度，以合理的风险控制目标来匹配风险控制成本。

（4）多样性原则。金融服务外包执行阶段的风险是多样的，企业在某一期望成本下对指标的要求也不同，为满足企业的不同需求，风险控制措施组合最优方案集应具有基于指标的多样性。

三、金融服务外包风险控制的机制

风险经济学家常将金融服务外包风险控制机制区分为事前机制和事后机制。其中，事前机制主要通过契约设计在事前减少风险发生的可能性；事后机制主要是指契约签订之后通过激励协调机制和风险监督评估机制来降低机会主义风险，进行事后控制可以减少风险的损失。其中：

（1）契约机制。契约管理也称为契约治理，指发包商与接包方之间通过一系列规范以管理合作伙伴之间的行为，进而保证关系契约的履行。良好的契约设计能够促进双方的合作，进而维护双方交易的和谐。关系契约（又称非正式契约）对合作研究绩效尤其是持续合作尤为重要，因为关系契约广泛存在于各类组织中和组织之间，可以强烈影响个人或组织行为的非正式和不成文的行为模式。

（2）协调激励机制。在信息不完全情况下，为了保证供应商按时按质完成接包业务，在合同上设计一些激励机制促使供应商履行合同。或者在出现外包过程中的赊销情况下，当客户未给与供应商提供货款，供应商也可以在合同中设计激励机制以保证外包合同的顺利实现。由于有效的激励机制能够激励企业向着有利外包合同方向发展，所以协调激励机制不仅能够保证合约的实现，而且可以有效实现外包风险控制。

（3）评价监督机制。随着外包项目的逐步进行，需要对各个环节和阶段实施监控和评价，因此在外包过程中需要有效的监督评价机制以确保能够较好地控制和减少风险的发生。监督评价的主要目的是针对外包过程中的工作进度情况检查项目是否到达预定目标，通过收集数据并处理对预期目标达成效果进行评价，并且进行风险量化研究和识别风险发生的概率及损失，然后及时进行改进以减少风险的发生和损失，最终实现风险控制的最佳目的。

金融服务外包风险控制要针对风险来源，采取措施规避风险，而控制金融服务外包风险的基本措施分别为：规避、接受和减轻。其中，风险规避涉及根除某一具体的威胁或风险，通常采用根除其原因的方法；风险接受是指如果风险发生，接受其带来的后果；风险减轻涉及通过减少风险事件发生的概率来减轻风险事件的影响。

第二节　金融服务外包风险的内部控制方法

对金融服务外包的风险控制主要是指可控性较强的非系统性风险，包括外部风险中的技术风险、外包商风险，内部风险中的战略风险、决策风险、声誉风险、合规风险、操作风险、退包风险、信用风险、履约风险、人力风险、财务风险、合同风险等。不同的企业所面临的风险不同，企业必须根据风险的重要性来分配管理资源。

战略风险、决策风险、声誉风险体现的是业务外包整体的风险管理，业务外包实际是将金融机构的内部风险管理外部化，因此金融机构应通过董事会和高级管理人员的内部管理机制对外包业务在会计和风险的管理上作出适当的安排，尤其是在确定战略方针和目标方面应设定必要的批准程序。操作风险、退包风险、信用风险、财务风险、技术风险体现的是外包过程的风险管理，要在管理过程中为业务外包安排设计合理的结构、管理、控制机制。合规风险、履约风险、合同风险、外包商风险体现的是组织的风险管理，要善于选择合适的外包机构，设定合理的评价标准，科学地评价外包机构的履职情况，要注重周期性地审查外包合同，并根据环境和业务发展需要及时修改合同、重新设定服务标准。人力风险体现的是人员的风险管理，要充分发挥内部有关专业管理人员在协调金融机构与外包商之间关系的积极作用，以促成金融机构对外包商服务的有效监管，要维持有关外包业务管理人员的稳定。因此，以下从这几个方面进行分析：

一、外包过程管理

对外包过程的风险控制是整个外包工作的重中之重，直接关系到整个外包工作的成败。对外包过程的控制可以分为以下几个阶段：

1. 外包前的风险准备

在进入业务外包之前，金融机构应制定一个对业务外包及其方式的恰当性进行评估的总体性的外包政策，董事会或其同等权力部门对外包政策以及根据这一政策开展业务外包全权负责。

（1）前期调查分析阶段。

1）金融机构竞争力和战略分析。实行业务外包之前，金融机构需要了解外包市场的环境及其变化趋势是否适合外包；金融领域外包市场的竞争结构是垄断还是竞争等。金融机构应制定外包的具体政策和标准，包括对哪些业务适合外包作出评估，同时应全面考虑业务外包的程度问题、风险集中问题，以及将多项业务外包给同一个服务供应商时的风险问题。

2）识别最适合外包的金融服务。金融机构在进行外包时，不仅是业务的转移，还是管理控制权、人力和有价值的系统的部分转移，因此会面临很高的操作风险。所以在进行外包之前，金融机构一定要明确选定的业务是否适合外包，在多大程度上可以外包，从而将风险控制在可以承受的范围之内。确定自身业务经营的核心产品和核心市场，是实现业务外包的前提和基础。管理层要有正确的自我认识，在外包决策过程中要认真分析本机构的竞争力和战略，找出本机构的核心业务和核心市场，确定哪些服务可以实施外包。在此基础上制定一个全面的计划，并结合在管理方面的优势和劣势，以及未来发展目标，对业务外包的成本/收益进行分析和评价哪些业务需要自己运作。

3）金融机构必须制定恰当的政策来保证它能够对外包业务实施有效监控，采取恰当的措施来保证它有能力遵守本国和东道国可适用的法律要求。如果某项业务的外包将损害监管当局对该业务的评估或监管能力，那么该项业务就不应该被外包。

4）金融机构的董事会或其同等权力部门应负责确保外包的决定及其实施符合其外包政策，同时，也应该利用内审，对整个外包决策进行评估。

各个国家对外包前的风险控制也都有不同的规定。瑞士、新加坡和中国香港明确规定金融机构的审计公司在海外外包之前，审核服务提供商以确定海外外包的安全性。在一些细节的规定上各国各地区又存在差别：瑞士要求金融机构证明审计公司以及银行业委员会能合法地监控海外外包，且做出相应的证明性文件之后才能进行海外外包。新加坡则在保密性上做了严格的规定，禁止海外被监管机构拥有任何客户的信息，严禁监管机构向其他人披露这些信息。中国香港要求将业务外包到海外时关注外包对金融机构风险状况的影响，而且应考虑海外国家的法律制度、监管构架、科技先进程度、基础建设等，从而掌握海外外包的风险。

（2）评估和确立方案阶段。在此阶段，金融机构的决策层要听取企业内外信息、法律、人事、财务等各领域专家的意见；借鉴其他金融机构同类外包经验，结合自己的特征，确定外包服务等级、规模、原则、行为规范等。

此阶段应特别重视核算和控制外包的综合成本，它是规避风险的第二步。尤其是隐性成本，在外包规划阶段它往往被忽略或过低估计。例如，大型软件外包的项目管理等隐性成本根据经验大约占项目总成本的15%左右。

（3）选择外包商阶段。外包商选择是关系到外包金融服务能否得到顺利完成的关键所在，金融机构应该尽职选择外包服务商。因此，监管规章应就选择合格的外包商的基本程序和机制提出原则性要求，尤其应该要求金融机构必须经过内部的适当授权程序，并严格审查外包商的相关业务经验、履行外包合同的能力和信用记录、经营管理水平等。

外包商的业务水平直接关系到外包活动的成败。在做出外包决策后，金融机构的管理层应听取来自内部或外部法律、人力资源、财务专家的意见，然后，才可以按照自身的需求去寻找擅长该业务的所有高级公司，通过仔细地调查、分析和比较，选择最适合的外包商。要注意外包商是否真正理解了金融机构的需求，以及它是否有足够的能力解决金融机构的问题。除此之外，也要考虑外包商的财务状况。

当外包被作为一种削减成本的考虑时，价格是选择外包供应商的主要标准。现在，工艺的专业知识、行业知识、供应商的灵活性和创造性、声誉和企业文化相适应在推选过程是同样重要的，所以越来越多的外包协议包括“随需应变”的资源的有关条款，以根据支持项目的优先次序需要提供技术和专家资源。同时，金融机构可以充分利用外包商的专业知识，以及与其他客户和能力形成的规模经济带来的优势。随着2006年我国金融市场的对外开放，我国金融机构融入到世界金融市场，开始了全球业务的扩张，对于离岸风险的控制，选择合适的外包商尤为重要，所以对应收账款回收、贷款发放外包等业务要逐步引进世界知名外包商，在外包过程中学习先进的管理经验。

除了对方的报价，还要注意外包商是否真正理解项目要求，相关的经验、能力、人力资源和储备人才等方面。对于金融服务外包，尤其应关注外包商的财务状况、信誉和其对客户资料、金融机构信息的保密能力等，这些方面直接影响着金融机构的声誉和未来的发展。

Snir和Hitt（2000）建议应分步进行，提供一个能获得很少报酬的外包试验项目和一个能获得很大回报的大项目。那些不能提供良好质量或无法良好履行外包合同的公司，将因为它们履行合同的结果而暴露出它们存在的问题。

在运行机制的实施机制中，对于外包提供商的选择标准就是最佳的风险控制方法。金融机构在选择服务供应商时的标准应包括：

1）选择有充足资源完成外包工作的合格的服务供应商，目前，学术界对外包商的分类方法主要有以下三种：

第一，依据外包商的成熟度分为：高成熟度外包商、中成熟度外包商和低成熟度外包商。高成熟度外包商具有高度内部和外部管理及协调能力，能够实现自我发展并能够引导外包企业的发展，是较为稀缺的一类外包商。中成熟度外包商则熟悉外包服务的产品或市场，具有良好的内部管理能力及一定的外部协调能力，能够解决客户提出的具体问题。低成熟度的外包商能根据客户需求和指导被动地完成任务。

第二，依据外包商在价值链中的增值作用及其自身竞争实力，分为四种类型，如图6－1所示。图6－1中，横轴代表外包商的核心竞争力，包括主营业务、研发能力、特殊工艺加工能力、企业柔性等方面，外包企业往往不具备这些竞争力，或者这些能力较弱；纵轴代表外包商在企业价值链中增值所占的比例。对企业而言，如果选择外包策略并能实现企业增值，那么企业外包计划就成功了。

第三，依据企业外包内容的大小以及外包商与企业合作时间的长短，可分

为：长期、中期和短期合作外包商。长期战略性合作外包商则是指外包内容较大，外包商和企业共同参与外包战略，制订发展计划。当企业需要在市场上容易获得的、供应充裕且市场价格相对稳定的短期服务外包时，企业可选择短期临时性合作外包商。中期策略性合作外包商是介于长期战略性合作外包商和短期临时性合作外包商之间的一种外包商。

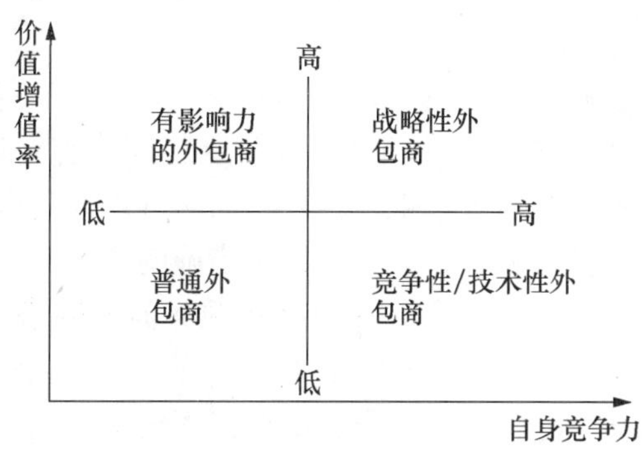

图6－1　外包商分类矩阵

在现实生活中，企业究竟选择哪一类外包商，需要根据企业自身的情形、外界的环境、外包商的竞争力等诸多方面综合衡量。若企业制定的是长期战略外包，则外包商能保持较高的竞争力和价值增值率，选择战略性外包商较为妥当；若企业制定的是短期外包需求，则可以从市场上根据企业实际需求，灵活、低成本获得普通外包商服务；若企业制定的是中期外包，则可以根据竞争力和增值率对价值链的重要程度的不同，选择有影响力的或竞争性/技术性的外包商。

2）确保服务供应商能够理解和达到金融机构的目标。

3）应考察服务供应商的财务状况是否良好。金融机构的业务不应该被外包给不符合标准的服务供应商。应该考虑供应商破产造成的过度成本和潜在的业务损失。跨国外包时，还应该考虑经济、法律和政治环境等因素。

在这个项目的风险控制中，由于是一个承前启后的步骤，许多后续的步骤都是在具有一个基本合格外包提供商的基础上提出的，所以这个程序有着事半功倍的效果，应该引起足够的重视。另外，所有的外包提供商都不是完美的，所以，在确定一个基本合格的外包提供商时，要多注意和联系一个备用的提供商，以便在将来的外包业务中保持主动性。各个国家在这个方面又有着不同之处。美国的金融监管机构和瑞士的金融监管机构（SFBC）在风险评估方面考虑外包安排与金融机构的目标和战略计划的匹配性，并以操作能力、财务能力、提供专业化的服务、地理位置和该服务商与其他服务商现存的关系等指标来确定服务提供商。

在外包过程中若出现违约行为，则由服务提供商自行负责并承担损失。荷兰和英国规定银行管理层应提供充足的资源以确保服务提供商完成服务目标，并要求金融机构明确外包的风险并制定相应的控制步骤，当服务提供商与银行客户直接接触时，要求银行建立客户关系政策。中国香港则是从服务提供商的财务稳健程度、信誉、管理技巧、技术能力、运营能力和规模、对银行业的熟悉程度以及紧贴市场创新步伐的能力这几个方面评估，并要求其与金融机构服务提供商的企业文化和未来发展策略相配合。

4）制订明晰、完整的外包风险控制计划。外包商一旦不能很好地履行义务，将给金融机构造成极大损失。因此，金融机构要制订一套完整的风险控制计划，并对这些程序进行周期性检查。一般一项外包风险管理计划应包括对外包协议所有相关方面的监控和某些事件发生时采取纠正措施的程序，风险计划要明确金融机构对外包风险的管理和监控水平，以及外包服务商控制潜在操作风险的水平。在合同中要明确规定对信息和相关资产的安全措施。金融机构要制定外包商必须遵循的原则，提供机密信息的保护步骤，如对机密信息相关的交易，不许由单人完成。金融机构可以根据自己机构内部的安全措施制定保护步骤，对外包商进行有效的监督和控制，确保服务商具有与金融机构一致的安全水平，对于风险控制中的突发事件可以与外包商协商解决，金融机构要随时检查服务机构的运作方式是否与其要求相一致。

2. 外包过程中的风险内部评估

在开始实施金融服务外包之后，为了保证及时将风险消灭在萌芽之中，或者在风险来临之前获得信号，将风险带来的损失降到最小，必须在外包的过程中时刻对风险进行内部评估，可以使用以下几种方法：

表 6－1 风险控制计划内容及具体描述

计划内容	具体描述
风险识别和预测	收集相关资料，通过数据分析进行风险识别，识别风险类型和风险大小
设立控制目标	对未来风险识别预测之后设立控制目标，以期能够经济有效地使用企业资源，获得最大组织效益，最大限度地减少风险的发生
选择控制方案	对外包的总体风险进行衡量，把总体风险控制在一定的范围之内，做出方案的决策，选择控制方案，减少风险的概率及损失
方案实施与评价	对项目的进度、质量和方案的实施进行监督和评价
资源配置	为减轻风险，需要多少资源，以最低的成本保证有效的资源配置

第一，在实施外包初期，要帮助机构内部部门适应新的运作方式，建立事前和事后监督机制和风险甄别与警告机制。金融机构必须任命一位既熟悉业务或技术又善于交流的项目管理人员，对项目进度和质量进行跟踪、度量和控制。具体来说：①外包商可以指定唯一的项目经理，对内安排具体的外包任务，对外与金融机构的项目管理人员交流、报告进度和问题。双方项目经理的这种单点联系，使得信息入口和出口唯一，避免了多头管理带来的混乱，降低了过程失控的风险。②派专人到外包提供商的公司任职，及时和外包商沟通外包业务中存在的问题，特派员作为一个中间人协调和处理在业务当中出现的矛盾，同时通过现场管理，及时地、大量地了解到外包业务的准确的一手信息，避免因时滞或信息失真而导致损失。这种方式相对比较可靠，但是容易受到地域等因素的影响。③缩短金融机构和外包提供商沟通的周期。由于外包业务的关系，外包提供商肯定要定期向金融机构回报有关业务的进展情况或业务报表。尽量控制一个合理而有效的沟通周期则便于及早发现问题。

第二，在金融服务外包中，绝不能忽视审计环节的重要性，充分的审计、评估内部风险控制程度，能更有效地提高风险管理质量。

不定期抽查外包提供商的有关数据，保留直接向客户询问服务情况的权利。为避免在外包业务当中存在的欺骗和隐瞒，金融机构应不定期进行检查，及时发现问题，将风险降至最低。

在外包过程中，银行必须进行监管，以确保外包业务不会出现市场风险或操作风险，但各国规定中也有一些差别，美国和加拿大的监管机构侧重于建立一个实质性的外包风险管理程序，美国要求其金融机构应当监控它们的 TSP，并且在选择它们的卖方时进行尽职调查，包括对 TSP 使用的风险管理系统的复查。加拿大强调参与实质性外包的 FRES（Federally Regulated Entities，联邦监管主体）应该发展、监督外包过程和控制外包风险以遵循外包风险管理政策，该过程应该与外包安排的规模和复杂性相一致。管理者要求做出关于 FRES 监督的报告。荷兰、中国香港和中国台湾则强调金融机构和服务提供商达成应急计划，使外包业务在出现各种因素干扰时也能持续开展下去。新加坡对何时终止外包做出明确的规定。澳大利亚偏重于组建一个外包管理团队来评估外包的潜在成本、风险和收益，这一团队将确保董事会批准的外包管理策略在任何时间都被遵守——包括投标和审核过程、评估外包选择，以及向管理层和董事会提出参考意见。

3. 外包风险的应急措施

外包商与金融机构反复出现违约问题以及缺乏全面的应急计划时，将会导致金融机构严重的业务损失，甚至丧失良好的声誉。金融机构要尽量具体地明确外包商服务中断或发生其他潜在问题时造成的后果。金融服务外包是一个长期的合作过程，而且由于地理位置距离遥远，所以对高科技系统，特别是IT系统非常依赖，而且离岸外包又成为金融服务外包当中的主要方式，所以要求金融机构和外包商对于金融服务外包的各种意外情形，建立必要的应急措施或双方共同商定应急计划，比如灾难恢复计划和定期测试备份系统的计划，确保外包商拥有保持适当的信息技术安全的能力以及必要的灾难恢复能力。根据这些特点，可以从以下几个方面考虑：

第一，要求服务提供商制定完备的应急预案，经过专业审查后监督执行，并按时提供服务数据，自行备份。

第二，自行制订灾难计划，在服务提供商的应急预案不能起到有效作用时处理情况。

第三，除了对服务数据的应急处理之外，金融机构还应对服务提供商本身所存在的问题进行防范，如外包商发生破产、遇到不可抗力无法完成外包事务、外包商在内部技术或骨干人员的变动等影响外包合同履行等。

4. 退出外包阶段

企业应充分利用上述各项措施，避免不适当退出外包的情况发生，防止成本损失和对金融机构财务状况和声誉造成不良影响。

二、外包商管理

由于信息不对称和投机行为的存在，外包商的风险总是相对更加隐蔽，因此外包商的选择和控制是非常重要的。对外包商的管理主要是对其投机行为的管理以及外包双方的伙伴关系的管理。通过对金融机构与供应商关系的有效管理，促进金融机构与外包商结成稳固的、有弹性的伙伴关系，达到“双赢”。

1. 运用多方外包的风险控制策略

将不同的业务流程外包给多个BPO供应商。比如说，将人力资源流程外包给最擅长此道的接包商，而将物流外包给另一个接包商，IT开发与维护则又是一个接包商。多方外包可以避免风险过高，防止套牢在一个接包商上，以达到最佳组合的优势。

（1）多方外包风险分散模型。某服务外包发包商想对某项业务T进行外包，但该发包商采用的外包策略是多方外包策略即将该项业务分成n个部分，然后将每一部分分别分散外包给n个不同的服务外包接包商，假设其中的一个接包商i所承担的任务量的百分比为B_i，所以则有：

$$\sum_{1}^{n} B_i = 1 \tag{6.1}$$

假设每一个接包商对该发包商的影响程度均为一个定值α，且每一个接包商的经营风险和其承接的业务量成正比，比例系数为λ，则第i个接包商对该发包

商的经营风险的影响度为：

$$r_i = \lambda B_i T \tag{6.2}$$

因此，如果该发包商将业务仅外包给一个接包商则该发包商的经营风险为：

$$R = r + \alpha\lambda T \tag{6.3}$$

其中，R 为发包商进行外包业务的业务风险，r 为该发包商的固有经营风险。

但是在一般情况下，每一个接包商所承接的业务量是不同的，因此每个接包商产生经营风险的概率也不同，假设第 i 个接包商的产生风险的概率为 P_i，则 n 个接包商的风险为：

$$R_n = \sum_1^n P_i \lambda B_i T = \lambda T \sum_1^n P_i B_i \tag{6.4}$$

因此公式（6.3）可表示为：

$$R = r + R_n = r + \lambda T \sqrt{\alpha} \sum_1^n P_i B_i \tag{6.5}$$

假设接包商承担所有业务时的经营风险概率为 P，第 i 个接包商的经营风险概率 P_i 和第 i 个接包商所承当的业务量成正比，则有 $P_i = \lambda P$，因此公式（6.5）又可表示为：

$$R = r + \lambda T \sqrt{\alpha} \sum_1^n B_i^2 \tag{6.6}$$

因此，从式（6.6）中我们可以发现随着 n 的增加，B_i 在逐步减小，所以，该外包项目的风险随着分散外包数量的增加而降低。在前面的讨论中，我们假设的是不同的接包商对发包商的影响程度是一样的，但是，在大多数情况下各个接包商对发包商的影响程度是不一样的，因此我们可以假设第 i 个接包商对发包商的影响程度 α_i 和第 i 个接包商所承接的业务量成正比，即 $\alpha_i = B_i \alpha_0$。因此，按照前面的推理过程，可以推导出发包商的经营风险 R 的表达式为：

$$R = \sum_1^n (r_i + \alpha_j e_j) = r + \sqrt{\alpha_0} \lambda T \sum_1^n B_i^{2/3} \tag{6.7}$$

可以发现，R 随 n 的增大而减小，并且 B_i 的分布越均匀，B_i 越小，R 越小。

因此，在一般情况下可以得到以下结论：

1）服务外包发包商的经营风险随着分散外包数量的增加而降低。

2）服务外包发包商的经营风险随着对每一个接包商的外包业务量的均匀化而降低。

（2）多方外包策略的实施步骤。外包实施前的需求评估与边界区分明确需求是实施多方外包最重要的指南，这个指南指引发包商做好业务外包的总体规划，拆分好外包项目，区分好各外包业务的边界，这是管理好多个接包商的基础。

一要评估外包风险，明确外包需求。必须分析外包对每一个内部业务流程的可能影响，评估各种不同的外包风险，如敏感和关键信息暴露给外包接包商、个人信息的外泄、IT 设备从原环境移至陌生地、无法直接控制外包过程等。以分析评估为结果，把真正需要外包的业务进行规划，进行多方外包。

二要根据项目特点，科学拆分外包项目。这是避免产生接包商“纠纷”的根本，在外包业务规划的基础上，以避免高耦合性为原则，对相对独立的子项目、系统、模块进行拆分。如我们可把业务流程外包（BPO – business process outsourcing）和将产品、服务或零部件的“供应外包”作为两大类分开实施外包，而其中又可进一步拆分，如各类规格描述清晰的产品、零部件的供应。

但是，在拆分服务外包项目时要格外小心，如拆分成服务器、网络、安全、系统等服务项目时，其间耦合性仍可能很强，如果服务的内容要求、质量要求不能明确区分，加上缺乏必要的评测和验收办法，极易产生服务纠纷。

2. 对外包商投机行为的管理

（1）制造并利用竞争控制。首先，对非常普遍的非核心业务，比如后勤、清洁等业务，可利用市场这只看不见的手调节；对于与核心业务和优势关系紧密的外包，在积累一定的管理经验之后可适当选择和培育一个或多个外包商，促使竞争局面的形成，加强主动控制能力。其次，可以制定相应的评级制度，根据接包商的素质和信誉、合作时间长短、合作过程中满意程度，将接包商划分为准入级、合作级、伙伴级，对不同级别的接包商给予不同的报酬和奖励。级别评定应能上能下，如果接包商的服务水平下降、服务质量降低，就会被降级；也可以引入竞争压力，把一项业务分给两个接包商，或事先拟定后备方案及后备接包商。这样可以给接包商带来一定的压力，促使接包商能够更好地完成外包项目。

（2）实施相互制约的股权控制。股权控制可以是单方持股也可以是相互持股，它可以使外包双方参与到对方的运营之中，加强控制，同时发挥商誉品牌等无形资产的影响，使企业不能随意撤出外包，外包商也不敢轻易实行纵向一体化而成为竞争对手。但是，应及时监督检查对方经营、财务状况，预防“蝴蝶效应”产生连带风险。

（3）加强外包业务道德风险监控，防止寻租行为出现。外包金融业务通常涉及金额较大，动辄上千万元，市场竞争激烈，寻租机会较多。因此，在金融业务外包过程中要加强监督管理，注意通过运用招投标等方式确保业务外包公平、公开和公正；尽可能通过集体决策方式避免被个别，尤其是金融机构负责人滥用权力，暗箱操作，寻取租金，影响外包业务的质量并产生法律风险；金融机构要针对外包商设计必要的监督与管理机制，合理地管理和控制外包安排的内部程序、组织机构和专门人员等。

（4）充分利用合同控制金融服务外包的风险。金融业务外包种类繁多，没有也不可能有具体的法律法规或行政规章直接进行规范；而且许多外包金融业务往往有较长的周期，因此金融机构在业务外包过程中要注意充分利用合同控制金融服务外包的风险。要通过谈判与外包商签订一个可操作性强、尽可能完备的合同，准确、清楚地表述涉及外包的所有实质性要素，包括权利、义务、各方预期和责任。对于信息技术的外包，金融机构在合同中必须对外包商的人员与技术准备和维持做出明确约定并注意保持合同对未来变化环境的充分估计，留有必要的弹性空间以应对可能发生的环境变化。对于跨国外包，还应包括法律适用条款和争议解决条款以明确外包合同的法律适用、争议解决方式（仲裁或诉讼等）、争议解决地点以及争议解决机构等。此外，鉴于外包合同的重要性，金融机构应该注意结合运用外聘律师审查与内部法律顾问审查相结合的机制，详细灵活的合约控制。

另外，与长期的大宗外包合同相比，实践证明公司董事会与主管人员更希望签署短期外包合同。根据顾能公司（Gartner）提供的数据，金融外包合同的平均年限从2003年的6.2年下降到了2005年的5.3年。同时，商业流程外包的平均年限从5.5年下降到4.8年。Information Week的调查报告显示，只有17%接受问卷调查的人士表示其外包合同年限是5年或5年以上，接近38%的外包期限都是1~3年。很显然，将长期的外包合同（6~10年）缩短为短期的外包合同（最多5年），就能增加灵活性和讨价还价的力量。外包业务的准确的一手信息，可以避免因时滞或信息失真而导致损失。

总的来说，对外包合作伙伴合理的利润保护才是有效减少投机冲动、防止道德风险的关键。没有吸引力的利润，外包合作伙伴就没有提高服务质量、节约成本、改进工作方法、参与新产品开发的积极性，从长远看无疑是葬送了金融机构的服务质量、良好的声誉以及市场机会。

3. 与外包商的伙伴关系的管理

在组织之间的合作过程中，双方的长期团结协作，共同谋求发展，合力创造价值的合作关系被称为伙伴关系，这成为合作双方竞争优势的新来源。在服务外包的实施过程中，如何管理与接包商之间的关系也变得至关重要。服务外包过程中的伙伴关系管理主要是增强伙伴之间的沟通、协调、了解与信任，促使双方合作关系的顺利进行，从而使双方建立长期的合作关系。经验证明，关系管理是任何服务外包方案的一个关键性成功因素。服务外包的关系管理是用来改善和维持与服务提供商的关系，它是一种致力于实现与接包商建立和维持长久、紧密伙伴关系的管理思想。因此，在下面的章节中，我们将重点讨论如何实施有效的关系管理策略，从而使服务外包的项目能够圆满顺利地完成。

（1）组建优秀的关系管理团队。创建一个公司层面的监管框架，从长远来看，意义十分明显。对于公司而言，集中处理外包关系，有助于它们把握外包关系的整体绩效；对于接包商而言，他们可以借助这个平台，定期与发包商的公司高层亲密接触，分享公司的长期战略，通过沟通了解，他们可以设计出更优的执行方案，不仅更容易满足发包商的目标，而且可以带来增值。因此，一个优秀的关系管理团队对实施成功的外包关系管理意义重大。首先，在具体的服务外包项目实施的过程中，关系管理团队的管理人员必须参与到日常的关系管理中去，管理人员须定期地监督服务外包关系以保证这种关系在正常的轨道之中。其次，好的关系保持是，双方尊重彼此角色的能力和责任，为了制订一个正式的计划以持续对服务外包关系中的各个方面进行检查，并在偏离的时候立即采取修正措施，服务外包双方投入时间和资金是非常重要的。

（2）建立知识共享和信息共享的制度。关系的维持也依赖于企业间知识与信息的共享。当合作双方共享、组合或者投资他们的专用性资产和能力时，关系租金被创造了，因而，如果通过企业相互的交换和共享知识、能力和资产时，长期的买卖关系就提供了关系租金。为了达到知识的共享，服务外包双方就必须相互共享信息，在知识经济时代，知识上升为企业中最具有战略性的资源，尤其是蕴涵于公司的组织实践和文化中的知识，知识本身只有在交流中才能获得更大的发展，在建立企业间知识与信息的共享机制，创造自由、开放的交流气氛无疑有助于服务外包合作双方建立基于互惠协议的信任关系。

（3）规范金融机构与外包商的关系。金融机构是特许行业，非金融机构不得以金融机构名义从事业务，因此要特别强调外包商的“非金融机构地位”。受委托的外包商执行业务不得以金融机构名义从事业务活动，相反应该明确向客户表明其系受金融机构委托处理特定事务的独立受托机构。金融机构应该确保外包管理既不能影响其对客户及监管者履行的责任，也不能阻碍监管者的监管效能。委托外包商处理金融服务，监管部门应加强控制监管并定期检查，从而确保受委托机构不以金融机构名义执行业务；如有违反，则应该对金融机构及受托机构一并给予处罚。

（4）合理的激励和惩戒。企业可以通过价格激励、订单激励、商誉激励、信息激励、淘汰激励、组织激励、期权式激励、新产品/新技术的共同开发等方式，也可以在外包合同中增加利润增长的共享条款，促使合作伙伴提高服务质量控制水平、降低成本和提高服务质量等，调动合作伙伴的积极性，消除由于信息不对称或败德行为所造成的风险，实现“双赢”的局面。此外，适当的惩戒措施也不可缺少，可以以合同的形式事前予以规定，以减少道德风险的产生。

三、外包人员管理

1. 对于文化冲突的管理

由于业务外包涉及不同企业，乃至不同国家的企业之间的资源整合，因此企业在这种经由外包而形成的竞合关系中，不可避免地会面临由于文化差异而造成的冲突与摩擦，所以实施业务外包的企业必须增强文化协同管理意识，加强文化协同管理。解决文化冲突矛盾的方法有很多，如价值观培训、会议、联谊互动等形式，不论是哪种形式，都是要促进双方的文化交流和理解。

具体而言，应注意以下几个方面：建构明确性、连续性与一致性强的企业文化，树立共同的经营观，增强员工对于异域文化的认同；着力营造相互信任与合作的文化氛围，相互间的坦诚与信用有利于信息的有效沟通，增进相互间的理解与支持，从而有利于相互间的有效协作，达到最有效地实现内外部资源的整合；充分利用科技进步所提供的各种信息沟通工具与网络，尽量消除交流沟通障碍。

2. 对于外包人员的管理

对于外包人员的控制同对外包商的管理一样也要监督和激励并重，建立考核与激励机制以及相应的外包风险责任制。

总之要控制好外包的风险，就要建立富有建设性关系，达到四个方面的融合：战略上的融合（高层领导间连续的沟通）、战术上的融合（中层管理人员与专业技术人员在外包项目上良好的合作）、运营上的融合（基层人员互相交流信息）以及文化上的融合。

四、建立完善的监督机制

在服务外包的过程中，企业和接包商的关系实质上成为委托人和代理人的关系，两者的效用最大化目标往往是不一致的。因此，企业必须建立完善的监督机制。在合同执行期间，对接包商的有力监督可以进一步降低来自接包商的风险。发包商应成立包括IT专家、财务专家以及战略专家等各方面专家组成的监管组，或聘请第三方监理机构，对接包商进行监督，以及时发现问题，采取措施减少风险。

（1）服务质量监督。服务外包项目的实施可以划分为多个阶段。在完成每个阶段的任务后，接包商应向发包商递交该阶段的项目进展报告，只有当发包商在对进展报告进行审核之后，接包商才可以开始下一阶段的工作。如果某一阶段的工作出现问题，接包商应当立即予以修改。

（2）项目进度监督。在保证质量的前提下按时完成服务外包项目，是对接包商的一项基本要求，因为一旦项目的进度不能得到保障，将会对以后的各项工作产生负面影响，因此发包商应当对外包项目的进度进行严格的监控，做到对每个阶段、每个细节的进程状态了如指掌，如果发现接包商的某段工期超出预期时间，则应尽快提醒接包商采取有效措施，督促其尽快完成任务。

（3）项目成本监督。发包商在项目执行之前，应当将每一阶段的费用按照比例进行划分，接包商应严格按照规定执行。不仅如此，发包商还要随时随地对预算费用和实际的费用进行比较，一旦出现成本超支的现象，要及时地与接包商进行沟通，询问费用超支的具体原因和情况，并尽快找出合理有效的措施来控制成本的增加。

（4）对客户信息和金融机构的商业秘密保护做出专门规定。监管规章首先应该要求金融机构和外包商在外包过程中严格遵守有关国家秘密、商业秘密以及个人数据保护有关的法律法规等；其次，应该要求金融机构采取适当措施，对于涉及客户信息披露的问题应该告知客户并征得客户同意，而且应该要求外包严格保密所接触客户信息和金融机构的商业秘密，不得故意或无意对未授权人士泄密；最后，要求金融机构与客户、外包商之间通过外包合同或者专门的保密协议确保客户保密信息和金融机构的商业秘密的安全。

（5）严格监管金融服务跨国外包。金融业是高风险行业，金融服务跨国外包涉及国家的金融安全和国家秘密，事关一国金融业的核心竞争力。在跨国外包问题上必须既要考虑世界贸易组织法律制度及我国“入世”承诺，也要注意维护国内金融监管的自主权和独立权，并应注意借鉴国际监管通行的惯例。笔者认为，对金融服务跨国外包监管应适度从严，应对跨国外包设置必要的批准程序，并对跨国外包的服务范围、外包管理、合同法律适用和争议解决做出严格的限定。金融服务跨国外包应原则上适用中国法律，并尽可能选择在中国法院或仲裁机构裁决。

第三节　金融机构内部风险控制的成功案例

一、案例简介

随着银行业的改革与开放，国内银行类金融机构面临着日趋激烈的竞争。作为当时的政策性金融机构，国家开发银行（以下简称国开行）按照“办最好银行”的战略目标，业务规模不断扩大，内部机构和业务流程改革稳步推进。然而，金融人力资源匮乏、自身金融力量对业务发展的支持力度不足、信息化建设滞后等问题制约了国开行的业务发展和改革深入。随着员工数量、分支机构数量和金融设备的日益增长，桌面环境的管理变得日趋复杂，国开行内部对金融服务质量和可用性的要求不断增加。在通盘考虑自身需求特点，并借鉴国外同业成功实践的基础上，国开行决定将其他系统包括软硬件的运营维护和管理等外包给专业的金融服务提供商。2002 年，通过招标，国家开发银行将 PC 等设备外包给了惠普公司，并选定三年为一个租赁合同周期。2003 年 8 月，国开行与惠普达成运维外包合作协议。2004 年 2 月，国家开发银行与惠普公司在北京首次签署了战略性金融外包服务合同，将其金融系统包括软硬件的运营维护和管理等外包给惠普。2006 年 6 月，又与惠普公司签署了一份为期三年的长期战略性金融外包合同。国家开发银行与惠普公司的外包协议，成为国内金融界首家整体外包案例，也创下了国内金融机构外包合同期限最长的纪录。

二、案例中应用的风险控制措施

由于外包合作双方的信息不对称，外包市场的成熟度、竞争环境的不确定性及政治、经济、法律因素的影响，外包存在一定的操作风险、契约风险、道德风险与集中风险。因此，银行业务外包时应采取有效的内控措施来降低风险。国开行外包风险控制措施有：

1. 确定外包范围方面

国开行充分借鉴了美国商业银行的电子化发展经验和摩根公司 M 框架理论，在进行信息技术外包的过程中，将效益较低的非核心业务 M1 层与 M2 层外包，利用外包商的规模效益来降低成本，进而集中精力将有限的资源放在其核心业务 M3 层的建设上，既降低了外包面临的各种风险，也提升了自身的核心竞争力，这种稳健的外包方式有效预防了风险的产生。

2. 选择付款方式方面

2003 年 8 月之后，虽然双方的运维外包协议每年只签署一次，但付款却是 3 个月做一次评估后再付款，这大大减少了可能产生的风险。

3. 外包商的选择方面

2002 年，国开行通过公开招标的方式将 PC 等设备外包给惠普公司。在选择外包商时国开行充分意识到外包商规模、信誉的重要性，这在一定程度上注定了本次外包成功。

例如，上述 3 个月的付款方式实际上给国开行和惠普双方都带来了相当大的工作量，如果在服务到期后，国开行的服务款项未及时打入惠普，从法律意义上讲，双方的合作期就意味着暂停，而一旦国开行的系统出现问题，服务商即使不及时响应，也没有法律责任。但实际上出现这种概率的可能性极低，因为合作双方谁也不愿因自己的一时疏忽，毁掉了双方合作与信任的基础。此外，为了做好外包服务工作，惠普派驻了十几个人常驻国开行，他们的办公室就设在国开行总行的3层，拥有国开行总行的出入证，俨然已是国开行的一员。而且，惠普外包服务组对所有问题的解决工作都做到了在4小时之内的响应，并实现了全程跟踪，一直到维修结束，客户签字确认为止，并有详细的过程记录。可见选择一个规模大、发展前景好的公司至关重要，如果是小的公司，外包风险自然就很大。

4. 保证技术团队的稳定性，化解人力风险方面

在连续性的技术服务外包过程中，银行面临的一项重大风险来自外包公司专业技术团队的稳定性。技术人员的频繁调换将直接影响系统的高效与稳定运行，难以保证客户的利益。对此，国开行提出了自己的解决之道：一是以合同方式进行控制，即按照相关法律、法规严格约束外包公司；二是实行人才买断，即与外包公司签订协议，实现技术人员的劳务买断，掌握技术人员的管理权。保证外包公司技术团队的稳定性，促进外包业务的持续运作，化解外包过程中的“人”力风险。

5. 合同期限的选择方面

一般而言，一台PC的更新换代周期是3年。至于软件，企业购买的本身就是使用权，并不具有产权。因此国开行选定3年为一个租赁合同周期。另外，从2003年8月双方达成运维外包合作协议后，双方的协议是每年签署一次的，这样无疑增加了合同的灵活性，减少了对外包商的依赖。

6. 外包实施和监理方面

2005年4月，《国家开发银行电子设备外包服务管理办法》正式施行。这是国开行营运中心起草的一部内部规章。这部管理办法前后修改了26稿，借鉴了国外银行的外包经验及国开行的服务实践，并邀请一家国家咨询公司作了修改和完善。按照《国家开发银行电子设备外包服务管理办法》，服务承包商应于每季度初5个工作日内，及时向营运中心提供有关的外包服务工作计划，由其对计划进行审核、确认。外包服务工作计划获得审核通过后，服务承包商依照审核后的工作计划开展服务工作。外包服务工作计划执行完毕后，每季度末，营运中心对服务承包商本季度工作计划的执行情况进行总结和评价。

7. 对外包商的考核和评价方面

国开行对外包服务商的评价有具体的量化指标。一般而言，会有经常性的内部的民意测验。如果测试的分数低于某一个标准，就会扣服务商的钱。另外，依照外包服务合同附件《服务保障措施》和《服务满意度控制》中相关条款的约定，营运中心将采取定期服务报告、审核会议、用户满意度调查、服务投诉统计等方式，对服务承包商所提供的外包服务进行监督和考核，每3个月对服务商水

平进行一次评估。而且，营运中心还根据签订的服务条款建立优质服务通告板，显示对外包服务商服务周期的评估结果，实现外包服务水平的跟踪评价，供管理层了解与参考。

三、案例中金融服务外包风险控制的启示

金融服务外包已是一种国际趋势，从银行角度来看，外包业务不仅局限在金融服务，还包括不良贷款清收外包、信用卡账单制作外包、内部审计外包、人力资源外包等。通过国开行金融服务外包的案例可得到如下有关银行业务外包风险控制的一般性启示：

1. 确定合适的外包业务，防范依赖性风险

银行业务外包具有提升核心竞争力、降低经营管理成本等收益，但也造成了银行对外包公司事实上的依赖性。一方面，银行在制定新的经营管理决策时会受制于服务商的配合程度及完成能力。另一方面，随着合作时间的延长，银行对外包商提供服务的依赖程度不断加大，受其服务质量的影响也逐渐加强，降低了银行经营管理的自主性和灵活性。因此，银行在制定外包战略时要确定合适的外包业务，先将银行附加值较低、成本较高的非核心业务如信息技术外包（IPO），从而降低银行对外包商的依赖性风险。随着国内外包市场不断走向成熟，银行应制定长远的外包战略，逐步扩大外包业务范围，选择利润更高的业务流程外包（BPO）和知识处理外包（KPO）。

2. 恰当安排合约内容，规避契约风险

外包合作双方签订的合约是银行控制外包风险的最直接、有效的措施。但由于外包市场不确定性因素的存在，银行无法全面掌握承包商的服务质量、信誉水平等确切情况。所以，合约本身也具有一定的契约风险。对此，银行在与外包商签约之前，应针对外包可能出现的各种风险损失，恰当安排合约条款，对涉及的工作目标、合作范畴、责任划分、所有权归属、付款方式、违约赔偿及合约期限等问题做出详细说明，并聘请法律顾问审查合约。从而，当双方出现纠纷时可以依约明确各方的责任及权益，在一定程度上规避合同不完善造成的契约风险。

3. 选择优秀的外包商，降低委托—代理的道德风险

银行与外包商之间本质上是一种委托—代理关系，合作双方的信息不对称容易诱发道德风险。作为利益主体的代理人——服务商可能会实施损害银行利益的自利行为，如“偷工减料、放松管理、泄密信息”等。因此，在国内外包服务市场发展并不完善，相关法律、法规不健全的环境下，银行在选择外包商时要充分考虑服务商的财务、信誉、人力资源等条件，对外包商进行严格筛选。只有选择了专业水平高、服务质量好、信誉卓著且优秀的外包商作为合作伙伴才能最大

限度地降低银行业务外包的道德风险，增强外包成功的可能性。

4. 严格管理外包服务流程，严防内外合谋的操作性风险

外包商既是银行的合作伙伴和风险共同体，也是追求自身利益最大化的“理性主体”，在承接服务的过程中会通过寻租来追逐利益，从而导致外包的招标及运作过程存在内外合谋的操作性风险。一方面，服务商为了获得业务的承包权会实施勾结银行管理决策层的寻租行为；另一方面，在外包服务的实施过程中会出现银行内部员工泄露机密等问题。因此，银行要严格管理外包服务的操作流程，通过集体决策的方式避免个人滥用权力，严防内外合谋的操作性风险，从岗位权责方面杜绝内外勾结、暗箱操作的可能性。

5. 对外包商服务进行跟踪评价，防范战略风险和信誉风险

服务商若不严格按照合约履行义务，而是依据自身利益自行处理外包业务，将会偏离银行的整体战略，导致银行利益受损，使银行面临一定的战略风险。此外，外包商提供的服务质量和标准难以令客户满意，或以银行的名义对客户开展合约外的业务都会增加银行的信誉风险和损失。因此，在外包商服务的过程中，银行应成立负责检查外包业务和战略决策的机构，建立外包服务的风险内控制度，细化外包监控、审批等环节，降低战略风险。还应建立外包服务评价体系，对客户进行服务跟踪调查，及时掌握客户满意度和外包商服务质量，防范业务外包中的信誉风险。

6. 建立外包应急机制，控制集中风险

在业务外包实施过程中，外包商会因破产、技术人员变动或其他不可抗力因素而无法按时、按质地完成服务，从而使银行面临突发的、影响整个机构运营及整体战略规划的集中风险。所以，银行在实施外包战略时，要建立外包应急机制，针对服务商可能发生的各种意外情况设计应急计划和预案，如将大规模的外包业务承包给不同区域的、无业务关联的服务商，控制突发事件带来的集中风险，降低集中风险造成的损失。

第四节　金融服务外包风险的外部控制方法

为了规范金融机构的外包行为，规避与控制风险，保证金融服务外包的顺利进展，必须给整个外包一个规范公平的大环境，从法律角度给予支持。对金融外包市场的立法及有效监管是金融服务外包外部风险控制的主要手段。

一、部分国家（地区）金融服务外包立法现状

基于对外包风险的顾虑，欧洲金融业在外包方面明显落后于美国同行，因此立法方面也落后于美国，但仍远远先进于各发展中国家。以下是几个国家（地区）金融服务外包监管情况的介绍。

1. 美国

美国是最早开始对金融服务外包制定规则的国家。

证券业：1999 年，纽约联邦储备银行就如何防范金融服务外包的风险问题发表报告。纽约股票交易所规则 342、346 和 382 被解释为排除或限制外包，或者是全部，或者是针对受监管个体。1934 年的《证券交易法》的限制性规定禁止美国证券交易委员会的非注册人员从事某些证券业务。

监管机构的风险控制是从政府部门出发，在大力发展金融服务外包业务的同时，高瞻远瞩，使外包业务能健康地可持续地发展。从设定金融服务外包的范围到规范金融机构和外包商的关系，进行风险控制。

银行业：FFIEC 发布一系列指导方针和公告，明确银行在金融业务外包关系中的风险管理责任。美国关于银行外包的监管指引包括：OCC 公告 2001 -47 号，《第三方关系：风险管理原则》（2001 年 11 月）；FFIEC 的《技术服务外包风险管理指引》（2000 年 11 月）；联邦存款保险公司（FDIC，Federal Depos 金融 Insurance Corporation）的三个技术公告：《选择外包商的有效办法》、《对技术外包商操作风险的管理工具：服务水平协议》、《管理多方外包商的技术》（2001 年 6 月）；FFIEC 的金融手册——《技术服务商（Technical Service Provider，TSP）监管手册》，概括了监督和管理 TSP 关系的风险监管方法。2004 年中，美国银行监管部门完成了新版的《FFIEC 技术服务外包金融检查手册》。

保险业：美国监管机构通过各种司法授权对基本业务外包进行监管，如 NAIC 的《管理一般代理人规范法》和《服务商管理规范章程》。其他外包业务由现场市场行为检查程序来处理。NAIC 市场监管及消费者事务委员会成立了服务商卖方工作组，处理当前监管当局未涉足但与保险公司业务外包有关的问题。

2. 英国

FSA 在《临时审慎监管手册》中制定了对银行及住房互助协会的业务外包指引。指引的 F3 条款对保险也做出了同样规定。2004 年 12 月，FSA 在增加 SYSC 3A. 一节中提出了对银行外包业务的新的指引，建议银行应建立必要的外包程序。SFA 还制定了对银行和建筑合作社的指导方针。指导方针主要针对实质性外包。这个指导方针也基本上适用于保险公司。

3. 其他国家（地区）

德国：2001 年 12 月，德国有关当局发布对所有信贷机构和金融服务机构的指引。

日本：2001 年 4 月，日本银行发布金融机构稳健运行文件，制定了对外包风险管理的规范意见。金融服务局发布对金融机构检查指南，规定了对外包的风险管理检查点。

荷兰：2001 年 4 月 1 日，荷兰银行（信贷机构监管当局）发布《机构和控制条例》，其中一部分是针对业务流程外包的。2004 年 2 月 1 日，年金和保险业监管局发布了保险公司外包条例。

瑞士：1999 年 8 月，瑞士联邦银行委员会（SFBC）发布《银行和证券公司外包指引》。

澳大利亚：2002 年 7 月 1 日，关于银行外包的“审慎标准”发布并生效。保险行业也被建议遵循这些标准。

比利时：2004 年 6 月 1 日，CBFA 发布了银行和投资服务业外包的共同指引。关于保险行业实施这一指引的问题，目前也在征求意见。

加拿大：2001 年 5 月，OSFI 发布指导方针 B－10，对外包进行规范。2003 年 12 月，又进行了修订。所有受联邦监管的机构，都要在 2004 年 12 月 15 日以后遵照执行。

法国：2005 年初，第 92－02 条例增加了涉及信贷机构及投资公司的内部条款。

此外，新加坡、中国香港、中国台湾等国家和地区也都针对金融服务外包制定并颁布相关指引，这里就不一一详述了。

二、各国（地区）金融服务外包立法原则异同

虽然各国（地区）的主要监管原则相近，但它们的监管水平和具体监管措施都不尽相同。下面我们以银行业为例，综合比较部分国家和地区金融服务外包监管措施的异同。其中前五项适用于各个领域，后五项则更针对金融领域，应给予特殊重视。

1. 确定合格的服务提供商

各国和各地区要求金融机构确定高质量的服务提供商，并对满足要求的合同进行协商，选择过程应具有成本收益性，并与银行要求的外包行为的性质相匹配，同时提出一致的评估建议：①服务提供商的洞察力/价值主张和银行的相容性。②行使洞察力/价值主张的能力。③服务或计划的系统性和功能性。④用类型、能量、模块性、升级和更新的能力或刻度来表示的技术。⑤成本/价格。⑥提供商的财务稳定性。

不同之处在于：美国和瑞士在风险评估方面考虑外包安排与金融机构的目标

和战略计划的匹配性，并以操作能力、财务能力、提供专业化的服务、地理位置和该服务商与其他服务商现存的关系等指标来确定服务提供商。在外包过程中若出现违约行为，则由服务提供商自行负责并承担损失。荷兰和英国规定银行管理层应提供充足的资源以确保服务提供商完成服务目标，并要求金融机构明确外包的风险并制定相应的控制步骤，当服务提供商与银行客户直接接触时，要求银行建立客户关系政策。中国香港则是从服务提供商的财务稳健程度、信誉、管理技巧、技术能力、运营能力和规模、对银行业的熟悉程度以及紧贴市场创新步伐的能力这几个方面评估服务提供商，并要求其与金融机构的企业文化和未来发展策略相配合。

2. 海外外包控制

瑞士、新加坡和中国香港明确规定金融机构的审计公司在海外外包之前，审核服务提供商以确定海外外包的安全性。在一些细节的规定上各国各地区又存在差别：瑞士要求金融机构证明审计公司以及银行业委员会能合法地监控海外外包，并且做出相应的证明性文件之后才能进行海外外包。新加坡则在保密性上做了严格的规定，禁止海外被监管机构拥有任何客户的信息，严禁监管机构向其他人披露这些信息。中国香港要求将业务外包到海外时关注外包对金融机构风险状况的影响，而且应考虑海外国家的法律制度、监管构架、科技先进程度、基础建设等，从而掌握海外外包的风险。

3. 银行的董事会和管理层责任

由于各国（地区）金融机构对董事会责任的定义不同，董事会在不同国家（地区）的社会地位不同，因而其责任偏向也不同，具体可以分为以下几类：

（1）强调董事会和管理层监管的职责。美国认为商业目标的技术经常是决定外包的一个重要因素，对外包关系的管理比技术更关键。一个有效的外包监管程序应能够给管理层提供识别、测度、监测和控制外包相关风险的框架。

（2）强调董事会和管理层对外包制定和审批的职责。加拿大认为经理的责任则在于计划、制定和执行外包政策，定期检查外包效果，向董事传达与外包风险相关的信息。

（3）强调董事会和管理层应全程关注外包。如瑞士、澳大利亚和中国香港。澳大利亚 APRA 规定金融机构的董事会和管理层应该参与对承包商的评价和选择、外包的决定和审议、制定过渡安排和退出战略。中国香港则明确规定金融机构的董事会和管理层对外包业务负有最终责任。

4. 服务水平协议（Service Level Agreement，SLA）

SLA 是一份成功外包合同的主要组成部分，是测量、监控和控制与外包技术服务相关的操作风险和金融风险的工具，构建良好的 SLA 是管理服务提供商确保银行得到其需要和期望服务水平的必备手段。美国在服务水平协议方面的法律法规比较完善，并有很多治理措施，如怎样构建 SLA、如何发展 SLA、起草 SLA 的标准是什么、如何管理 SLA。荷兰则要求 SLA 涵盖有关服务提供商所有方面的要求，特别强调外部服务提供商应负有遵守外包组织和控制指令的责任。英国要求银行向监管者提交 SLA，这份 SLA 应包括银行希望从提供商处获得的报告的细节和时间，还应包括变动和扩展的能力。

5. 合同条款要求

合同条款这一部分是外包指引的重点，各国及地区都做了详细的规定。一个完整的外包过程是首先经由董事会决议、做出外包计划书、报监管部门审批、签订合同条款、将业务外包出去等步骤。通过对各国及地区外包合同条款的分析我们得出外包计划书应包括 9 个基本部分：委托外包事项之说明；受委托机构之说明；委托外包地点及合作关系；委托外包作业流程；内部控制及稽核；紧急应变计划；客户权益保障；委托外包契约内容；委托外包作业之适应性分析。合同条款应由 12 个部分组成：外包服务的种类和范围；外包的日期；绩效测量标准；转包和再外包；业务连续性计划；违约安排；义务范围；价格/服务费结构；业绩评价标准；调节机制：机密和安全标准；终止条款。

6. 对不能外包业务的限制

几乎所有的国家及地区都规定不能将银行内部业务（内部审计、财务会计、预备年度账等）的责任和功能外包给外部集团。很多国家及地区对不能外包的业务做出规定，加拿大规定保险精算业务、与内部的会计控制、财务系统或 FRE 财务声明相关的内部审计服务不能外包；瑞士和荷兰规定银行的策略性、终端管理、核心管理、风险管理、战略控制等责任和功能不能外包；中国台湾则从反面做出了规定，即数据处理、信用卡相关作业、保金作业、委请律师处理之法律事项、汽车货款逾期缴款之寻车作业、不动产鉴价作业、窗体凭证等资料保存相关作业可以外包，其他的一切业务若要外包需报“财政部”核准。

7. 确定告知义务

金融机构对业务外包具有告知义务，由于各国及地区的政治、经济环境不同，对告知业务的定义不同，告知的对象和告知的程度也不尽相同。

（1）银行对客户的告知义务。如瑞士和中国香港，瑞士在《银行和证券公司外包指引》中规定，银行必须在数据被传送到服务提供商之前告知客户该项外包安排，并通过专门的信件来告知客户各种数据资料的安全保护措施，同时规定银行在外包时应告知客户服务提供商所处国家及海外政府机构对其资料的取用权。

（2）银行对金融服务监管局的告知义务。银行应该将其具体的外包业务告知金融服务监管局，如英国、澳大利亚和中国台湾。澳大利亚还要求其持牌存款机构（金融机构）向 APRA 阐述外包的主要风险及降低风险的策略，APRA 还要求金融机构和承包商提供与评估外包风险有关的材料，并向金融机构索取全部所需信息。

（3）银行对服务提供商的告知义务。

8. 外包的审计要求

外包的审计关系到外包能否顺利进行，各国及地区对外包审计工作的职能和范围作了详细的规定：

第一类，外包的审计工作要求由银行内部审计人员完成。美国希望通过内部检查人员达到对审计和内部控制的充分性评估，以有效使用监管资源，提高风险管理的质量。

第二类，外包业务的审计工作要求由银行外部审计人员完成。

第三类，外包业务的审计工作分为两部分，先由银行内部审计人员审计，再由外部审计人员审计，如瑞士、英国、澳大利亚和中国香港。瑞士还要求在上述两项工作完成之后委托给服务提供商的外聘审计公司进行重新审查；英国要求银行聘用外部审计人员或专业人士参与内部审计工作时向 FSA 报告其目的；澳大利亚则要求金融机构的外部审计部门提供一份与外包业务有关的涉及金融系统、数据安全、内部控制计划和商业连续性计划的风险管理评价报告。

9. 商业银行的保密和数据保护要求

银行将业务外包给集团内部时，保密性可能不甚重要。但是银行将业务外包给集团外部时，就应当考虑保密的限制性条款，世界各国及地区在银行的保密和数据保护方面的规定基本一致，即要求服务提供商在处理外包数据时严格遵守银行法的保密责任，并制定一系列保密条款，但各国及地区偏重的方向不尽相同。瑞士要求境内的服务提供商许诺保证数据资料的机密性，还要求服务提供商通过特殊的技术、人员或组织措施来保证数据资料的保密性；新加坡要求不愿意承担保密责任的服务提供商披露存款信息，当这些信息披露后，银行应获得业务所在地司法管辖权方面的法律建议；中国香港和中国台湾的监管当局强调服务提供商及其员工在法律上承诺不泄露银行及其客户的相关资料，在客户咨询时银行应告知服务提供商的具体资料。

10. 风险管理要求

美国、加拿大、荷兰、澳大利亚、新加坡、中国香港和中国台湾均要求银行在确定服务提供商之前必须进行详细的核查，确定服务提供商能够提供一系列安全稳定的外包服务，在外包过程中，银行必须进行监管，以确保外包业务不会出现市场风险或操作风险，但各国（地区）规定中也有一些差别，美国和加拿大侧重于建立一个实质性的外包风险管理程序，美国要求其金融机构应当监控它们的 TSPs（技术服务商），并且在选择它们的卖方时进行尽职调查，包括对 TSP 使用的风险管理系统的复查。加拿大强调参与实质性外包的 FREs（Federally Regulated Entities，联邦监管主体）应该发展、监督外包过程和控制风险以遵循外包风险管理政策，该过程应该与外包安排的规模和复杂性相一致，管理者要求做出关于 FREs 监督的报告。荷兰、中国香港和中国台湾则强调金融机构和服务提供商达成应急计划，使外包业务在出现各种因素干扰时也能持续开展下去。新加坡对何时终止外包做出明确的规定。澳大利亚偏重于组建一个外包管理团队来评估外包的潜在成本、风险和收益，这一团队将确保董事会批准的外包管理策略在任何时间都被遵守——包括投标和审核过程、评估外包选择，以及向管理层和董事会提出参考意见。

三、国际组织的监管立法——《金融服务外包》文件

1. 颁布历程

2004 年 4 月，CEBS 发布了关于业务外包的一套原则并公开对外征求意见。此外，CESR 正在为将欧盟关于业务外包的立法纳入《金融交易工具市场指引》（Markets in Financial Instruments Directive，MIFID）提供意见。CEIOPS 也很关注对业务外包的监管。巴塞尔委员会电子银行小组对其成员的金融业务外包情况进行评估。IOSCO 常务委员会起草了一套业务外包原则，在证券业内征求意见。

此外，IOSCO 常务委员会还对业务外包的证券公司展开调查并对调查的结果进行评估。IRIS 密切关注不断出现的业务外包做法和对它的监管手段。

2004 年 8 月，巴塞尔银行监管委员会、证券交易委员会国际组织、国际保险监督官协会共同举办的联合论坛并组成工作小组，就此发布了《金融服务外包征求意见稿》，规定了 9 条指导原则，其中前 7 条原则涉及实施外包的受监管实体的义务和责任，以防范、控制外包的各种风险，后两条涉及监管者的角色与义务。其中，第 3 条、第 7 条原则体现了金融外包区别于其他领域外包的特殊性，因此显得尤为重要。2005 年 2 月，联合论坛的《金融服务外包》文件（Outsourcing in Financial Services）正式出台。

2. 指导原则

《金融服务外包》文件规定了 9 条具体指导原则，包括：①寻求外包事务的受管制实体应备有综合的政策，以对哪些事务适合外包进行评估。董事会应对外包政策及在该政策下与外包事务相关的所有事项承担责任。②受管制实体应确立综合性的外包风险管理计划，以对外包事务及与外包商的关系进行相应的处理。③受管制实体应确保外包安排既没有减少其对客户及监管者所应承担的义务，也

没有影响到监管者的有效监管。④在选择第三方服务提供商时，受管制实体应尽到勤勉的注意义务。⑤外包关系应存在有明示的书面合同，并明确注明外包安排的所有重要事项，包括双方的权利、义务及当事人的预期。⑥受管制实体与其服务提供商应配备有应急计划，包括危机恢复方案、后备设施的定期检测安排等。⑦受管制实体应采取适当的步骤，以要求外包商对受管制实体及其客户的保密信息进行保护，以免有意或无意地向没有授权的第三方进行披露。⑧监管者应考虑外包事务是作为对受管制实体进行持续性评估中的一个不可缺少的组成部分。同时，监管者应确保其已采取合适的措施，以防止外包安排降低受管制实体满足监管要求的能力。⑨监管者应意识到，若多个受管制实体的外包业务集中于有限的几个服务提供商时，可能存在集中性风险。

3. 《金融服务外包》文件之评析

（1）法律性质模糊、内容抽象。巴塞尔银行监管委员会及“联合论坛”并非一个正式的国际组织，因此所发布的文件对其组织内部的各成员国来说是具有约束力的，但对于非成员国而言，则只具有示范性或追随性的效果。同时文件内容的抽象性也大大影响了其实施效果。

（2）其指导与示范作用不容忽视。巴塞尔银行监管委员会由具有金融实力的西方发达国家组成，而在金融全球化的趋势下，这些国家几乎主宰了整个国际金融监管法的立法理念及监管实践的走向，在全球面临金融监管危机时，包括《金融服务外包》文件在内的巴塞尔协议的作用会大大加强；另外，由于参加《金融服务外包》文件制定的除巴塞尔银行监管委员会之外，还包括 CEBSO、CESR、CEIOPS、巴塞尔电子集团、IOSCO 及 IRIS 等国际或区域性组织，因而经由这些“论坛”产生的最后决议，在各国及地区金融外包立法还处于一个探索时期时，必将对各国及地区金融外包立法起到巨大的指导示范作用。

（3）金融欠发达国家及地区面临技术上的壁垒。《金融外包服务》文件本就是金融发达国家立法与实践的提炼，因此由金融发展水平、市场经济发展的阶段、金融监管理念等各异而生的技术壁垒问题也是各国及地区在借鉴与移植时所必须深刻思考的。

（4）《金融服务外包》文件是各国及地区金融外包立法与实践的结晶。在文件的附录 A 中，“联合论坛”运用了大量国家及地区的实践来对文件的合理性进行说明。

1）德国贷款工厂案例。越来越多的德国信贷机构将贷款业务外包给专门的且不受监管的服务商，这些服务商被形象地称为“贷款工厂”。贷款工厂为贷款及抵押提供专业化的后台支持服务，有时甚至可决定是否发放贷款。2003 年，某一信贷机构不仅要将还贷业务外包，也想将发放贷款的决定权外包，这涉及

250 万欧元以下的常规零售贷款业务及非常规业务。在本案例中，尽管发放贷款的决定权掌握在贷款工厂手中，但信贷机构仍需负责业务运营且承担由此带来的风险。

研究结果有二：其一是可能带来新的风险暴露的业务审批流程外包，只有在它不损害金融机构有效监管风险能力的前提下才是可行的，而在非常规业务中，信贷机构无法对贷款工厂发放的贷款进行监察；其二是上述前提只在以下情形下成立，即受管制实体严格要求服务提供商在贷款审批过程中采用精确的、可检验的评估标准。就当前金融行业使用的系统而言，这只能在常规零售——贷款业务中才可能实现。

2）OCC 对某一银行和服务提供商采取制裁措施案例。2002 年，OCC 对一家加利福尼亚银行及其服务商采取了强制措施。此服务商为该银行在 18 个州及哥伦比亚特区的部分贷款提供发放及回收等服务。该服务商的问题是未能保全客户贷款资料——其工作人员于 2002 年将这些贷款资料丢弃。

在该案中，OCC 认为服务提供商对存款档案处置不当，违反了法律和监管规章；同时，还认定这家服务提供商有其他不安全和不稳健的活动，这说明银行将核心功能外包给第三方，如不能妥善监管的话，则会带来风险。在银行方面，OCC 还发现银行没有以安全和稳健的方式处理好自己与服务提供商的关系，除了违反《公平信贷机会法》、《贷款诚信法》外，还违反了《金融服务现代化法》关于隐私权保护的规定。

3）澳大利亚监管当局调查银行业务外包情况的案例。澳大利亚银行的外包业务包括信息技术、信用卡服务、采购、支票、其他电子清算服务、抵押贷款处理及薪酬等。这些外包存在的问题是，如果服务商运作出现问题或不能持续提供服务，那么就可能给客户资料保密及银行的财务状况及声誉带来风险。

分析与考察《金融服务外包》文件的内容，我们不难发现德国、美国及澳大利亚的外包实践的启示已在文件的指导原则中得到再现，如德国贷款工厂案的“结论一”的内容便与原则 3 的内容基本相符，美国的 OCC 调查的结论亦在原则 1、2、3、7 中得到反映。除了案件分析研究外，事实上各国及地区成功的金融外包规则也给“联合论坛”的《金融服务外包》文件的成功出台提供了良好的素材。

四、加强我国金融服务外包外部控制的建议

1. 设定金融服务外包范围

监管机构必须首先确定金融服务外包的范围，这是游戏规则，但外包范围的划分也是监管制度关注的焦点和难点。根据经验，外包金融服务的范围原则上仅

限于非核心金融服务，可以借鉴中国台湾的经验，先将部分金融服务明确规定，许可金融机构将其外包，对于其他事务的外包则应该通过特别的批准程序。在列举范围上，建议通过分类和列举结合起来。

银行的金融服务外包业务蕴涵着巨大的风险，几乎所有的国家及地区都规定不能将银行内部业务外包给外部集团，例如内部审计、财务会计、预备年度账等核心业务。很多国家及地区对不能外包的业务作出规定，加拿大规定保险精算业务，与内部的会计控制、财务系统或 FRE 财务声明相关的内部审计服务不能外包；瑞士和荷兰规定银行的策略性、终端管理、核心管理、风险管理、战略控制等责任和功能不能外包；中国台湾则从反面做出了规定，即数据处理、信用卡相关作业、保金作业、委请律师处理之法律事项、汽车货款逾期缴款之寻车作业、不动产鉴价作业、窗体凭证等资料保存相关作业可以外包，其他的一切业务若要外包需报财政部核准。从以上可以看出，为了保护金融业发展，各国及地区对金融服务外包的范围必须首先确定，基本的原则就是核心业务不允许外包，非核心业务要么规定可以外包的项目，其余不准外包；要么规定不允许外包的项目，严格审批未列入禁止名单的项目。

2. 加强持续监管和系统性风险监管

监管机构作为管理部门，必须监督好整个金融服务外包过程。为了实现持续监管，可以借鉴国际监管组织制定的监管原则，要求金融机构在外包合同中制定相关条款，确保监管当局随时可获得监管所需的资料。此外，当多家金融机构同时将业务外包给一家或有限的几家服务供应商时，可能会形成系统性风险。对于这种情况，监管当局除了加强监管之外，可以做出必要的限制。监管机构的管理原则就是避免外包因为某个环节的缺失导致整个外包过程的失败。

对于具体的执行来说，监管当局应将金融机构的业务外包纳入对其进行的总体风险评估。为此，应能随时直接或间接获得外包业务的所有账册和记录，当然，金融机构必须随时能够直接获得所有账册和记录，这样才可以使外包行为顺利地进行。监管当局可以要求账册和记录必须保存在其所在地，或者要求服务供应商承诺，随时可应要求将账册和记录的原件或复印件寄至监管当局所在国及地区。监管当局还可要求金融机构在外包合同中制定相关条款，确保金融机构自身可随时检查和获得相关资料，同时确保监管当局随时可获得这些资料。为了防止金融机构和外包提供商之间联合起来欺骗监管部门，对于整个监管过程来说，应该确定定期检查和不定期抽查。同时，也应该转变监管机构完全是管理部门的角色，变管理为主为服务为主，为本国（地区）金融机构多提供必要的信息来源，促进本国（地区）金融服务外包的发展。

3. 保护金融机构和外包商的商业秘密

保护金融机构和外包商的商业秘密非常重要，可以从以下几个方面入手：

第一，监管规章应该要求金融机构和外包商在外包过程中严格遵守有关国家秘密、商业秘密以及个人数据保护有关的法律法规等。

第二，应该要求金融机构采取适当措施，对于涉及客户信息披露的问题时应该告知客户并征得客户同意，而且应该要求外包严格保密所接触客户信息和金融机构的商业秘密，不得故意或无意对未授权人士泄密。

对于保密措施，必须从法律角度给予支持。金融服务离岸外包必须伴随着金融机构所独有的非公开的客户或业务信息的转移。自从经济合作与发展组织在1981年首次提出个人资料跨国流通的基本原则——自由流通与法律限制，规定成员国应采取一切适当的措施确保个人资料国际流通的自由，以及对自由流通进行限制的条件以来，就为资料跨国流通确立了基本方向。各国和地区从自己的实情出发，制定了相应的资料跨国流通的监管法律，以最大限度地维护本国（地区）利益。

以欧盟为例，其于1995年通过了《个人数据资料处理和自由转移的命令》，使得欧盟会员国纷纷按照该命令对个人资料保护立法进行修订。该命令第25条规定，对于资料向非欧盟成员国（地区）输出的情形，只有当该非欧盟成员国（地区）法律已被欧盟确认能够提供个人资料的充分保护，始能许可个人资料向该国（地区）流动。特别是该条的第2款提到，对于保护水平是否充分应当依照围绕整个传送操作过程的条件来评判，尤其应当考虑资料的性质、运行操作的目的和期间、来源国（地区）和目的国（地区）、一般和特别领域的生效的法治情况，以及该国（地区）的执业规则和安全措施等。

4. 规范金融机构与外包商的关系

在国际金融服务外包业务中，金融机构是特许行业，非金融机构不得以金融机构名义从事业务，因此必须要确定外包商为非金融机构。不允许受委托的外包商以金融机构名义从事业务活动，相反应该明确向客户表明其是受金融机构委托处理特定事务的独立受托机构。金融机构应该确保外包管理既不能影响其对客户及监管者履行的责任，也不能阻碍监管者的监管效能。委托外包商处理金融服务，监管部门应加强控制监管并定期检查，从而确保受委托机构不以金融机构名义执行业务；如有违反，则应该对金融机构及受托机构一并给予处罚。由于金融机构受到监管部门的监管比较严厉，因而在利益的驱动下，金融机构管理人员容易投机取巧，将原本不允许的高风险业务以外包的形式隐蔽操作。对于监管机构来说，除了监管金融机构本身之外，还要将金融机构和外包提供商的关系限制明确，防止意外的发生。

5. 健全我国金融服务外包监管制度的政策建议

第一，金融服务外包在我国已经起步，我国金融监管机构应充分认识到金融服务外包活动潜在的风险，立足于我国金融服务外包的实践，参考巴塞尔银行监管委员会《金融服务外包》，借鉴国外金融服务外包监管的经验，尽快推出金融业务外包监管指引文件。

第二，合理构建外包金融服务的监管程序、内容与权限。从安全和效率并举的角度来看，对于列举出来的具体外包金融服务，只需经过备案程序即可，没有必要经过审查和批准程序。对于不在列举范围之内的事项，则应该经过监管机构的审查与批准程序。监管指引还应该对于后者的审查要求与具体批准程序做出明确规范。监管机构对于外包金融服务的监督检查，主要反映在对外包金融服务办理的具体记录，尤其是外包合同，以及外包商接受外包金融服务的安全与风险控制机制的保障上。监管当局可以对违法者给予适当的制裁。

第三，注重对金融机构金融服务外包内控机制的监管。监管规章应要求从事业务外包的金融机构建立全面的外包风险管理程序以指导外包活动及其与服务供应商的关系。监管规章应该明确金融机构针对外包金融服务的内部控制机制中应该健全的事项。

第四，健全和完善金融机构外包业务的风险防范机制。除了依靠微观层面的努力之外，还需要监管部门在宏观层面予以充分的规划和指引。对于监管部门而言，除了拟定银行金融机构发展业务外包的指导性意见，明确我国银行金融机构外包的重点、范围、相关技术和业务规范外，也要以适当方法确保任何外包协议不得削弱外包机构满足监管要求的能力，同时也应注意对多家金融机构的外包活动集中于少数几家外包供应商时产生的潜在风险集中进行系统监管。

第五节　金融服务外包执行阶段风险控制模型

金融服务外包执行阶段风险控制就是根据执行阶段风险控制目标，设计出多种科学的风险控制措施，并对这些风险控制措施进行优化组合，构建风险控制模型，在风险控制组合方案进行评价的基础上，实现上述风险控制目标。

一、金融服务外包执行阶段风险控制措施

本章把该阶段风险控制措施分类为两个集合，即主要风险控制措施和辅助风险控制措施。其中，主要风险控制措施是指经过系统归纳，在实践中广泛采用的措施，以相对系统全面的方式解决重要的风险，在缓解风险中扮演重要角色；辅助风险控制措施则针对金融服务外包过程中的某种具体风险，以解决具体问题为目的，是主要风险控制措施的有力补充。具体的风险控制措施如表6－2所示。

表 6－2　金融服务外包过程风险控制措施

风险控制措施分类	风险控制措施名称	风险控制措施符号
金融服务外包执行过程主要风险控制措施	规避	S1
	预防	S2
	分散	S3
	转移	S4
	自留	S5
金融服务外包执行过程辅助风险控制措施	成本与收益分析	S6
	建立支持性联盟	S7
	组建专门的风险监控机构	S8
	企业内外环境分析	S9
	提供有效的激励措施	S10

（1）风险规避。风险规避措施是一种消极防范手段，主要是指为防止做某事可能发生会有风险而不去做，在源头上控制风险，使其不发生。在金融服务外包执行阶段，风险规避措施实施的基本途径是放弃某项任务或者目标。然而，在现实情况下，金融服务外包企业是无法完全规避所有风险的。

（2）风险预防。风险预防是指在风险未发生之前或在风险发生后，采取必要措施降低其发生的概率或减少其严重性。预防金融服务外包执行阶段风险发生的概率主要有两种方式：一种方式包括防止导致风险发生的主要因素出现和减少现存的风险因素；另一种方式是为降低因行为偏差而导致风险发生的概率所采取的风险教育和培训。

（3）风险分散。风险分散主要是为了降低金融服务外包执行阶段的总体风险，而通过增加金融服务外包管理者来实现风险共担。在金融服务外包执行阶段，每个系统成员不仅会被分配到总风险的一部分，而且他们也必须承担相应的风险责任。只有这样，每个系统成员才不会感觉压力过大。

（4）风险转移。风险转移是指将原本应由金融服务外包企业自己承担的风险转由外包商或者其他经济单位来承担。因为不同企业可承担风险能力和种类存在一定差异，由于企业间具有一定的优势互补性，风险转移后能否给其带来损失或者收益是不确定的。

（5）风险自留。风险自留是指由金融服务外包企业自行控制和承担金融服务外包执行阶段的风险和损失。在某些情况下，企业自留部分风险是合理的，通常企业愿意自行承担那些损失小且重复性较高的风险。若企业金融服务外包想获得更大的利润，采取自留方式承担执行阶段的部分风险是可行的。但在这一过程中，企业管理者必须充分对各类风险进行综合分析，有效选择那些适合企业自身优势特点的风险进行自留。

（6）成本与收益分析。企业实施金融服务外包成本与效益分析，可以有效避免金融服务外包执行过程中的财务风险。金融服务外包成本包括显性成本和隐性成本。显性成本包括企业人力资源成本、软件工具成本、硬件和办公环境成本等。隐性成本包括金融服务外包项目管理和沟通成本、处理外包内容的变更成本等，这些成本往往在外包执行阶段忽略或过低估计，造成外包成本大大高于最初的预计成本。同时，金融服务外包企业还应加强对预期的收益进行分析，使企业清楚了解外包是否能提高收益。

（7）组建专门的风险监控机构。为了更好地跟踪外包商的进程，更有效地发现金融服务外包执行阶段出现的风险，及时有效地处理执行过程中出现的风险，金融服务外包企业应根据自身的外包规模，委派专门人员担任外包项目监理工程师，组建专门的控制小组，负责跟踪外包商的进程，监督外包商的服务质量，明确项目目标、项目内容和具体要求，控制服务范围和内容，确保一切按照合同标准行事，监控执行过程中的每一个环节，及时处理和向企业汇报出现的风险，并准确估计监理工作量、监理费用，代表企业对整个外包风险进行控制工作。

（8）建立支持性联盟。为了避免金融服务外包管理者由于自身因素而产生的风险，企业在金融服务外包执行阶段邀请经理层人员介入，让企业管理人员及时了解企业金融服务外包的状况，分析金融服务外包的短期和长期利益以及实施成本，汲取他们提出的意见，寻求支持，建立支持性联盟。从而，金融服务外包执行阶段的管理将会得到企业高层管理人员和全体员工的支持和鼓励。因此，建立支持性联盟具有重要的意义。

（9）企业内外环境分析。在企业金融服务外包执行阶段，企业金融服务外包管理者要很清楚：企业的核心竞争力在哪里，还要考虑人员怎么安排、流程怎么处理等。管理者还要充分了解外部市场环境，对市场做出更快速的反应，让整个公司更容易做转型。只有这样，在执行阶段才能有效避免金融服务外包业务确定风险。

（10）提供有效的激励措施。金融服务外包企业在“双赢”原则下建立有效的激励机制，会加大外包商的动力，保证外包项目的高质量，使得其更好地完成项目。通过激励机制，会大幅度降低金融服务企业被外包商“套牢”的风险。

二、金融服务外包执行阶段实施风险控制措施组合原则

基于以上思想，本书建立了如图 6－2 所示的企业金融服务外包执行阶段风

险控制框架。

（1）金融服务外包执行阶段风险分析。企业金融服务外包执行阶段风险分析的目的是对执行阶段的风险进行识别，发现该阶段所隐藏的风险，并对各种风险的影响因素进行分析，为风险控制提供依据，这部分的工作在前文已经完成。

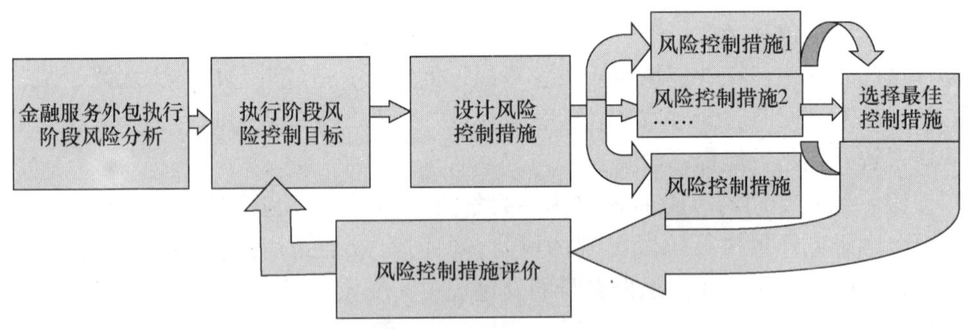

图6－2　金融服务外包执行阶段风险控制框架

（2）执行阶段风险控制目标。金融服务外包执行阶段风险控制目标是风险控制的目的，企业在进行风险控制时，首先需要确定的是风险控制目标，即如何以最小的成本将执行阶段的风险控制在可接受范围内。在企业决策者不能盲目确定过高的风险控制目标从而使风险控制成本陡升。

（3）设计风险控制措施。设计风险控制措施就是根据企业所制定的金融服务外包执行阶段风险控制目标，提出降低其风险的多种控制措施。原因在于针对不同风险，不同风险控制措施会体现出不同的控制效果，因而脱离特定的风险和条件而设计的风险控制措施是没有意义的。

（4）选择最佳控制措施。在设计各种风险的控制措施之后，金融服务外包企业决策者应对各种风险控制措施的成本和效果进行分析比较，根据比较结果和自身目标要求选择和决定采取何种风险控制措施组合。

（5）风险控制措施评价。在企业实施了风险控制措施之后，需要对风险控制措施的有效性进行评价，并根据措施的评价结果不断调整风险控制措施。

三、金融服务外包风险控制模型

1. 风险控制模型的构建

金融服务外包执行阶段的风险控制问题可以描述为，已知金融服务外包执行阶段的各个风险及风险要素在没有被风险控制措施处理之前的模糊描述。同时，也清楚每个风险控制措施对不同风险的影响，即在不同风险控制措施作用下每个

风险的处理结果。每种风险都有多个风险控制措施，每种措施对风险的处理结果不同，风险控制费用也不一样。风险控制的目标是在投入最小的风险控制费用的情况下，优化组合前文所设计的风险控制措施使整体风险水平最低。本书将对外包执行阶段风险所采取的风险控制措施作为决策变量。S_{ij}表示对第 i 个风险采取的控制措施，其中 i=1，2，…，n（n 为金融服务外包执行阶段风险个数），j=1，2，…，m（m 为风险控制措施个数）。

$$s_{ij}=\begin{cases}1, & \text{i 风险选择 j 控制措施}\\0, & \text{i 风险选择 j 控制措施}\end{cases} \tag{6.8}$$

基于以上思想，本书建立了包括风险评价值、风险控制成本、风险损失三个目标函数的风险控制模型，各目标函数如下：

$$\min P=\sum_{i=1}^{n}\sum_{j=1}^{m} w_i\times[CP_{ij}\times s_{ij}+SP_i(1-s_{ij})] \tag{6.9}$$

$$\min C=\sum_{i=1}^{n}\sum_{j=1}^{m} s_{ij}\times(C_{ij}+C_{ij}') \tag{6.10}$$

$$\min L=\sum_{i=1}^{n}\sum_{j=1}^{m} s_{ij}\times l_{ij} \tag{6.11}$$

其中，P、C、L 分别为金融服务外包执行阶段的风险评价值、风险控制成本和风险损失，约束条件为 $L<C$；w_i 为第 i 个风险的权重；SP_i 为风险 i 的初始评价值；CP_{ij}为风险 i 的经过风险控制措施 j 处理后的评价值；C_{ij}为降低风险 i 水平而提前采取的控制措施所耗费的成本；C_{ij}'为风险 i 发生后，采用风险控制措施 j 的处理成本；l_{ij}为风险 i 的通过风险控制措施 j 处理后的预计损失。

由本书建立的风险控制模型可知，该模型是以风险评价值、风险控制成本、风险损失为目标的多目标优化问题。

（1）风险评价值。本书利用由风险因素和专家评分共同决定的风险评价值来表示金融服务外包执行阶段风险发生的概率。

（2）风险控制成本。金融服务外包执行阶段的风险控制成本包括风险发生前的预防成本和风险发生后为减少损失而付出的成本两部分。

（3）风险损失。执行阶段的风险损失主要包括直接损失和间接损失。直接损失是指实质的、直接的财务经济损失、收入损失以及额外费用损失等；间接损失是指减少了获利的机会、发生风险引起信誉受损等非直观可测量的损失。

2. 风险控制模型的前提与假设

本书提出的风险控制模型是在这样一种前提下构建的，即首先利用系统动力学方法找出金融服务外包执行阶段所面临的主要风险及其影响要素，然后通过风险分析和本书设计的算法了解风险控制成本、风险损失和风险评价值三者之间的因果关系。

企业金融服务外包执行阶段风险控制模型的构建是基于以下理想假设条件而建立的：假设完全有效的风险控制措施可将风险损失降低为零。虽然在金融服务外包执行阶段多种环境因素会影响风险控制措施的有效性，使这一假设在现实情况下是无法实现的，但这样使得金融服务外包执行阶段的风险损失度量变得十分方便。

3. 金融服务外包执行风险控制模型的蚁群算法

（1）基于 Pareto 最优的蚁群算法优势。在求解本书建立的金融服务外包执行阶段的风险控制多目标优化问题时，由于各个目标之间是相互冲突的，很难使所有目标函数都能达到全局最优的解，而是存在一组 Pareto 最优解。蚁群算法（ACA）是近几年提出的一种新型进化算法，目前运用这种方法已成功地解决了旅行商（TSP）问题、Job - shop 调度问题、二次指派问题等组合优化问题，基于 Pareto 最优的蚁群算法在求解本书所建立的金融服务外包执行阶段风险控制模型问题时，具有以下优势：

1）由于金融服务外包执行阶段的风险控制模型涉及组合问题，其搜索空间由风险数目和风险控制措施所决定。因而对于该问题，需要寻求一种启发式方法来求解。基于此种情况，蚁群算法是一种新型组合优化算法，在解决该类优化问题时要明显优于其他算法。

2）由于金融服务外包执行阶段的风险控制模型是一个多目标优化问题，而基于 Pareto 最优的蚁群求解算法通过一次运行就可以求得多个 Pareto 最优解，因而体现出单目标优化方法无法比拟的优势。

3）蚁群算法是一种本质并行的算法。蚁群搜索的过程彼此独立，只通过外激素进行间接的通讯。这为并行计算旅行商问题提供了极大的方便。由于金融服务外包执行阶段的风险控制模型求解问题的计算量较大，并行计算可以显著减少计算时间。

4）蚁群算法的健壮性较好。相对于其他算法，蚁群算法对初始路线的要求不高，换句话说，就是蚁群算法的搜索结果不依赖于初始线路的选择。

5）蚁群算法的搜索过程不需要进行人工的调整。相对于某些需要进行人工干预的算法，蚁群算法可以在不需要人工干预的情况下完成从初始化到得到搜索结果的整个计算过程。

从金融服务外包执行阶段的风险控制模型可以看出，该模型是一个多目标组合优化求解问题。因此，本书提出了一种基于 Pareto 的蚁群算法对所建立的风险控制多目标优化模型进行求解，并利用 Matlab 7.0 软件实现算法的编程。

（2）基于 Pareto 的蚁群优化算法。本书提出的基于 Pareto 的风险控制多目标优化模型蚁群求解算法是对单目标蚁群算法的改进，即在各条路径上设置 k 个目标对应 k 个信息素，这些信息素用τ_i^k 向量表示。同时，k 个目标的权重 p_k（0≤

$p_k \leqslant 1$），$\sum_{k=1}^{K} p_k = 1$，要在每只蚂蚁构造解的初始阶段用随机的方法来确定。

1）蚂蚁状态的转换规则。本书利用公式（6.12）和公式（6.13）作为蚂蚁状态的转换规则。q_0 是一个给定的参数（$0 \leqslant q_0 \leqslant 1$），$q \in [0, 1]$ 是一个随机变量。

$$P_m(i, j) = \underset{j \in L_m(i)}{\mathrm{argmas}} \left\{ \left[\sum_{k=1}^{K} p_k \times \tau_m^k(i,j) \right]^{\alpha} \times \eta_j^{\beta} \right\} q \leqslant q_0 \tag{6.12}$$

$$P_m(i, j) = \frac{\left[\sum_{K=1}^{K} p_k \times \tau_m^k(i,j) \right]^{\alpha} \times \eta_{ij}^{\beta}}{\sum_{h \in L_m(i)} \left\{ \left[\sum_{k=1}^{K} p_k \times \tau_m^k(i,h) \right]^{\alpha} \times \eta_{ih}^{\beta} \right\}} \quad j \in L_m(i),\ q > q_0 \tag{6.13}$$

$$P_m(i, j) = 0 \quad j \notin L_m(i),\ q > q_0$$

式中，$P_m(i, j)$ 表示蚂蚁 m 按概率 $P_m(i, j)$ 从状态 i 转移到状态 j，即从第 i 步选择前进路径 j；$\tau_m^k(i, j)$ 表示蚂蚁从状态 i 转移到状态 j 上对应目标 k 的信息素向量；$\sum_{k=1}^{K} p_k \times \tau_m^k(i, j)$ 表示路径 j 上信息素向量的加权和；参数 α 和 β 分别表示蚂蚁在状态转移过程中所积累的信息和启发信息的相对重要性；η_j 为能见度因子。

2）生物信息激素修正规则。每只蚂蚁完成一次搜索时，就需要进行信息素强度的局部更新，公式（6.14）表示更新信息素强度。

$$\tau_k(i, j) = (1 - \rho_0) \times \tau_k(i, j) + \rho_0 \times \tau_k(i, j) \tag{6.14}$$

式中，$0 < \rho_0 < 1$ 为常数，（i, j）为蚂蚁 m 所选择的前进路径之一，$(1 - \rho_0) \times \tau_k(i, j)$ 代表信息素的挥发。

所有蚂蚁均完成一次检索时，对于当前最优方案上的路径，按公式（6.15）进行全局信息素更新：

$$\tau_k(i, j) = (1 - \rho_1) \times \tau_k(i, j) + \rho_1 \times \tau_k(i, j) \tag{6.15}$$

对于其他路径，则按照公式（6-9）进行全局信息素更新：

$$\tau_k(i, j) = (1 - \rho_1) \times \tau_k(i, j) \tag{6.16}$$

式中，$0 < \rho_1 < 1$ 为常数，$(1 - \rho_1) \times \tau_k(i, j)$ 代表信息素的挥发。

（3）执行风险控制模型的蚁群优化求解。对于求解企业金融服务外包决策风险控制问题，风险控制方案的每一个可能解都是由前文所设计的具体风险控制措施组合成的一个集合。由表 6-2 可知，金融服务外包执行阶段的风险集合 $R = \{R_1, R_2, \cdots, R_n\}$，其中 $n = 12$，而控制方案集合 $S = \{S_1, S_2, \cdots, S_m\}$，其中 $m = 10$。根据基于 Pareto 的蚁群优化算法，每只蚂蚁在第 i 步处理第 i 个风险时要从选定集合 S 中选定一个风险控制方案，选择哪个方案由转移规则公式（6.12）和公式（6.13）确定。那么，每只蚂蚁经过 n 步之后，就得到了一个风险控制集合。

在公式（6.12）和公式（6.13）中，η_j 为能见度因子，代表启发信息，表示风险评估值，风险控制费用和风险损失对转移概率的影响。η_{ij} 表达式为：

$$\eta_i^j = \frac{1}{\left[\alpha\int_c(1-p_{ij})l_{ij}dC\right]^{\zeta}\left[(1-\alpha)C_{ij}\right]^{\gamma}} \tag{6.17}$$

其中，ε 和 γ 为非负参数，分别代表风险损失和控制费用重要度；P_{ij} 为风险评价值，表示风险发生的概率；l_{ij} 为风险损失；C_{ij} 为风险控制成本。

风险评价值、风险控制成本和风险损失所对应的信息素分别为：τ^1（i，j）、τ^2（i，j）和 τ^3（i，j）。在蚂蚁每次构造解之前，风险评价值的权重分别为 p_1、p_2 和 p_3，且三个权重之和为 1。对于生物信息激素修正规则公式（6.14）中 $\Delta\tau^k$（i，j）表示为：

$$\begin{aligned}\Delta\tau^1(i,j) &= Local_1/f_1(m)\\ \Delta\tau^2(i,j) &= Local_2/f_2(m)\\ \Delta\tau^3(i,j) &= Local_3/f_3(m)\end{aligned} \tag{6.18}$$

其中，$Local_1$、$Local_2$ 和 $Local_3$ 为常数；f_1（m）、f_2（m）和 f_3（m）分别表示第 m 只蚂蚁选择的风险控制措施利用公式（6.2）、公式（6.3）和公式（6.4）所得到的目标函数值。

对于全局信息素更新，公式（6.15）中，$\Delta\tau^k$（i，j）计算规则如下：

1）只更新当前 Pareto 前沿中这样一类信息素，即这些信息素位于目标函数 f_1、f_2 和 f_3 的最小值所选择的路径上，则 $\Delta\tau^k$（i，j）计算公式为：

$$\begin{aligned}\Delta\tau^1(i,j) &= Global_1/\min f_1(m)\\ \Delta\tau^2(i,j) &= Global_2/\min f_2(m)\\ \Delta\tau^3(i,j) &= Global_3/\min f_3(m)\end{aligned} \tag{6.19}$$

2）只更新当前 Pareto 前沿中综合目标最小值所选择的路径上的信息素，则 $\Delta\tau^k$（i，j）计算公式为：

$$\begin{aligned}\Delta\tau^1(i,j) &= Global_1/\min F_1\\ \Delta\tau^2(i,j) &= Global_2/\min F_2\\ \Delta\tau^3(i,j) &= Global_3/\min F_3\end{aligned} \tag{6.20}$$

公式（6.19）和公式（6.20）中 $Global_1$、$Global_2$ 和 $Global_3$ 表示常数。F_1、F_2 和 F_3 表示 Paret。前沿中综合目标最小值。

基于以上计算公式，基于 Pareto 的蚁群算法执行阶段风险控制具体流程：

步骤1：设定迭代次数nc，确定蚂蚁的个数m，初始化信息素向量为：$\tau_{ij} \leftarrow c$（c为较小的正数），$\Delta\tau_{ij} \leftarrow 0$；初始化Pareto最优集合；

步骤2：随机确定目标函数风险评价值权重p_1、p_2和p_3，计算各风险的信息素加权和；

步骤3：利用Pareto蚁群算法的伪随机比例规则，即公式（6.13）选择各风险的控制措施，经过n步得到一个解；

步骤4：判断所得解是否满足约束条件，如果满足则按照公式（6.9）、公式（6.10）和公式（6.11）计算所得解对应的各目标函数值f_1、f_2和f_3，否则将该解及其目标函数值保存在非支配集中；

步骤5：根据公式（6.14）、公式（6.18）进行信息素的局部更新；

步骤6：判断是否所有蚂蚁都已经完成一次检索，如果是则更新Pareto前沿及Pareto最优解集，然后转步骤7，否则转到步骤2；

步骤7：利用公式（6.15）、公式（6.16）、公式（6.19）、公式（6.20）进行信息素的全局更新；

步骤8：判断是否满足最大迭代次数，如果满足则算法结束，否则转步骤2；

步骤9：输出最优的风险控制措施组合集。

（4）权重确定方法。本书主要采用美国匹兹堡大学的T. L. Saatty教授等人提出的层次分析法来确定不同金融服务外包执行阶段风险的权重，它是一种能有效处理多目标、多决策问题的方法。具体步骤如下：

1）确定要素。选定金融服务外包执行阶段所存在的风险，作为其构造判断矩阵的主要依据。

2）构造判断矩阵。根据确定的要素，采取1~9级相对标度法（具体见表6-3），对指标间相对重要性判断结果进行量化，在每一层次上通过考核指标间的两两比较判断，构造不同层次的两两判断矩阵。判断矩阵元素的值反映了专家对各指标相对重要性的认识。

表6-3　1~9级标度及其含义

标度	含　　义
1	表示两个指标相比，具有同样重要性
3	表示两个指标相比，一个指标比另一个指标稍微重要
5	表示两个指标相比，一个指标比另一个指标明显重要
7	表示两个指标相比，一个指标比另一个指标特别重要
9	表示两个指标相比，一个指标比另一个指标极其重要
2，4，6，8	上述两相邻判断的中值
倒数	表示相应两个指标交换次序的重要性比值为（1、1/3、1/5、1/7、1/9）

建模分析方法可以揭示各种机制对服务外包风险的控制机理，同时通过开发各个控制机制在作用程度上的变量测度，并对各个测度进行信度和效度分析，可以对各种机制的作用程度及其控制效果进行有效的实际测度。最后，通过调查研究方法取得各种风险控制变量以及控制效果的现实数据资料，在此基础上进行数据分析和实证性检验。

基于核心竞争理论，金融机构应将非核心业务外包给专业企业来完成，但从我国金融企业现阶段的实践情况来看，很多企业外包业务又受制于交易成本过大、风险无法合理控制。面对金融外包发展这把“双刃剑”，金融机构有必要在积极创新推进的实践中，建立起强而有力的内部风险控制机制，并应尽快完善相关法律制度，规范外部市场环境。

第七章　中国金融服务外包风险的预警机制构建

第一节　预警机制研究现状

预警一词的本意是事先警告，提醒被告知人警惕。风险预警是风险管理发展的一个新阶段，它是一主动型的集成风险管理，经过四十余年的发展，风险预警研究已形成体系化。综合目前研究现状可以发现，对风险预警体系的研究主要集中在围绕风险预警体系结构研究、风险预警指标体系研究、风险预警评价方法研究和风险预警政策研究四个方面进行。

一、风险预警体系结构研究

由于国内关于风险预警体系的研究来自国外，因而国内外关于风险预警体系结构的研究大致相同，下面阐述国内主要研究成果。现代企业因其业务的偏重点不同而具有不同的风险管理体系，但其基本构架都大同小异。廖颖林从风险管理工作流程的角度认为风险预警体系结构应该是由风险信息警源、风险预警指标体系、预警组织体系和风险预警法规体系四部分组成。其中，预警组织体系在此以金融机构为例，由“风险管理委员会”集中统一管理和控制公司的总体风险及其结构，“风险管理委员会”直接隶属于公司董事会，其成员包括：执行总裁、全球股票部主任、全球固定收入证券部主任、各地区高级经理、财务总监、信贷部主任、全球风险经理以及一些熟悉、精通风险管理的专家等，下面由不同形式的直属风险管理部门来实施风险管理委员会的战略和要求。杨乃定教授从系统工程的角度认为风险预警体系结构应该由管理目标、管理组织、系统方法及企业风险信息有机结合而成。许苹等人认为风险预警体系结构应该包括风险预警指标体系、风险预警模型和预警界限。武剑指出，风险预警体系主要由指标体系、预警阈值、数据处理和灯号显示四部分组成。张克友指出高校财务风险预警系统由预警信息系统、预测系统、预警指标体系、预警准则、预警对策系统构成。

二、风险预警指标体系研究

风险预警指标体系是风险预警的一种尺度，也是进行定量分析的基础。这方面国内有许多学者进行研究，可分为企业级研究、行业级研究和区域级研究，归纳如表7－1至表7－3所示。

表7－1 企业级研究

序号	作者及研究年限	研究角度	指标体系内容
1	李学民（2006）	金融	微观审慎指标，宏观审慎指标和市场指标
2	薛祖云（2004）	财务	获利能力，偿债能力，经济效益和发展潜力
3	莫少颖（2004）	营销	营销人员风险，客户风险，供应风险，竞争风险，产品风险和营销组织管理风险
4	刘永胜和白晓娟（2006）	供应链	外部风险和内部风险，外部风险包括自然和社会风险，内部风险包括道德、技术、市场、资金和违约风险
5	彭灿和李路（2006）	技术创新	决策维风险，过程维风险和类型维风险
6	席光继（2007）	经营	系统风险和非系统风险，系统风险包括社会、经济和行业发展风险，非系统风险包括产品、营销、财务、资产管理、成长能力，盈利能力和内控风险
7	张明亲和谢立仁（2004）	人力资源	招聘，人力资源规划与开发，员工使用与管理和薪酬保障风险
8	赵晓兰和马宁（2005）	企业信誉	产品信誉，服务信誉，企业财务信誉，企业法律信誉和社会责任信誉
9	张新华和徐静（2006）	顾客满意	股东满意度，员工满意度，中间商满意度和消费者满意度风险
10	王爱华（2004）	人力资本	面临的环境风险、投资预决策风险、招聘培训风险、配置使用风险、投资代理风险、流失风险等
11	邱海琴和张卫国（2005）	知识资本	人力资本，技术资本，管理资本，市场资本和客户资本风险
12	胡华夏和罗险峰（2000）	企业生存	从财务角度预测企业的生存风险和从企业经营的角度预测企业的生存风险

续表

序号	作者及研究年限	研究角度	指标体系内容
13	Arkadiikryazhimskii（2002）	战略	外部环境指标，竞争力指标和有关企业的价值链指标
14	Aziz	营销	顾客满意风险，广告风险，价格风险和渠道风险指标
15	Altman（2001）	财务	资产盈利能力、营运能力、偿债能力和企业发展扩张能力指标

表7－2　行业级研究

序号	作者及研究年限	所属行业	指标体系内容
1	雷振华（2007）	高校	偿债能力、运营绩效能力、收益能力和发展能力
2	宋荣威（2007）	金融	财务类指标和非财务指标，财务指标：借款企业偿债能力指标，借款企业营运能力指标，借款企业赢利能力指标，信贷项目获利指标；非财务指标：借款企业发展能力指标，银行外部环境指标和银行内部控制能力
3	柏立新和孙以文（2010）	农业	生物因素指标：棉铃虫与天敌，棉花，其他寄主状（2002）况；非生物因素指标：气候，防治水平，社会有关因素
4	杜良莉（2007）	医院	短期偿债能力指标：流动比率、速动比率、存货周转率和应收账款周转率；长期偿债能力指标：资产负债率、已获利息倍数指标；企业盈利能力指标
5	潘江红（2005）	工程	政府监管职能部门构建的工程财务和质量风险预警指标，工程建设投资单位构建的工程财务和质量风险预警指标，工程建设设计单位构建的工程财务和质量风险预警指标
6	刘传哲和高静	房地产	房地产周期指标：GDP、可支配收入、家庭消费支出，投资结构和资产回报；房地产市场发展的独特指标
7	Alexander（1998）	金融	外部经济指标和国内相关经济指标
8	Blejer 和 Schumacher（1995）	金融	汇率变动，国际利率和国家风险指标

表7－3　区域级研究（包括省（市）等部门风险预警指标体系）

序号	作者及研究年限	区域级别	指标体系内容
1	周才云（2006）	区域	宏观先行指标：真实GDP增长率、通货膨胀率、公共债务、财政赤字率、财政收入占GDP的百分比；微观审慎指标：商业银行的安全性、流动性和盈利性指标

续表

序号	作者及研究年限	区域级别	指标体系内容
2	李龙振和朴光赫（2001）	延边地区	警情指标体系：广度指标：城镇登记失业率，调查失业率，离岗（2001）率、下岗率；深度指标：失业人员构成、社会保障指标、主观指标，对比指标；警兆指标体系：地区劳动力供给地区和劳动力需求
3	邵安兆（2003）等	区域	经济发展水平指标，社会发展水平指标，资源承载力指标和环境承载力指标
4	人民银行天津分行国际收支处（2005）	地区	差额指标，进出口贸易指标，服务贸易指标，收益指标，外资指标，外债指标，汇率指标，个人指标和定性指标

三、风险预警评价方法研究

风险预警的评价就是对可能的风险发生的概率及风险可能导致的损失大小的评价，它是风险预警体系中继风险预警指标体系确定后又一非常重要的环节。对风险预警评价来说，最重要的是模型的确立即评估方法的选择。风险预警评价方法因应用领域的不同而不同，综观国内外目前对于风险预警评估方法的研究，概括如下：

1. 国内风险预警评估方法

（1）模糊综合评判法。这也是风险预警中最常见、最通用的方法。李铁敏、高风彦和余廉采用此方法对企业中的营销风险进行预警评估；刘联辉也采用此方法对企业物流外包中的风险进行了预警评估；邱海琴和张卫国采用此方法对知识资本中的风险进行了预警评估；黄继鸿和柯孔林也采用此方法对企业技术创新中的风险进行了评估。

（2）层次分析法。胡涛采用此方法对保险公司中的风险进行了评估。

（3）结构方程模型。连斌采用此方法对医疗中的风险进行了评估。

（4）多层灰色理论。肖美丹和李从东采用此方法对零售企业顾客满意的风险进行了评估。

（5）修正的Z值风险模型。窦伟采用此方法对高校财务中的风险进行了评估。

（6）主成分分析法。刘伟和张振国采用此方法对企业经营中的风险进行了评估。

2. 国外风险预警评估方法

（1）人工神经网络模型。Tae YoonKim 和 Kyong Jooh、Juliana Yim 采用此方

法分别对经济危机和国家的风险进行了评估。

（2）综合功效系数法。Altman 采用改进的综合功效系数法，建立多元线性函数模型对企业财务风险进行了评估和预警。

（3）改进的人工神经网络模型。Tuomas Komulainen 等突破传统的风险预警模式，运用改进的 BP 神经网络方法建立了金融服务外包风险预警模型，并对其训练检验，对芬兰金融服务外包风险的现状进行了定量分析，得出初步结论：芬兰金融运行于较高风险区间。

（4）判别分析法、Logit 对数线性分析法和决策树法。国外常采用这几种方法建立预警模型，然后进行评估。

四、风险预警政策研究

在 1983 年美国风险与保险管理协会年会上，讨论并通过了“101 条风险管理准则”，作为各国风险管理的一般原则。各行各业的专家都在此准则的基础上，根据本行业或单位的实际情况，制定了本行业或部门的风险预警政策。1998 年中国人民银行行长戴相龙在谈到今后金融监管工作的重点时说，“到 2000 年底全面建立金融服务外包风险管理预警系统和金融监管责任制”的货币政策。

2005 年，中国银监会根据我国商业银行的实际情况并参照国际同业的先进做法，4 月 21 日下发了《商业银行风险预警操作指引（试行）》，在银行监管部门内部开展商业银行风险预警工作。

2006 年，商务部发布《对日出口农产品风险评估报告》（以下简称《评估报告》），此次《评估报告》的发布是农产品出口行业组织首次发布行业预警信息。商务部将继续密切跟踪“肯定列表制度”的实施情况，随时向出口企业发布预警信息，以帮助经营相关产品的企业规避风险，积极应对风险。同时，不同领域的学者从风险预警角度相继提出了有关的政策性建议和思路。孟菲提出了“建立农产品市场监测及预警系统方面的对策建议”；商乐提出了“风险预警机制替代市场监控能较好地解决存款保险制度无法解决的信息不对称问题，为存款保险降低道德风险创造条件”；贾康提出了控制和化解国债风险的基本思路，即“加强国债管理的对策，完善市场体系，健全传导机制”，并设计出一套宏观监测预警指标体系的政策；周德群从三个方面探讨了矿业城市可持续发展的相关政策建议，其中就包括建立矿业城市发展的早期预警系统；林义提出了构建我国风险管理的三项对策之一就是构建社会风险控制预警系统；乔颖提出了“建立健全外资风险预警与监管体系”政策调整建议。

综观国内外的风险预警研究，可以发现存在以下不足：

第一，重警兆和警度的研究，忽视对警义和警源的分析，从而对企业危机产生的本质特征缺乏深入了解，限制了指标体系的可靠性和说服力。

第二，预警指标不科学、不全面：产生风险的因素众多，给出的指标体系并不能完全反映出来，另外，已给出的风险指标衡量体系中，有些指标在某些情况下可能失灵。比如，财务风险预警指标体系中，当出现大量不良资产时，有些预警指标失灵（不能把潜在的风险及时揭示出来）。

第三，风险预警政策方面的研究比较少。

第四，目前风险预警主要应用于传统的企业职能领域，比如金融财务等方面，一些新兴的领域涉及则比较少，比如对于供应链与物流中的职能的风险预警研究。鉴于以上研究的不足，今后我们建立指标体系时，多以定量指标为主，增强科学性，另外，还要增强对新兴领域风险预警的研究和风险预警政策的相关研究。

第二节　金融服务外包风险的预警机制

金融服务外包正在全球化的背景下迅猛发展。金融机构通过将非核心的业务外包给服务供应商，可以达到节约经营成本、集中优势资源发展核心业务、增强核心竞争力的目的。分析显示，目前我国服务外包体制有待完善，金融服务外包风险监控和预警机制尚待建立，存在着发生金融服务外包风险事件的隐患。为此，必须建立一套金融服务外包风险监测预警指标体系，及时评估外包系统运行状况，监测可能产生外包风险的动向与征候，为实施外包策略的金融机构的调控提供依据。

服务外包风险的产生源于外部风险因素和内部风险因素。其中，外部因素包括自然灾害、国家政策的变动、市场不确定性；内部因素包括信息不对称、经营的不确定性等。

服务外包的外部风险因素。服务外包的外部风险因素通常包括自然环境、经济环境、市场环境、社会政治环境。其中，自然环境因素主要反映自然界中发生的不确定性事件会给服务外包带来风险。例如，地震、泥石流、滑坡等自然灾害的发生。这些因素的发生会使外包过程中断受到影响，给企业带来一定的经济损失，这种风险通常无法避免。经济环境因素包括国家经济体制改革、国家出台相应的经济政策、金融危机等，这些因素会影响各国之间在服务外包产业重心的转变，因此存在一定的风险性。市场环境因素是指市场竞争的不完善性、市场之间行业法规不完备以及与产品、市场、价格服务相应的法规不健全。社会政治环境

因素主要有，国内外政治格局的调整、国家政治体制的改革、社会冲突等，这些社会动荡因素引发的风险也会给外包过程带来损失。

服务外包的内部风险因素。服务外包的内部风险因素主要包括信息风险和经营风险。信息风险是指在外包合作过程中，供应链各个环节之间出现信息沟通不畅，从而导致整个供应链信息不对称以导致风险的产生。经营风险则源于经营过程中出现的管理风险、营销风险、财务风险等企业自身的风险。其中，管理风险主要有外包过程中，发包商与供应商之间管理模式的差异、企业家的组织管理和协调能力、团队之间的合作能力等风险。营销风险主要指营销队伍、营销网络、营销模式等风险。财务风险主要有财务成本预算及计划、资金的运营等风险。

一、金融服务外包风险预警指标的概念和分类

金融服务外包风险预警指标是用来进行金融监测预警活动的金融指标。金融指标可作如下分类：首先，从监测活动的内容性质来划分，可分为金融监测指标、金融预警指标和金融评价指标；其次，从时序来划分，可分为先行指标、同步指标和滞后指标。其中，按时间划分的先行指标、同步指标和滞后指标是最常用的划分方式。

（1）先行指标。金融服务外包风险监测预警的先行指标是指在金融运行趋势达到高峰或低谷前，超前出现峰或谷的指标。它可以在金融运行波动的不正常先兆出现之前，及时地、先行地发出预警指示，同时能对服务外包运行中的转折点、发展趋势等进行预警。

（2）同步指标。金融服务外包风险监测预警的同步指标是该指标达到高峰和低谷的时间和金融基准循环的时间大致相同，反映了金融运行状况，能够对金融运行的未来状态以及对国民经济活动的未来状态进行预测、预警。从理论上讲，同步指标运行周期应与金融基准循环相一致，时间上应该同步。

（3）滞后指标。金融服务外包风险监测预警的滞后指标是该指标达到峰（或谷）的时间滞后于金融基准循环的时间。滞后指标的作用在于确认金融基准循环的峰（或谷）已经出现，达到对先行指标预警进行检验的目的。

二、金融服务外包风险预警指标的选择

1. 金融服务外包风险预警指标选择的原则

在实际金融预警指标体系的设计中，有相当多的变量可以作为预警指标，而选择哪一种变量取决于对风险类型的了解和识别，以及对引起金融服务外包风险因素的获得。可以信赖的预警指标不仅可以及时识别金融运行中面临的风险，而且又不会传递错误信号。因此，金融服务外包风险预警指标的选择应该坚持如下

原则：

（1）科学性原则。根据金融与经济的内在联系，预警指标应该较全面地反映两者之间的相关度，应遵循客观经济规律，符合科学的理论和依据，要求预警指标既有代表性又要有先进性，能够基本上较全面地反映经济、金融的最新动态。

（2）系统性原则。预警体系应以货币营运为主线，选择若干指标群，组成系统性监测指标体系，从不同角度和侧面反映经济、金融运行状况。

（3）时效性原则。适时的预警，才能达到防范或减少金融服务外包风险的预警目的，时效性原则要求，在时间上具有连续性，在内容上具有连贯性和可比性，突出上述"三性"，从而保证其时效性。

（4）灵敏性原则。作为金融服务外包风险预警的指标，应具有灵敏性，能够对金融运行中的微小变化做出反应。

2. 金融服务外包风险预警指标选择的方法

金融服务外包风险预警指标的选择应采取定性和定量相结合的方法。首先，按照金融服务外包风险预警的目标任务，从金融活动的内容和性质出发，寻找引起金融服务外包风险的风险因素及相应的指标。其次，采用定量的方法对指标实行筛选，对筛选结果辅以定性分析，以最终确定入选指标。

三、服务外包风险预警和应急管理机制

在服务外包的过程中，由于管理者的有限理性和面临着更大的环境不确定性，造成双方无法预知因突发事件而导致的未来状态，因而服务外包风险在所难免。此时，对服务外包风险进行预警分析并且适时启动应急预案至关重要。

1. 服务外包风险预警和应急管理的含义

服务外包的风险预警和应急管理是为了迅速处理各种扰动，基于运筹学方法建立起来的对原计划进行修改或者制定一个新的最优或近似最优决策的过程，这种决策能较好地解决由于突发情况引发的扰动问题。其中，风险预警机制是对企业经营活动初期进行预测和预控的管理方法，通过收集相关资料、系统识别风险、根据服务外包业务制定的风险指标和风险因素及特征及时发现风险发生的潜在因素，并对风险进行预测，提出预警方案，采取有效的措施规避风险的发生。有效的风险预警系统保障了企业的顺利运营，通过外包风险控制管理，能够增强企业应变能力，提高企业的运营效率和竞争力。应急管理机制是一种实时危机处理，以最大限度减少损失的管理方法，是通过预先确定风险等级，制定应急预案，采取相应的措施，以最小的成本对整个外包活动的计划做出调整，使风险损失降到最低。服务外包风险的应急处理能够有效地规避风险和减少损失发生的可能性。

2. 服务外包风险预警和应急管理的措施

为了提供服务外包风险预警和应急管理的能力，企业采取如下措施：

（1）完善服务外包决策系统。由具有丰富风险管理经验的外包专家组成决策组，根据各供应商的经验以及实际情况挑选合适的外包服务商。这一过程可以采用层次分析法、模糊评价法、数据包络分析等对数据进行定量分析。其中，在运用 AHP 法进行外包决策时，首先要确立方案目标和评价指标体系，然后分析系统各要素之间的关系并且建立系统的递阶层次结构模型，对同一层次的各元素关于上一层中某一准则的重要性进行两两比较来构造判断矩阵，最后比较权重并且对各备选方案排序。当然，企业还可以运用 DEA 模型根据自身情况和经验建立指标体系，输入各项指标后运用 DEA 模型对数据进行处理。

（2）对外包风险进行评价。建立风险预警系统的基本思路是预警指标体系设计、z 风险因素识别、z 风险评估、z 报警和应急处理。建立风险预警系统的具体步骤如下：

首先，确立科学合理的服务外包风险预警指标体系；其次，根据外包潜在因素及运用风险矩阵评估方法对外包风险等级定义，设定外包风险预警级别；再次，对服务外包风险概率等级进行评定，即利用预警指标进行定性和定量风险评估，根据评估结果发出警报信号；最后，根据风险级别的阈值对服务外包风险进行管理和控制。

服务外包风险预警一般可以划分为五个级别，各个风险等级如表 7－4 所示。根据不同的风险等级可以设置不同的预警信号，而且预警系统会根据信号和风险级别发出警报，不同警示灯的出现会使外包决策者及时对外包做出调整。

表 7－4　服务外包风险等级说明

风险等级	预警信号的输出	说　明
高度严重	红	外包风险很严重，决定了外包活动的关键。出现红灯警示
严重	黄	外包风险发生概率较高。出现黄灯警示
一般	橙	一旦风险发生，会使企业内部管理成本在一定程度上增加。出现橙色警示
轻微	绿	风险发生概率较小，对外包活动有轻微影响，处于正常状态。出现绿灯警示
忽略（优良状态）	蓝	风险的发生对外包活动基本上没有影响，处于优良状态。出现蓝灯警示

（3）完善应急机制。企业还需要根据预先确立的风险等级制定应急预案。通常情况下，企业可以采取回避风险、预防风险、自留风险和转移风险四种应急

管理措施。其中，回避风险是指当服务外包项目潜在风险发生的可能性太大、不利后果太严重而又无其他策略可用时，采取主动放弃或改变项目目标与行动方案的风险规避策略。预防风险是指采取预防措施以减小损失发生的可能性及损失程度。自留风险是指自己非理性或理性地主动承担风险。转移风险是指将风险转移至参与该项目的其他人或其他组织，其目的是在风险事故一旦发生时，借用合同或协议将损失的一部分转移到有能力承受或控制项目风险的个人或组织。

第三节　完善服务外包决策系统

金融服务外包是提升商业银行核心竞争力的重要手段。商业银行是否选择服务外包是一个事关全局的战略问题，如果缺乏科学决策而草率实施，则可能给商业银行带来风险甚至战略失误。目前，国外对外包理论的研究主要集中在企业战略、企业财务和绩效分析几个方面；国内的相关研究多为评述、介绍性文献。企业成功外包的前提是正确地进行外包决策，即确定哪些业务可以或需要实行外包，并制定相应的外包策略。我们以商业银行的核心竞争力为基础，从能力、资源、环境三个角度为商业银行的服务外包决策提供简要的概念模型，为商业银行在进行服务外包战略决策时提供参考框架。

一、商业银行的核心竞争力与服务外包

商业银行进行服务外包的主要目的是通过将成本高、风险大、不具有竞争优势的业务流程转交给外部专业机构，从而降低成本、转移风险、强化自身核心竞争力。因此，识别自身的核心竞争力和不足是进行外包战略决策的首要前提。核心竞争力的概念由 Prahalad 和 Hamel（1990）首先提出，它是指经济组织在提供某种产品或服务上取得领先地位所必须依赖的能力。商业银行的核心竞争力是指商业银行在长期的经营实践中积累的能够比竞争对手更有效地提供金融产品和服务，并持续赢得更高利润和发展的核心能力，它是商业银行各部门有机组合成的综合性、系统性能力，是现实竞争力与潜在竞争力的统一。

目前，有关商业银行核心竞争力评价指标的研究繁多。一项研究将商业银行竞争力指标分为外部环境、经营状况、业务拓展能力、创新能力和组织管理能力五类。另一项有关区域金融竞争力的研究将竞争力指标分为金融体系竞争力和金融生态竞争力。其中，金融体系竞争力又分为金融规模竞争力（包括金融组织规模和金融资产规模）和金融效率竞争力（包括金融整体效率和金融局部效率）；

而金融生态竞争力分为区域经济实力、区域开放程度、区域基础设施和区域信用环境。不管哪种评价体系，商业银行都是在与外部环境的动态适应中体现出竞争力，因此，竞争力应包括内生性竞争力、动态性竞争力、外部环境三大要素。其中，内生性竞争力包括商业银行的规模、品牌、网点建设、人力资源等。动态性竞争力是指商业银行根据外部环境变化进行产品创新和内部资源优化配置、培育自身内生性竞争力的能力，它包括公司治理结构、管理效率、营销策略、产品研发、服务创新、风险控制、战略联盟等。外部环境以竞争性和开放性的金融市场为基础，包括市场容量、专业标准等。内生性竞争力和动态性竞争力以实现商业银行的基本功能为基础。Robert Merton 认为，商业银行的基本功能包括：清算和支付功能，融通资金和股权细化功能，为经济资源转移提供渠道，风险管理功能，信息提供功能，解决金融交易双方激励问题的功能。为了实现这些功能，商业银行应具备相应的能力，包括稳定能力、适应能力、经营能力、配置能力、传导能力、流动能力、定价能力、创新能力、信息能力，它们是核心竞争力的基础。

综上所述，可以把商业银行的核心竞争力看成自身资源、能力和环境的统一体。复杂而不断变化的竞争环境是导致商业银行能力、资源发生作用的重要原因。商业银行的竞争战略只有充满战略柔性，才能使银行在动态环境下密切关注环境变化，主动适应变化，并制造和驾驭变化，通过企业的资源、能力进行整合，形成与变化环境互动的竞争优势。因此，商业银行可以从能力、资源和环境三个方面分析自己的核心竞争力，并据此进行服务外包战略的决策和选择。

二、基于核心竞争力的服务外包决策模型

当前，外包决策模型及其理论依据主要有两类：一类是基于企业核心能力的外包决策模型，这类模型把企业业务与核心竞争力之间的联系作为外包决策的主要依据。其中以 Quinn 和 Hilmer（1994）的矩阵模型影响较大，它把影响外包决策的因素分为潜在的竞争优势和战略性风险程度两类，从交易费用和风险的角度提出企业应采取的外包策略。另一类是 Amold（2000）的基于交易成本和企业核心能力的扩展模型，这一模型根据交易成本理论，根据资产专用性、信息不对称和企业内部的组织结构等因素对企业外包决策进行了制度设计。这些模型的不足之处是，没有突出动态变化的环境因素的作用，并且没有把企业的能力、资源和环境动态统一起来，使企业对外包环境的变化缺乏适应性。因此，应该基于核心竞争力和柔性战略的思想，把环境作为一个影响企业竞争力和竞争优势的独立的重要因素，从能力、资源和环境三个方面分析服务外包决策过程。

1. 基于能力的外包决策模型

商业银行首先要弄清自己需要哪方面的能力，这种能力是“独立型”还是

“系统型”，是通过外包获得还是自主完成。“独立型”是指所需能力可以独立于其他能力而单独改进或创造，“系统型”是指所需能力只有在与相关的其他能力或资源结合在一起时才得以实现。如果外部存在所需能力，而且是“独立型”的，可采取外包；如果所需能力必须被创造，而且是“独立型”的，企业可采用外包或自主开发的方式获取；如果所需能力外部存在，而且是“系统型”的，商业银行应采用谨慎外包的方式获取；如果所需能力必须被创造，而且是“系统型”的，商业银行应采用自主开发的办法来获取。商业银行必须依靠确定的内生性能力保持发展，不断开发其内部价值的关键部分，并从市场或外包服务供应商那里获取不太关键的技术。这也可以从业务控制程度的角度来考虑，如果某项业务的脆弱程度较高，对竞争优势的潜在贡献较大（如关键技术或能力的开发等），就不应外包，而是进行严密控制。反之，如果某项业务对竞争优势的潜在贡献不大，失控后潜在损失较小，就可将其外包出去。对于介于两者之间的情况，商业银行需要平衡各种因素，创造性地选择适当的供应商。

根据商业银行的基本能力和竞争力评价指标，可将商业银行的能力归纳为金融资本竞争力、组织资本竞争力、人力资本竞争力三类，从而建立起三维的基于能力的外包决策模型（见图 7－1）。金融资本竞争力是指商业银行用于实现其业务扩展和资产增值的那部分资产的能力。组织资本竞争力是指商业银行根据市场变化创造性地变革和运用各种要素创造和推广新事物来适应和拓展市场的能力。人力资本竞争力是指在开放性的金融市场中金融人力资本所具备的整体能力。这些核心竞争力通过商业银行的制度演化、战略决策和资源积累等环节形成了组织运行能力、创新能力、管理能力和资源整合能力，并外化为金融产品、金融服务、金融品牌、金融科技和成本等竞争力的外在表现形式。

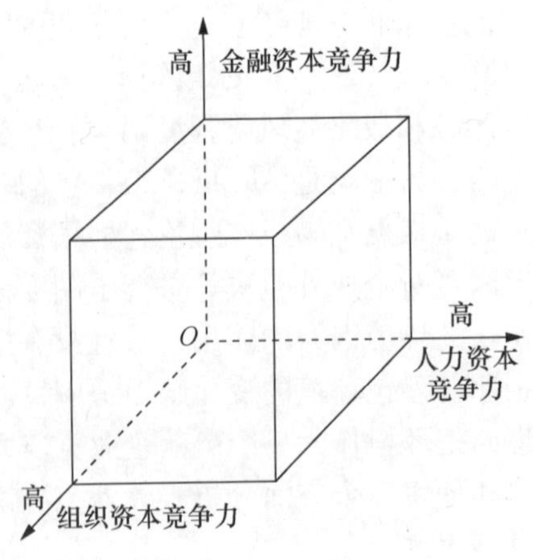

图 7－1　基于能力的外包决策模型

如图7-1所示，每项外包业务三个要素的程度不同，在模型中的位置也不同，采用的外包战略也不同。在金融资本竞争力、组织资本竞争力和人力资本竞争力都很高的区域没有必要进行外包，企业应自主管理这部分业务。在金融资本竞争力、组织资本竞争力和人力资本竞争力都很低的区域，外包风险很高，不适于外包。大多数外包情况是介于两者之间的区域，其业务特点是它们在实施外包过程中将同时存在有利和不利的方面。其中，金融资本竞争力和组织资本竞争力较高但人力资本竞争力较低的情况下，适合将自身难以解决的技术类业务外包给相应专业机构，取得外部人力资本的支援。在人力资本竞争力和组织资本竞争力较高但金融资本竞争力较低的情况下，适合将需花费巨额专用设备投资才能实现的业务外包，取得外部金融资本的支持，以解决自身资金占用和专用设备的投资风险。

2. 基于资源的外包决策模型

商业银行还要从自身资源的角度考虑外包。根据商业银行的竞争力评价指标，可将商业银行的核心资源归纳为金融资本、组织资本、人力资本三类。金融资本是指在金融市场进行交易具有现实价格和未来预期价格的金融工具的总和，它包括商业银行的贷款、有价证券、存款及流通中的现金、各种投资、各种无形资产等。组织资本是指将金融领域的各种要素进行创造性变革和重新组合进而创造出的新事物，它包括金融产品、金融市场、金融制度、金融机构、金融业务的创新能力。人力资本是指通过对金融人员的投资，使之转化并表现为金融人员素质的资本，包括劳动报酬、培训费用、股权、期权等多种形式，它以金融人员为载体，是一种价值增值率高的、能动的智能性资本。基于资源的战略决策模型也是一个三维立体模型，包括资源的集中度、资源的流失度和资源的领先度三个维度（见图7-2）。

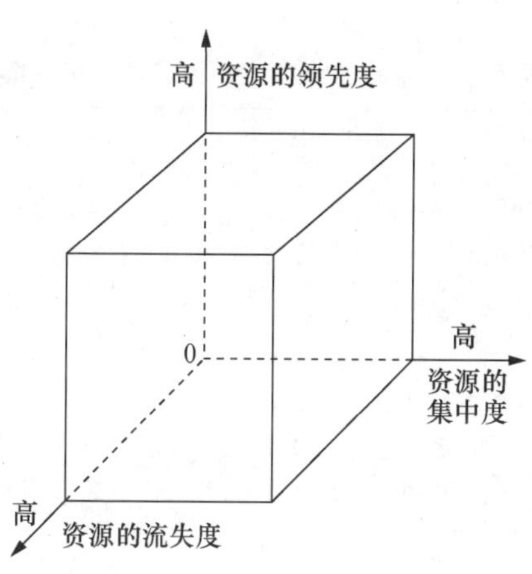

图7-2　基于资源的外包决策模型

（1）资源的集中度。这是指商业银行核心资源的影响程度。商业银行的核心资源往往是其独特的服务产品、技术、营销手段或者某种独有的优势资源。金融业务是某种资源的载体，其资源集中程度的高低决定了该业务在商业银行中的地位。如果某业务属于核心业务，集中含有大量的某种独特的、难以复制的、持久的优势，能构成商业银行的核心竞争力或者潜在的核心竞争力，那么其集中度为高；如果某业务属于核心业务，但是不构成商业银行的核心竞争力，不能成为优于其他竞争对手的竞争优势，那么其集中度为中；如果某业务不属于核心业务，那么其集中度为低。

（2）资源的流失度。这是指外包过程中商业银行与供应商资源共享的程度。这里的共享包括对数据、客户信息、业务流程、质量标准、管理方法等资源的共享。有些资源一旦共享，将造成商业银行关键资源的流失。如果需要共享的资源量大而且资源的可复制性高，则流失度为高；如果需要共享的资源量较大但是资源的可复制性较低，或者资源量较小而可复制性较高，则流失度为中；如果需要共享的资源量小而且资源的可复制性低，则流失度为低。

（3）资源的领先度。这是指商业银行内部技术、服务资源的成熟度以及物质资源的丰裕程度与外部资源的平均成熟度之比。对于每个商业银行来说，它们对自己的资源在同行业中的地位都有比较清晰的认识。如果商业银行内部的资源成熟度比外部资源的平均成熟度高、相近或低，则领先度为高、中、低。根据服务供应商的领先度可将其分为普通型和成熟型两类。成熟型供应商在技术、业务处理和管理等方面处于同行业的领先地位，商业银行更愿意同其建立外包关系。在资源的集中度、流失度这两个维度上进行分析，可知商业银行进行外包的一些具体决策情况（见表7－5）。

表7－5 资源的集中度、流失度二维矩阵

	流失度高	流失度中	流失度低
集中度高	决策方案：内部完成	决策方案：视领先度情况，内部完成或者外包；供应商类型：成熟型	决策方案：视领先度情况，内部完成或者外包；供应商类型：普通；资源共享程度：银行提供全部的实施规范
集中度中	决策方案：视领先度情况，内部完成或者外包；供应商类型：成熟型	决策方案：视领先度情况，内部完成或者外包；供应商类型：成熟型；资源共享程度：银行提供初步实施规范，供应商按要求完成	决策方案：外包；供应商类型：普通；资源共享程度：银行提供全部的实施规范

续表

	流失度高	流失度中	流失度低
集中度低	决策方案：外包；供应商类型：成熟型；资源共享程度：共同提供实施规范	决策方案：外包；供应商类型：成熟型；资源共享程度：银行提供初步的实施规范，供应商按要求完成	决策方案：外包；供应商类型：普通；资源共享程度：视领先度情况，银行或者供应商提供全部的实施规范

3. 基于环境的外包战略决策模型

商业银行还要从自身所处组织环境来考虑是否进行外包。

基于环境的外包决策模型也是三维立体模型，分别代表外包市场成熟度、技术的通用性、业务计划的确定性三个维度（见图7－3）。

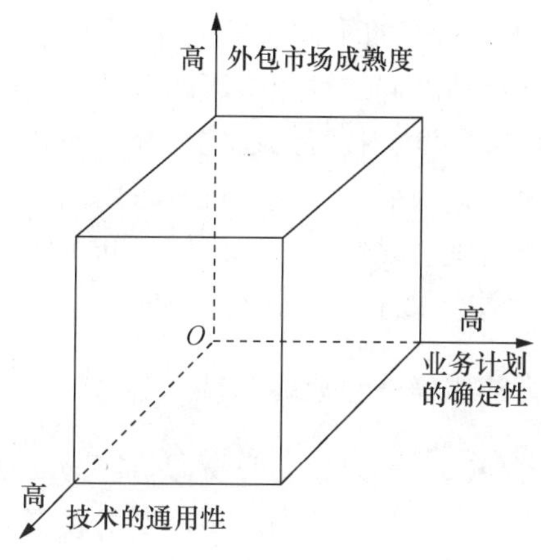

图7－3 基于环境的外包决策模型

（1）外包市场成熟度。这是指国内外同行业外包的状况、供应商的质量和数量两方面情况。一定数量供应商的存在有利于商业银行寻找替代商家，降低对某个供应商的依赖性，同时也可在外包谈判中拥有更多的讨价还价的能力，降低外包成本。对供应商调研时，应更多关注供应商的国内业务情况，有不少国外的供应商在国外经营得很好，但由于其在中国的员工技术水平和管理水平不高或成本限制，又不可能安排大量的外籍员工参与，实施效果不好。如果同行采用了外包，又有一定数量的优质供应商可供选择，可认为外包市场成熟度较高，适于外包。

（2）技术的通用性。这主要是指以下内容：第一，业务内容的通用性，是指这些业务在同行企业是否具有普遍性。越普遍该业务的通用性程度越高，有利于相互借用和支持。第二，人员的通用性，通用性高意味着这些员工较容易从市场招聘或经过简单的培训容易上岗，企业可以在较短的时间组织此类人员开展业务，减小外包风险。第三，设备的通用性，通用性强意味着企业较易从公开市场获得实施能力，可以不买或少买通用性高的设备，而采取委托外包或设备租赁的形式可以减少投资，降低固定成本。如果业务所涉及的内容、人员、设备都有较强的通用性，该业务的通用性就强，有利于降低人员、设备及管理费用，适于外包。

（3）业务计划的确定性。这是指发包方对未来业务计划预期的确定性。若未来业务计划的预期比较准确同时比较长久，这对供应商的报价是很有利的，供应商可根据业务计划做出比较准确的成本预期，并可根据中长期的实施预测来降低成本。如果业务计划不确定，则会带来较高的成本。

每项外包业务三个要素程度的不同意味着采用不同的战略。外包市场成熟度、技术的通用性和业务计划的确定性都很高的区域是最适合外包的区域，称为理想外包区域；外包市场成熟度、技术的通用性和业务计划的确定性都很低的区域，外包风险很高，同时收益很低，商业银行应采用纵向一体化战略，自主管理这部分业务，称此区域块为理想纵向一体化区域；介于两者之间的区域，可称为“部分外包区域”，大多数外包属于这个区域。

三、基于核心竞争力的服务外包战略选择

商业银行选择服务外包的目的是将自身资源、能力、环境不能支持的非核心业务转移给外部专业的供应商，让供应商承担一定的投资和风险，为自身提供更专业化的能力和规模效应来降低成本、弥补不足，进而获得竞争优势。通过上文所述的基于能力、资源、环境三种决策模型的分析，可以把商业银行的业务分为不同的业务层次和外包范围。

1. 基于业务层次的外包战略选择

根据上文决策模型的分析，以及各业务对核心竞争力贡献程度的不同，商业银行的业务可以分为核心业务、潜在核心业务、重要业务、支持性业务四个层次。核心业务是指最主要的业务，它是银行核心能力的直接来源，积累了大量的知识和技能，决定着商业银行竞争优势的强弱；潜在核心业务是随着经营环境的动态变化而转化的新的核心业务；重要业务是和核心业务以及潜在核心业务紧密相关的业务，影响着它们的能力与效果；支持性业务是对其他业务起辅助或支持性作用的业务，如人力资源培训、文件处理等。核心业务和潜在核心业务一般不

轻易外包，即使选择外包也只能是在某些方面的短期合作，重要业务可采取外包或自己完成，而支持性业务大多可以外包。

2. 基于外包范围的外包战略选择

商业银行的各类业务可以根据其不同的业务层次、重要性和作用而划分为不同的外包范围。外包范围可以分为三个层次：一是战略层次。战略层次上的外包主要涉及商业银行的核心业务和潜在核心业务。这些业务进行外包时风险很大，稍有不慎就有可能失去核心资源，丧失竞争优势。在与供应商的合作方式上，该类外包应采取长期战略伙伴关系，利润共享，技术上相互支持，实现双赢。二是战术层次。战术层次上的外包主要是指对重要性业务的外包，目的是提高财务绩效或非财务绩效。财务绩效主要是降低各类成本，将有限资源集中在核心业务上；非财务绩效包括分散风险、精简机构、加速企业流程重组等方面。该类业务外包时，与供应商的合作时间较长，并注重双方的协调、沟通，能给予一定的技术支持，但在利润分配上存在差距。三是一般层次。一般层次上的外包主要涉及支持性业务，该类业务外包往往是为了满足临时性市场需求变化。这个层次上的供应商不用经常性沟通和协调，合作关系多是临时性的。

3. 外包战略选择的思考框架

商业银行还可以根据 Quinn（1990）提出的由七个战略问题构成的思考框架来选择是否实施服务外包战略。这七个问题是：第一，商业银行是否真想长期在银行业内提供某种产品和服务？如果想，商业银行是否愿意进行必要的投资以保持领先地位？这对保护商业银行的核心能力是否至关重要？如果不是，进行服务外包。第二，商业银行能否通过购买方式获得可持续的最佳技术或能力？如果不能，进行服务外包。第三，商业银行能否从一个领先的服务供应商那里直接购买该项服务？随着需求量和复杂性的增加，这还是一个可行的方案吗？如果不是，进行服务外包。第四，商业银行能否与一个能使其最终在此项业务方面成为最佳机构的供应商建立一种合作关系？如果不能，进行服务外包。第五，商业银行能否达成一种长期的开发或购买协议来保证可靠的供应来源和重要财产的所有权利益？如果不能，进行服务外包。第六，为了使优势更为突出，商业银行能否拥有或控制一个一流的服务供应商？如果不能，进行服务外包。第七，商业银行能否建立起使交易成本低于内部成本的控制机制？如果不能，进行服务外包。

核心竞争力是商业银行进行服务外包决策的重要依据。商业银行可以从核心竞争力的角度出发，从能力、资源和环境三个方面分别组建决策模型，分析相应的决策指标和决策分析思路，评价服务外包的得失。在此基础上，还可以以核心竞争力为依据来划分商业银行的业务层次、外包范围，作为选择服务外包战略的参考，并可利用一些战略性问题作为外包决策的思考框架。

第四节　外包风险的评价

因为银行业服务外包的风险度量及防范有了较大的发展，所以本节主要针对银行业服务外包的评价进行阐述。

一、银行业服务外包风险度量的指标体系设计

1. 银行业服务外包的风险

为便于与国际通行的研究思路接轨，本书以巴塞尔委员会主导的联合论坛出台的金融服务外包文件中的风险分类作为标准进行分析。结合银行业服务外包的特点，将服务外包的主要风险归纳为以下 11 类。

（1）国家风险。它主要是由政权的交替、工会力量以及社会利益集团的力量此消彼长、媒体导向的变化、不同经济周期的政策的转变等引发的风险。

（2）战略风险。它指供应商可能按照有利于自己而非发包方总体战略目标处理业务；发包方未对供应商实施有效监督；发包方无足够的技术能力对供应商进行监督。

（3）信誉风险。它指供应商服务质量差，未达到外包合同要求，对客户不能提供与发包方同一标准的服务；供应商的操作方式不符合发包方的传统做法。

（4）合规风险。它指供应商未遵循保护消费者以及审慎监管的相关法律，供应商缺乏满足监管要求的系统和内控体系，无严格的确保合规的制度。

（5）操作风险。它指技术故障、操作差错、内控不严导致客户资料保密性受损；无充足的财力来完成承包的工作；欺诈或错误；发包方难以对外包项目实施检查或检查成本过高。

（6）信用风险。它指供应商不严格执行或不执行合同；信贷评估不当；应收账款质量下降。

（7）退出风险。它指发包方由于缺乏相关人员和技能，或合同约定对外包退出实行较高罚款，致使其较难将相关服务转移回自己公司。

（8）合同风险。它指合同修订、中止或终止，履行合同的能力以及离岸外包中管辖法选择的风险。

（9）集中和系统性风险。它指因大多数发包方将业务集中外包给几家供应商，极有可能导致风险的集中和扩大。

（10）保密性风险。它指客户数据流失、外泄、遭滥用等引致的损失。

（11）知情风险。它指合约没有明确要求供应商为监管机构提供所需实时数据和其他信息，以及监管者对供应商所提供资料理解较为困难所带来的风险。监管当局了解供应商的业务活动有一定难度。

2. 风险事件的确定原则及划分

徐姝等人认为，业务外包中的风险管理也具有项目风险管理的特征。以上11类银行业服务外包风险的内涵较为笼统，为便于风险定量分析，以下进一步对风险进行系统归纳和分类。

（1）风险事件的确定原则。风险事件是对各种风险类型中风险因素细分的结果。本书确定风险事件的原则是：结合不同风险的成因和可能对发包方银行和监管机构造成的影响，将不同类型的风险细分为若干个具体的风险事件，这些细分出来的风险事件能涵盖所对应风险的影响因素，从不同侧面反映风险的特点。

（2）风险事件的确定。根据以上原则，将银行业服务外包的11类风险细分为表7-6所列的30种风险事件，其中，国家风险分为三种风险事件，主要考虑国家政局变动、社会局势动荡以及国家宏观经济环境变化和相关的法律制度不健全可能带来的风险。

表7-6 银行业服务外包的风险事件列表

风险类别	指标名称及风险事件	
	指标名称	风险事件
国家风险	r1	国家政局变动，社会局势动荡
	r2	国家宏观经济环境恶化或不稳定
	r3	相关的法律制度不健全
退出风险	r4	业务发包不当
	r5	缺乏相关人员和技能
合同风险	r6	合同条款不完善
	r7	合同执行不力，对法律因素欠缺考虑
集中度和系统性风险	r8	少数供应商形成垄断
	r9	对供应商的依赖过强
知情风险	r10	对供应商提供数据和信息的要求不严
	r11	监管者难以理解供应商提供的信息
战略风险	r12	银行与供应商的战略目标不一致
	r13	银行对供应商的检查和监控不力
	r14	供应商偏离银行的战略目标

续表

风险类别	指标名称及风险事件	
	指标名称	风险事件
信誉风险	r15	供应商提供的服务未达到外包合同要求
	r16	消费者获得的服务质量下降
	r17	因供应商而影响银行的声誉
合规风险	r18	供应商未遵循消费者的监管要求
	r19	供应商未遵循监管机构的监管要求
	r20	供应商缺乏完善的内控体系，影响合规监管
操作风险	r21	操作中技术缺乏延展性和连续性
	r22	操作中存在失误与差错
	r23	操作中存在欺诈行为
	r24	对外包过程中出现的问题缺乏修复能力
信用风险	r25	供应商不严格执行合同
	r26	供应商不执行合同
	r27	供应商对银行的监管带来困难
保密性风险	r28	供应商导致客户数据或信息泄露
	r29	供应商导致银行数据或信息泄露
	r30	供应商变卖银行数据或信息获利

退出风险分为两种风险事件，主要考虑由于业务发包不当和供应商缺乏相关人员和技能导致的风险。

合同风险分为两种风险事件，主要考虑服务水平协议不完善和合同执行不力带来的风险。

集中和系统性风险分为两种风险事件，主要考虑由于银行在选择供应商时集中于一家或几家，被少数供应商形成市场垄断和对供应商产生过大的依赖带来的风险。

知情风险分为两种风险事件，主要考虑供应商提供数据和信息的不全和监管者难以理解供应商提供的信息。

战略风险分为三种风险事件，主要考虑银行与供应商的战略目标相异、银行对供应商的检查和监控不力以及供应商偏离银行的战略目标所带来的风险。

信誉风险分为三种风险事件，主要考虑供应商提供的服务未达到外包合同要求，导致消费者获得的服务质量下降以及对银行声誉的影响等。

合规风险分为三种风险事件，主要考虑供应商未遵循消费者、监管机构的监

管要求，供应商缺乏完善的内控体系而可能对合规监管带来的影响。

操作风险分为四种风险事件，主要考虑供应商在外包业务运营过程中缺乏延展性和连续性，在业务操作中存在失误与差错，存在欺诈行为，以及对外包过程中出现的问题缺乏修复能力等。

信用风险分为三种风险事件，主要考虑供应商不严格执行或不执行合同代理的风险。

保密性风险分为三种风险事件，主要考虑供应商导致客户、银行数据或信息泄露，变卖银行数据或信息获利等。

二、基于风险矩阵法的风险重要性度量

根据表7－6的风险事件分类，在实际操作中，可以聘请专家和相关人员打分，或者采用问卷、访谈等形式调研，也可以在实际的外包过程中积累数据，构建原始风险矩阵。利用Borda序值的计算方法，计算出各风险事件的重要性排序（见表7－7），风险事件的重要性和关键程度进行排序，为风险管理提供依据和参考。

表7－7　银行业服务外包风险的重要性排序

风险类别	风险事件	影响等级	概率范围	风险等级	Borda值	Borda序值	排序
风险名称	…	…	…	…	…	…	…

虽然根据各风险因素的影响等级和概率范围可将风险大小划分为五种不同的风险等级（高、较高、中、较低、低），但仍然出现了一些风险结（即处于同一等级具有基本相同的属性还可以继续细分的风险模块）。利用Borda序值方法可以从风险结中进一步区分出最关键的风险，具体计算方法为：

设N为风险总个数，i为某一个特定风险，k表示某一准则。风险矩阵只有两个准则：$k=1$表示风险影响准则I，$k=2$表示风险概率准则P。如果R_{ik}表示风险i在准则k下的风险等级（在风险矩阵方法中，将比风险i的风险影响程度大或风险发生概率大的因素的个数作为在准则k下的风险等级），则风险i的Borda数可由下式给出：

$$b_i = \sum_{k=1}^{2} [N - R_{ik}] \qquad (7.1)$$

运用公式（7.1）计算出各风险因素的Borda值后，按照从小到大的顺序排列出Borda序值，得出各个风险因素的重要性。它是结合风险影响和风险等级的序列对所有风险的排序。比如，一个风险的Borda序值为5，则说明有另外5种

风险更为关键。

虽然 Borda 序值排序方法比传统的风险矩阵法更加精确，能够将风险发生可能性的概率和对事件的影响等级进一步细分，对风险的重要性给出较为精确的排序。但由于 Borda 序值排序方法对风险发生的可能性采用的是概率区间而非以具体数值表示，影响程度也是用抽象、模糊的文字表述，所以风险等级有可能重复，不能消除所有的风险结，也不能定量分析单个风险与总风险之间的关系。为便于该风险的监管，有必要运用其他方法进行更为细致的研究。

三、银行业服务外包风险的模糊综合评价

为了深入研究银行业服务外包的风险，需要彻底消除风险结，对各项风险因素给出更为精确的排序，以衡量各项风险因素对总风险的影响程度，为监管该风险提供更科学的依据。本书需要分析的银行业服务外包风险是动态变化的，这些风险发生的概率以及影响程度都难以用具体的数据进行精确的定量描述，或因为数据缺乏而无法用具体数据进行定量描述，需要评价的风险表现出很大的模糊性，具有模糊理论中的模糊特点，因此可以选择用模糊综合评价法来研究这些风险。该方法是一种基于模糊数学的综合评价方法，根据模糊数学的隶属度理论把定性评价转化为定量评价。

1. 指标体系构建与评价标准设定

（1）指标体系构建。表 7－6 列出了银行业服务外包的 11 种风险及其对应的 30 种风险事件，据此构建表 7－8 所示的风险衡量指标，利用模糊综合评价法将风险因素的影响进行量化分析。但各项风险因素所代表的风险事件是抽象的，无法进行量化分析，为此，将各项风险因素所包含的风险事件抽象为该事件发生后影响程度的大小，通过专家打分或银行外部调查等方法进行赋值量化计算。比如，e_{12}代表的风险因素是供应商与银行的战略目标不一致，将其抽象为供应商与

表 7－8 银行业服务外包风险的评价指标体系

风险类别	风险因素	指标名称	指标编号
国家风险	国家政局变动，社会局势动荡	政局动荡程度	e_1
	国家宏观经济环境恶化或不稳定	宏观经济环境不稳定程度	e_2
	相关的法律制度不健全	法律不健全程度	e_3
退出风险	业务发包不当	发包偏离度	e_4
	缺乏相关人员和技能	专业人员和技能缺失度	e_5
合同风险	合同条款不完善	条款不完善程度	e_6
	合同执行不力，对法律因素欠缺考虑	合同执行程度	e_7

续表

风险类别	风险因素	指标名称	指标编号
集中度和系统性风险	少数供应商形成垄断	供应商垄断程度	e_8
	对供应商的依赖过强	对供应商依赖程度	e_9
知情风险	对供应商提供数据和信息的要求不严	知情要求程度	e_{10}
	监管者难以理解供应商提供的信息	信息易理解程度	e_{11}
战略风险	银行与供应商的战略目标不一致	供应商与银行战略目标的差异程度	e_{12}
	银行对供应商的检查和监控不力	银行对供应商的检查与监控力度	e_{13}
	供应商偏离银行的战略目标	银行战略目标的被偏离程度	e_{14}
信誉风险	供应商提供的服务未达到外包合同要求	供应商提供服务的达标程度	e_{15}
	消费者获得的服务质量下降	消费者获得的服务质量	e_{16}
	因供应商而影响银行的声誉	银行声誉的受损程度	e_{17}
合规风险	供应商未遵循消费者的监管要求	供应商提供的服务与消费者监管要求的差异度	e_{18}
	供应商未遵循监管机构的监管要求	供应商提供的服务与监管机构监管要求的差异度	e_{19}
	供应商缺乏完善的内控体系，影响合规监管	供应商的内控能力	e_{20}
操作风险	操作中技术缺乏延展性和连续性	操作技术的延展性与连续性	e_{21}
	操作中存在失误与差错	操作中失误与差错的大小	e_{22}
	操作中存在欺诈行为	外包操作中的欺诈性	e_{23}
	对外包过程中出现的问题缺乏修复能力	操作技术的修复能力	e_{24}
信用风险	供应商不严格执行合同	供应商提供的服务与合同要求的差异度	e_{25}
	供应商不执行合同	供应商的不作为程度	e_{26}
	供应商对银行的监管带来困难	银行对供应商的监管困难程度	e_{27}
保密性风险	供应商导致客户数据或信息泄露	客户数据或信息的泄露程度	e_{28}
	供应商导致银行数据或信息泄露	银行数据或信息的泄露程度	e_{29}
	供应商变卖银行数据或信息获利	供应商变卖银行数据或信息的多少	e_{30}

银行战略目标的差异程度，该差异程度完全可以通过一定的手段和方法进行量化。

（2）评价标准设定。从 e_1 到 e_{30} 全是模糊指标，无法用精确数值进行描述，所以采用模糊综合评价法进行评价，由此建立评判标准。每种风险都是由风险的影响等级与风险发生的概率决定的，可用这个要素来评价每个风险。首先，由专家打分法和信息熵权法确定这两个因素的权重分别为 λ_1 和 λ_2，即 $W_1 = (\lambda_1, \lambda_2)$。

根据表 7－9 可以确定风险影响等级的评价尺度为五级，评语集 V =（100，80，60，40，0），分别表示（可忽略，微小，一般，严重，关键）；根据表 7－9 可以确定风险发生的概率的评价尺度为五级，评语集 V =（100，80，60，40，0），分别表示（0% ~10% 的可能，11% ~40% 的可能，41% ~60% 的可能，61% ~90% 的可能，91% ~100% 的可能）。

表 7－9　供应商引发风险的评价标准

风险因素	权重	100	80	60	40	0
影响等级	λ_1	可忽略	微小	一般	严重	关键
发生概率	λ_2	0% ~10%	11% ~40%	41% ~60%	61% ~90%	91% ~100%

2. 各项风险因素及总风险的衡量

建立银行业服务外包风险的评价指标体系与评判标准后，接下来对各项风险与总风险进行具体计算，并根据计算结果来指导风险管理。

根据综合评价的计算方法，收集每个专家的评价结果可以构建模糊评价矩阵：

$$R = \begin{bmatrix} r_{11} & r_{12} & \cdots & r_{1m} \\ r_{21} & r_{22} & \cdots & r_{2m} \\ \cdots & \cdots & & \cdots \\ r_{n1} & r_{n2} & \cdots & r_{nm} \end{bmatrix}$$

式中，r_{ij} 表示对第 i 项目作出第 j 评价尺度的专家人数与参评专家总人数的比值。这样可以得到综合评判 B：

$B = A \times R = (b_1, b_2, b_3, b_4, b_5)$

那么，某一服务外包的风险评价得分就可以表示为：

$P = 100b_1 + 80b_2 + 60b_3 + 40b_4 + 0b_5$

比如，专家打分法得到风险影响等级与风险发生概率的权重为 $\lambda_1 = \lambda_2 = 1/2$，则通过信息熵权法调整后的权重为 $\lambda_1 = 0.568$，$\lambda_2 = 0.432$。以风险指标 e_1 为例，假如有 10 位专家对其进行打分，对影响程度这一项，有 3 位打 100 分，2 位打 80 分，2 位打 60 分，1 位打 40 分，2 位打 0 分；对发生概率这一项，有 1 位打 100 分，2 位打 80 分，1 位打 60 分，4 位打 40 分，2 位打 0 分，则可以得到模糊评价矩阵为：

$$R=\begin{pmatrix}0.3 & 0.2 & 0.2 & 0.1 & 0.2\\ 0.1 & 0.2 & 0.1 & 0.4 & 0.2\end{pmatrix}$$

$$B=A\cdot R=(0.568\quad 0.432)$$

则有：$\begin{pmatrix}0.3 & 0.2 & 0.2 & 0.1 & 0.2\\ 0.1 & 0.2 & 0.1 & 0.4 & 0.2\end{pmatrix}$

$$=(0.2136\quad 0.2\quad 0.1568\quad 0.2296\quad 0.2)$$

则风险指标 e_1 的得分为：

$$P=(0.2136,\ 0.2,\ 0.1568,\ 0.2296,\ 0.2)(100,\ 80,\ 60,\ 40,\ 0)^T=55.944$$

同理，可以计算其他风险的得分，组成集合 $P=(P_1,\ P_2,\ \cdots,\ P_{30})$，其中 P_i（$i=1,\ 2,\ \cdots,\ 30$）表示第 i 项风险的得分。由此可以根据各项风险的得分而进行风险的精确排序（得分越低的风险等级越高），找出关键性风险。银行或者监管机构可以据此制定风险管理策略。

同时，还可以得到银行业服务外包的总风险的得分，以便于判断风险等级。通过专家打分法和信息熵权法得出每项风险的权重 w_i（$i=1,\ 2,\ \cdots,\ 30$），组成权重矩阵 $W=(w_1,\ w_2,\ \cdots,\ w_{30})$，则总风险的得分为：

$$P^*=P\cdot W^T=\sum_{i=1}^{30}P_iw_i$$

银行或者监管机构可以事先确定 5 个风险等级标准：81～100 分为优良状态；61～80 分为正常状态；41～60 分为轻微风险状态；21～40 分为高度风险状态；0～20 分为危急风险状态。据此，银行或监管机构可以判断各项风险与总风险分别处于什么状态，为采取风险控制措施提供科学依据。

银行、保险、证券等金融机构的业务外包具有一定的相似性，所以可以将该风险评价指标体系进行相应的修正和完善，进而推广到整个金融机构以及所有服务外包业务的风险评估和监管中，为监管机构的决策提供科学依据。

第八章　金融服务外包风险规避与监管

金融服务外包是金融领域的新兴业务，国际范围内金融服务外包行业目前处于行业生命周期的高速成长期，尤其是近年来发展更是十分迅猛。中国金融业务外包已经开始起步并不断发展。金融服务外包有利于强化金融机构的核心竞争力、规避经营风险和降低经营成本。但也会带来外包失败、成本增加、收益分配的不确定性、战略泄露等风险。金融机构要加强内部控制防范风险。金融监管部门应加强监管，要合理限定金融服务外包的范围、规范监管机构的权限与监管程序、规范金融机构选择外包商的基本程序和机制、要求金融机构和外包商建立应急机制，并适度从严监管跨国金融服务外包。为实现战略目标及节约成本，全球金融服务业中越来越多的业务活动正在从自行承担转由外包服务商（以下简称“外包商”）负责，金融服务外包在国外迅猛发展。近年来，中国也有一些金融机构逐步开始了这方面的尝试。金融服务外包在提高了金融机构效率的同时，也带来一些新的风险并对金融机构的内部风险控制机制和外部金融监管带来了新的挑战。

第一节　“联合论坛”出台的《金融服务外包》文件的解读

随着金融创新的发展，近几年来，金融外包作为金融企业界提升核心竞争力的一个有效手段，已经在全球引起了广泛的关注。然而，这种新的业务形式意味新的金融风险，所以各国（地区）监管当局及国际组织也将对外包的监管提到了议事日程之上。2005 年 2 月，以巴塞尔银行监管委员会为主导的“联合论坛”出台的《金融服务外包》（Outsourcing in Financial Service）文件就是金融外包所触发新的金融监管问题的一个证明。鉴于巴塞尔银行监管委员会在塑造、引导国际金融监管合作与协调以及世界各国（地区）金融立法走向上的巨大影响力，因而探讨该文件具有一定的现实意义。

一、从金融服务外包风险监管方面解读

从全球范围来看，越来越多的金融企业利用第三方来完成传统上本由自己亲为的金融服务事务（Financial Services Business）。监管者的行业研究与调查表明，金融公司将其大部分受管制与非受管制的业务进行外包，这种外包安排也日益复杂。外包可以将风险、管理职责及合规要求转移给本不受监管的、可能进行离岸操作的第三方。这样就会产生以下一些问题：金融企业如何确保对自己的业务负责，及对业务的风险进行控制；如何知晓自己是否遵守了监管要求；在金融监管者进行监管询问时，这些企业如何证明它们在照章行事。另外，在外包具有跨国经营的情况下，企业界与监管者都认识到对外包业务依赖性的日益增加，可能会影响受管制实体管理其风险及监控其业务活动是否符合监管要求的能力。同时，强有力的公司治理机制在受管制实体中是否还依然存在亦是受监管者特别关注的事项之一。为了对这些问题进行回应及对受管制实体的外包业务活动提供必要的指导，"联合论坛"特别成立了一个工作组以制定高水平的外包原则，这些原则可以适用于银行、证券、保险公司等受管制的机构及外包服务商等。同时，每个行业的国际合作与协调组织也可以根据这些原则出台更为详细的专门性指导文件。

从《金融服务外包》文件出台来分析，笔者认为，它是相关国家（地区）金融外包立法与实践凝结的产物。在文件的附录 A 中，"联合论坛"运用了大量国家（地区）的实践来对文件的合理性进行说明，如对德国贷款工厂的研究结果有二：其一是可能带来新的风险暴露的业务审批流程外包，只有在它不损害金融机构有效监管风险能力的前提下才是可行的；其二是上述前提只在以下情形下成立，即受管制实体严格要求服务提供商在贷款审批过程中采用精确的、可检验的评估标准。文件也对美国通货监理署（OCC）对某一银行和服务提供商采取执法行动的结果进行了说明。在该案中，OCC 认为服务提供商对存款档案处置不当，违反了法律和监管规章；同时，还认定这家服务提供商有其他不安全和不稳健的活动，这说明银行将核心功能外包给第三方，如不能妥善监管的话，则会带来风险。在银行方面，OCC 还发现银行没有以安全和稳健的方式处理好自己与服务提供商的关系，除了违反《公平信贷机会法》、《贷款诚信法》外，还违反了《金融服务现代化法》关于隐私权保护的规定。文件亦对澳大利亚监管当局调查银行业务外包的情况进行了阐述，澳大利亚的银行外包已涉及信息技术、信用卡服务、支票、采购及电子清算服务、抵押贷款流程、工资发放等。鉴于此，2002

年1月，该国金融稳定监管局（APRA）完成了一项对银行外包的调查，并于同年7月制定了“审慎标准”。APRA发现，银行对外包的管理方式差异很大，较大的金融机构一般专设一个内部机构，负责保证本机构外包政策切实得以执行。然而，也有些金融机构的外包事务则由业务部门负责，因而在该种情况下，不可能保证风险被准确识别与评估。APRA得出的结论是，尽管银行了解外包业务的特点及外包的原则，但是对于外包事务的管理并没有形成规范。分析与考察《金融服务外包》文件的内容，我们不难发现德国、美国及澳大利亚的外包实践的启示已在文件的指导原则中得到再现，如德国贷款工厂案的“结论一”的内容便与原则3的内容基本相符，美国的OCC调查的结论亦在原则1到原则3及原则7中得到反映。

二、从国际金融监管合作与协调方面解读

《金融服务外包》文件可以说是在巴塞尔银行监管委员会倡导下的一大新成果。虽然，巴塞尔银行监管委员会及在其发起下成立的“联合论坛”所发布的文件并不具有当然的法律约束力，但是我们必须明确的是巴塞尔银行监管委员会为国际银行业的监管创设了一个进行经常性协商的“论坛”，在其发起下设立的“联合论坛”更是一个很好的说明。虽然，巴塞尔银行监管委员会及“联合论坛”并非一个正式的国际组织，但是我们不能忽略这样一个事实，即巴塞尔银行监管委员会由具有金融实力的西方发达国家组成，而在金融全球化的趋势下，这些国家几乎主宰了整个国际金融监管法的立法理念及监管实践的走向。因此，经由这些“论坛”产生的最后决议，虽有别于各国（地区）政府依法定程序缔结的条约，但它们对其组织内部的各成员国来说，是应当予以遵守和实施的“集体决议”，是具有约束力的。同时，对于非成员国而言，则具有示范性或追随性的效果。因此，我们可以得出这样一个结论，即《金融服务外包》文件在各国（地区）金融外包立法还处于一个探索时期时，必将对各国（地区）金融外包立法起到一个“示范法”的作用。

综观各国（地区）的金融外包实践与监管者调研的结果及其制订的规则或指引规则，可以说《金融服务外包》文件是“联合论坛”基于理性与实践的产物，其倡导的九大原则都是各国（地区）外包立法与实践抽象与提炼的结果；由于参加《金融服务外包》文件制订的除巴塞尔银行监管委员会之外，还包括欧洲银行监管委员会（CEBSO）、欧洲证券监管委员会（CESR）、欧洲保险与职业年金监管委员会（CEIOPS）、巴塞尔电子集团、国际证券委员会组织（IOSCO）及国际保险监管者协会（IAIS）等国际或区域性组织。因而，该文件无疑将对各国（地区）金融服务外包监管的立法与实践产生巨大的影响。

客观而言，巴塞尔银行监管体系体现的是金融发达国家的利益，是金融发达国家金融立法与实践在国际法层面上的一种再现。这一点对于《金融服务外包》文件而言同样是如此，因而其对于全球金融监管立法的引导会产生以下两种后果：其一是利益与实力较量的需要。在全球面临金融监管危机时，包括《金融服务外包》文件在内的巴塞尔协议的作用会得到加强，因为金融跨国化需要金融监管的国际合作与协调；其二是金融欠发达国家（地区）会面临技术上的壁垒。正如有学者在对《新巴塞尔资本协议》进行评价时所言："新协议的确反映了现代金融和市场经济的基本规律，但客观上它也是发达国家在国际金融活动和竞争中给发展中国家设置的技术壁垒"。笔者在前文所言，《金融外包服务》文件本就是金融发达国家立法与实践的提炼，因此由金融发展水平、市场经济发展的阶段、金融监管理念等各异而生的技术壁垒问题也是各国（地区）在借鉴与移植时所必须深刻思考的。另外，我们从《金融服务外包》文件的措辞与内容来看，不难发现该文件所提出的九大原则都比较抽象，仅仅提供了一种监管理念与规则设计指导。可以说，这种抽象性也在一定程度上影响了文件既定目的的实现与功能的发挥。

第二节　金融服务外包存在的风险类型及规避方法

随着金融服务贸易自由化的深化和服务外包业务的发展，金融服务外包已成为金融机构降低成本、提高核心竞争力的重要手段，但同时也带来了较大的风险。如何识别金融服务外包的风险并通过相应的监管措施降低风险是中国金融机构在进行业务外包时应重点考虑的问题，同时也是中国承包企业竞标、承接和完成金融服务外包业务的关键环节。

追求低成本高回报是最基本的商业操作规则，在经济全球化的今天，国际银行业正通过金融服务外包的方式实践着这一规则。随着金融服务外包的迅猛发展，相应地由外包所带来的各种风险也不断加大，各国（地区）监管当局通过研究存在的风险制定相应规避政策，以保证金融服务外包在一个可控的环境内良性发展。

一、金融服务外包存在的风险类型

1. 金融服务外包的常见业务和风险形式

所谓金融服务外包，按照巴塞尔银行业监管委员会（BCBS）的定义，是指受监管实体持续地利用外包服务商（为集团内的附属实体或集团以外的实体）来完成以前由自身承担的业务活动，它可以是将某项业务（或业务的一部分）从受监管实体转交给服务商操作，或由服务商进一步转移给另一服务商。金融服务外包的内容通常包括具体操作（如不良贷款清收、信用卡账单制作）、联络功能（如呼叫中心）以及信息技术（如系统维护、应用程序开发）三种类型。常见的金融服务外包业务及其风险表现形式有以下几种。

（1）不良贷款清收外包及其风险。对于金融机构产生的不良个人消费贷款，传统的清收方法耗时长、成本高，部分金融机构将不良消费贷款外包给专门的清收机构。外包清收的品种主要包括个人住房按揭贷款、汽车消费贷款、助学贷款、装修贷款、工程机械贷款等，清收的范围主要是可疑类和损失类贷款。当前，清收外包业务中存在的风险主要有几点：一是外包清收资金控制存在风险漏洞。在执行过程中，承包商没有在金融机构存放保证金或只存放少量保证金，与清收大量资金的工作职责不匹配。金融机构单方面依据承包商反馈数据进行账务核对，没有与客户进行对账，有可能造成清收资金流失。二是客户资料存在安全问题。承包商在工作过程中掌握大量客户信息，如果外包合同没有对客户资料保密进行详细规定，则存在法律风险。

（2）信用卡账单制作外包及其风险。信用卡信息外泄事件屡见不鲜，美国某信用卡服务商曾遭受黑客攻击，造成近 4000 万名持卡人的个人信息泄露。据不完全统计，中国至少有一半以上的银行将信用卡账单制作业务外包给第三方的专业机构，承包商承担了信用卡账单信函的打印、封装和投递功能。这首先会导致数据外泄的风险。银行将客户账单数据拷贝到存储介质上交给承包公司，客户账单数据将可能在第三方的系统中驻留，而且往往不会被加密存储。同时，承包商配置的打印封装系统往往为分体式，操作人员有机会接触到打印在纸张上的客户隐私信息。其次，存在着持卡人信息泄露的风险，比如说承包商有可能将持卡人的个人信息泄露给广告公司。

（3）呼叫中心外包及其风险。金融机构将呼叫中心外包给专门服务机构尤其是海外人力成本较低的地区，可以降低经营成本，但同时可能导致客户数据和隐私外泄的风险。客户向呼叫中心咨询、求助、订购服务或产品过程中的信息或密码等个人隐私或商业机密，如果被呼叫中心有意或无意地被透露出去，可能导致经济损失或影响声誉。此外，还存在着客户资料外泄给广告公司的风险。

（4）信息技术外包及其风险。金融机构信息技术（IT）外包风险集中表现为外包过程中信息系统失控及金融机构声誉遭受影响的风险，这主要表现为对外包的内容控制有限、过度依赖服务商、对服务资源失去控制、失去信息技术应用方面的能力、灵活性降低、信息的安全性受到破坏或威胁等。这首先表现在选择 IT

服务供应商的风险。金融机构一旦选择了不合适的供应商，外包服务质量和服务响应时间将难以保证，外包 IT 系统将可能严重失控。其次，存在着过分依赖供应商的风险。随着 IT 外包服务范围的日益扩大，金融机构对外包 IT 供应商所提供服务的依赖性逐渐增强，逐渐降低了 IT 服务的灵活性，从而丧失竞争力。此外，供应商不能准确理解金融机构的业务需求或服务商内部的变更可能会影响服务质量，无法保证服务水平。

2. 金融服务外包的风险与问题

为了更方便地对金融服务外包的风险进行界定，巴塞尔“联合论坛”在《金融服务外包》文件中指出了 10 种主要风险，这些风险及其相应的问题如下：

战略风险（Strategic Risk）指承包商依自己的利益自行处理业务而不符合发包方的总体战略和利益，发包方未对承包商实施有效监督，发包方没有足够的技术能力对承包商进行监督。发包的金融机构缺乏对外包风险的内控制度是导致风险的主要根源。具体表现为外包监管制度不够细化，缺乏可行性研究、审批及执行监控等环节规定，特别是缺乏具体的实施细则和操作流程，以及分析统计制度、执行监督制度、应急报告制度和后评价制度。此外，金融机构在外包管理上主要是按业务条块管理，高管层不能及时、全面了解外包业务的风险状况。

声誉风险（Reputation Risk）指承包商服务质量低劣，对客户不能提供达到发包方要求标准的服务，或承包商的操作方式不符合发包方的规定做法。比如，在外包过程中金融机构与外包供应商没有向客户说明双方的关系及职责，供应商可能会以金融机构的名义开展业务，甚至采用非法手段对待客户，容易导致客户投诉金融机构，从而引发金融机构的声誉风险。

法律风险（Compliance Risk）指承包商不遵守有关隐私的法律，或未能充分遵守保护客户资料以及审慎监管的相关法律，或没有充分遵从监管和制度。最常见的是关于客户数据安全和资料保密的问题。外包过程中，承包商及其雇员有可能违反保密协议，泄露金融机构需要保密的数据、战略性技术或者财务记录等保密信息。同时，承包商在工作过程中掌握金融机构的大量客户信息，如果外包合同没有对客户资料保密进行详细规定，则存在潜在的法律风险。此外，外包要求金融机构在内部组织和人员结构上要做出相应的调整，这一调整可能需要裁减该项业务的内部人员，由此可能引发违反劳动法律的风险，也可能发生被解雇人员泄露商业机密、带走部分客户的风险。

操作风险（Operational Risk）指出现技术故障，或承包商没有充足的财力来完成承包的业务并无力采取补救措施，欺骗或过失，或发包方难以对外包项目进行检查或检查成本过高。服务外包必然导致金融机构业务管理和操作上的改变，这种改变也可能增加金融机构的操作风险。

退出风险（Exit Strategy Risk）指发包方过度依赖某一承包商，或自身缺乏对有关制度的熟悉而没有能力在必要时收回外包业务，或快速终止外包合同和更换承包商的成本过高。

信用风险（Counter – party Risk）指保险或信用评估不当、应收账款质量下降。

国家风险（Country Risk）包括政治、社会和法律环境造成的风险，或商业可持续性规划更加复杂。

履约风险（Contractual Risk）指承包商不能履约完成合同规定任务的风险。比如，外包合同一般都有较长的期限，随着商业环境以及承包商自身的变化，承包机构在能否按时、保质完成合同任务方面存在一定的不确定性。这种风险主要来源于外包合同的不规范。目前实施的外包合同往往比较简单，经常缺乏执行控制、质量控制、权利与义务控制等方面的细化规定。在外包过程中发生的新情况、新问题、新风险没有签署补充协议来明确规定。

沟通风险（Access Risk）指外包业务阻碍了发包方及时向监管当局提供数据和其他信息，监管当局理解承包商业务活动有额外的困难。服务外包实际上是将内部操作的部分业务或项目交给第三方，第三方的独立性造成了金融机构预期沟通和交流的困难。此外，中国金融机构监管法规体系尚无关于业务外包的详细规定，大部分外包业务处于监管盲区，监管当局难以获得外包业务数据及信息，也无法对承包商进行现场检查，影响了监管当局及时、全面地对外包业务的合规性及风险控制的有效性进行评价。

集中和系统风险（Concentration and Systemic Risk）指承包商给行业整体带来的风险较大，包括个别企业对承包商缺乏控制，以及行业整体面临系统性风险。

3. 金融服务外包风险监管的经验与借鉴

应对金融服务外包的主要风险和问题方面，在国际金融服务外包业务中处于领先地位的印度积累了丰富的控制风险的经验可供我国借鉴，主要有以下几点：

第一，对于战略风险，印度大多数企业都从战略的高度重视风险管理，都有由董事会负责的专门的外包和离岸业务发展战略，建立了负责检查外包业务和战略决策的主管机构，以此来降低战略风险。第二，对于突发事件引发的退出风险和集中风险，印度企业都准备有处理突发事件的紧急预案。同时，大规模的外包业务被分散到不同的区域和公司来减小意外风险。第三，对于法律风险，印度外包业务受到法律的监管并享受一定的优惠措施。承包企业都通过了英国信息安全标准的认证，禁止员工携带手机、背包、相机等物品进入工作场所，也不许使用打印机，并通过电话监控系统监控员工操作，所有这些措施都有效地保障了客户资料和数据的安全。第四，对于集中和系统风险，印度有充足的合格服务供应商和新进入市场的中小企业可供选择，这种较为充分的自由竞争可以避免某家企业对行业的垄断，降低行业的集中度。第五，对于退出风险，印度充足的服务供应商和合同约束可以迫使承包商认真履行义务，发包的金融机构不必担心更换承包商的难度和成本，这降低了发包方对承包商的依赖性。第六，充足供应商的快速完成外包业务的丰富经验和能力降低了操作风险和履约风险。第七，外包业务得到了印度政府的支持和鼓励，同时印度企业也注意处理好离岸业务引发的就业保障问题来避免劳动纠纷引发的政治动乱，这降低了国家风险和政治风险。

二、金融服务外包风险规避方法

（1）风险识别的程序。风险监管的前提是对风险进行识别。首先，可根据 Braun 和 Winter 提出的外包现象概念化框架对外包行为进行详细的分析。外包现象可分为四个维度：外包构成（Outsourced Components）、外包行为（Outsourced Activities）、服务个性（Service Individualization）、独立程度（Degree of Independence）。其中，外包构成是指此项外包业务是什么类型的业务、由哪些要素构成，是 IT 基础设施、应用任务，还是业务流程。外包行为是指此项外包业务中哪种构成要素被外包给外部的服务供应商，是设计、开发、实施，还是维护。服务个性是指外包服务供应商能够为客户提供的服务是特定服务，还是适用于各类客户的标准化服务，其区别在于服务产品是“一对一”性质的客户专用解决方案，还是“一对多”或“多对多”的共享性的标准化方案。独立程度是指发包方为了完成此项业务，是创造一个全新子公司或合资公司，还是直接外包给外部供应商。金融机构可在这个框架的四个维度上分析拟外包业务的具体构成和过程，然后再利用上述风险分类及其常见问题来判断和界定外包过程中可能存在的风险类型。

（2）风险监管的原则。为了更好地指导金融服务外包的风险监管工作，巴塞尔“联合论坛”发布的《金融服务外包》文件中规定了适用于各类金融机构外包监管的九条高级原则，其主要内容是：

第一，金融机构发包业务时应制定一个对业务外包及其方式的恰当性进行评估的全面指导政策。董事会或其同等权力部门对外包指导政策负责，并总体上对该政策指导下的经营行为负责。

第二，金融机构应建立全面的外包风险管理方案来管理外包业务以及其和承包商的关系。

第三，金融机构应确保业务外包不削弱其履行对客户和监管当局的义务的能力，同时也不会阻碍监管当局对其进行有效的监管。

第四，金融机构在选择外包服务供应商时应尽责。

第五，外包关系应由书面合同规定，合同应明确有关外包的所有具体事宜，包括所有各方的权利、责任和预期目标。

第六，金融机构和其服务供应商应制订和执行应急预案，包括制订突发意外事件处置方案以及定期检测业务支持措施。

第七，金融机构应采取恰当措施要求服务供应商为其及客户保密，避免它们的机密信息被故意或无意地泄露给未经授权者。

第八，监管当局应将业务外包作为对金融机构进行评估的内容之一。监管当局应采取恰当的措施确保任何受监管金融机构的业务外包行为都不会妨碍其遵循监管要求。

第九，当多个金融机构的外包业务都集中发包给少数几个服务供应商时，监管当局应关注其潜在的风险。

这九条原则中，前七条是金融机构在对外发包业务时应注意的原则，后两条是监管当局的责任。

（3）风险监管的措施。国际监管原则和印度的外包风险监管经验都值得我国借鉴，此外，中国金融机构对金融服务外包风险的监管还可以从以下几方面采取措施。

1）对外包风险进行全面评估。第一，金融机构应对机构的核心竞争力、优势和弱势、未来目标、风险、外包业务的限制因素进行通盘考虑。如果外包风险过大，容易导致金融机构对该外包业务的失控，那么即使该业务的外包能够给金融机构带来显著的收益，也不应进行外包。第二，考虑外包成本节约的效果，如果成本节约的效果不好，也不应考虑外包。第三，应考虑外包将怎样支持金融机构的战略目标，以及金融机构与外包服务供应商的关系、外包风险对业务系统的安全性、系统和资源的可用性与完整性、信息的机密性及规则的一致性所构成的威胁。第四，考虑风险管理措施，金融机构必须密切注意外包服务供应商所提供的入侵检测、系统报告、客户身份确认和授权等安全措施。第五，金融机构必须采取适当措施保证其能够遵守母国和东道国适用法律和监管规定。

2）慎重选择合适的服务外包供应商。在决定外包前，金融机构应当结合外包业务的需求对供应商进行全面、科学、合理的评价，包括供应商的外包业务技术能力、关键人员的业务能力、业务操作和控制能力及财务状况、实施计划、声誉、对金融行业的熟悉程度、自身发展的稳定性、已有的类似业绩等，选择业务能力强、信誉好、有充足资源完成外包工作的合格的服务供应商，选择那些具有丰富经验、良好信誉和可靠能力、技术、资本的供应商。此外，还应考虑服务供应商破产或者不能履行外包业务造成的过度成本和潜在损失。还要与其他合格供应商保持联系，作为备选资源，以此降低集中风险和退出风险。

3）签订完善的外包合同并对其进行有效监督。金融机构与服务外包供应商签订的外包合同必须涵盖外包业务的所有环节，包括日常作业流程规范、监督、定期沟通、双方的权利和义务、赔偿责任与争端解决程序、合理的服务质量说明和度量标准，以保证外包业务的规范运行。尤其应该注意以下几方面问题：第一是安全性与机密性要求。合同应声明，金融机构各种数据资料的安全性和机密性要求，还应禁止外包服务供应商使用和揭露金融机构的其他信息，注意个人隐私保护方面的法律条款，防止泄露客户信息的行为发生。第二是稽核权利。金融机构在合同中应指明获取外包服务供应商各种审计报告的权利。第三是偶发事件的应对计划。第四是限制成本增加和终止合同的权利。合同应明确在成本结构改变的条件下任何可能发生的情况，以限制成本的增加。同时，金融机构必须在合同中提出终止合同的权利，原因包括控制和设备的变更、成本的显著增加、服务水平多次未达标、不能对关键服务提供支持、公司破产和倒闭及资金周转不灵等。

4）建立突发事件应急预案。金融机构对于服务外包的各种意外情况，如外包商发生破产、遇到不可抗力无法完成外包业务、外包商在内部技术或者骨干人员的变动等影响外包合同履行等，设计必要的应急预案。此外，还应采用科学评估服务供应商的应急预案、双方应急预案的协调办法。如果意外情况或服务供应商不令人满意，金融机构应更换服务供应商或者把该业务撤回。应确保合同包含供应商对偶发事件应对计划的条款，同时说明供应商设法保持信息技术安全以及必要时的灾难恢复能力、业务恢复计划的实施步骤及时间安排。

5）对服务供应商实行动态监控。合同期间，金融机构应对供应商的表现和潜在变化进行持续的动态监督，定期和不定期地对供应商的业务能力进行监控，监控的内容包括服务供应商是否严格履行外包合同条款、服务质量和技术支持、财务状况、外部环境变化造成的潜在变化、事故恢复计划等。如果供应商提供的服务与合同规定有差异，应查明是由供应商主观因素还是客观环境变化所致，并采取措施及时补救。监管中发现的问题应记录存档，以便更好地管理外包进展。

三、金融服务外包风险规避案例分析

案例一：澳大利亚监管当局调查银行业务外包

澳大利亚银行的外包业务包括信息技术、信用卡服务、采购、支票、其他电子清算服务、抵押贷款处理及薪酬等。这些外包存在的问题是：如果服务商运作出现问题或不能持续提供服务，那么就可能给客户资料保密及银行的财务状况及

声誉带来风险。

2002 年 1 月，澳大利亚审慎监管当局（APRA）完成了一项针对银行外包的调查，并从当年 7 月 1 日开始实施具体的审慎标准。APRA 发现，对外包安排的管理有多种方式：较大的机构通常有专门的外包部门确保本机构外包政策得以执行；另外一些机构则将外包职责交由商业单位。在此情况下，没有专门部门负责监管外包安排，其中的风险也难以得到正确识别与评估。约有不到三分之一的受调查机构有正式的外包政策。多数受调查的银行能准确表述外包业务的类型或进行外包的原因，但没有标准化的做法。

案例二：货币监理署对一家银行及其服务商采取制裁措施

2002 年，美国货币监理署（OCC）对一家加利福尼亚银行及其服务商采取了强制措施。此服务商为该银行在 18 个州及哥伦比亚特区的部分贷款提供发放及回收等服务。该服务商的问题是未能保全客户贷款资料。其工作人员于 2002 年将这些贷款资料丢弃。OCC 宣称此举触犯了法律及监管规定。本案例表明当全国性银行将业务转交给服务商但又不能实施有效监管时，其自身面临的风险。OCC 认为该银行未能安全及稳妥地处理与服务商之间的关系。该银行违反了《公平信贷机会法》、《真实贷款法》、《安全及稳健标准》、《Gramm – Leach – Bliley 隐私保护法》（该法规定了客户信息的安全及保密标准）。针对该银行触犯法律及进行的违规操作，OCC 命令该银行支付民事罚款及终止与其服务商之间的关系。服务商也被勒令缴纳罚款，并且在未经 OCC 同意的情况下，不得为全国性银行或其分支机构提供服务。为保护客户隐私权，OCC 还要求该银行将丢失贷款资料事通知有关客户，并在通知中建议客户采取哪些措施来处理可能发生的身份资料失窃问题。

案例三：中国银行与华道数据的服务外包合作

中国银行作为信用卡领域的后来者，面临着快速攀升的业务量与日益苛刻的服务要求带来的服务质量和快速反应能力的挑战，而华道数据在信用卡领域的业务包括申请件处理、征信服务、激活和催收，其中，申请件处理业务占国内申请件处理外包市场 75% 的市场份额，年处理能力超过 2000 万份。鉴于华道数据在行业内的影响力，中国银行将信用卡业务流程外包给华道数据，双方开展了合作，华道数据采取了“现场服务和远程服务相结合”的交付模式。在卡中心现场，华道数据派出了现场作业团队，主要处理那些与卡中心其他部门沟通需求多、掉头时间短、对信息安全敏感度高的作业。在数据处理中心，华道数据利用OCR技术和影像切割技术，由系统对客户的作业进行初步自动处理。然后，作业被传送到员工的电脑屏幕上。员工像在生产线上工作一样，只针对业务的某个具体零件进行加工，极大程度地提高了作业效率，时效性、准确性和安全性都得到了显著改进。最后，经过加工的数据经过加密的安全方式转回卡中心。

中国银行与华道数据经过近两年的合作探索，形成了非常牢固的信任关系，华道已经成为该卡中心亲密的合作伙伴和高效的“职能部门”。金融IT外包、灾难备份外包、呼叫中心外包业务、账单打印外包、理赔外包以及保单录入等外包的案例很多，不做一一介绍。

第三节　金融服务外包监管的相关政策及规则

合理构建金融服务外包的监管程序、内容与权限。监管指引应该对于审查要求与具体批准程序做出明确规范。监管机构对于外包金融服务的监督检查，主要反映在对外包金融服务办理的具体记录，尤其是外包合同，以及外包商接受外包金融服务的安全与风险控制机制的保障上。监管当局可以对违法者给予适当的制裁。特别地，注重对金融机构金融服务外包内控机制的监管。监管规章应要求从事业务外包的金融机构建立全面的外包风险管理程序以指导外包活动及其与服务供应商的关系。监管规章应该明确金融机构针对外包金融服务的内部控制机制中应该健全的事项，要求金融机构构建合理的管理和控制外包安排的内部程序、组织机构和专门人员等，要求金融机构针对外包商设计必要的监督与管理机制，尤其是在外包商的选择与外包合同的签订上要做出有效的控制，应要求金融服务外包必须签订外包书面合同，明确表明涉及外包管理的所有实质性要素，包括权利、义务与各方预期等。

一、金融服务外包监管的相关政策及规则简介

为了控制风险，监管当局在对金融机构评估时应充分考虑业务外包因素，同时在衡量系统风险时应考虑多家金融机构将外包业务集中于少数第三方服务供应商所产生的集聚风险。IT技术革新的突飞猛进以及金融机构对外部服务供应商的依赖日益加深将有可能导致系统问题。避免问题的发生要依靠市场和监管双重力量发挥作用。

全世界的金融服务企业越来越多地让第三方来承担原本由它们自己从事的业

务。监管当局的行业研究和调查表明金融机构将它们经营的相当多的受管制和不受管制的业务外包，并且这些外包业务日益复杂。

业务外包有可能把风险、管理责任及合规要求转移给不受监管的或离岸经营的第三方。在此情况下，金融服务企业怎样才能控制业务风险呢？它们怎样才能确保合乎监管的要求呢？它们又该如何表明它们在履行监管当局的要求呢？为了回答上述问题并且指导受监管的金融机构，由巴塞尔银行监管委员会、证券交易委员会国际组织、国际保险监督官协会共同举办的"联合论坛"组成了一个工作小组，制定了关于业务外包的高级原则。

这些原则适用银行、保险和证券领域，各领域的国际委员会可以从这些原则出发，制定更为具体、有所侧重的指引。这些原则可以帮助金融机构和监管当局控制业务外包的相关风险，同时又不至于影响企业的经营效率。

今天，外包越来越多地被当做降低成本和实现战略目标的一种手段，其潜在的影响反映在许多业务中，包括信息技术（比如应用开发、编程、加密），具体业务操作（比如一些金融和会计业务、后台业务处理和行政管理）以及联络功能（比如电话服务中心）。行业报告和关于行业行为的监管调查表明，金融机构通过与其所属集团中的关联企业合作或与第三方服务供应商合作，将许多受管制的和不受管制的业务外包。

一家金融机构内部的经营活动和功能可以有多种方式开展和实现。它可以将产品生产、产品营销、后台业务、产品分销等业务分拆。如果这些业务分拆后都在企业内部进行，只是在不同地点分别进行，这种情况就不属于外包，这样的企业只需将所有的分拆业务纳入其常规的风险管理框架即可。然而如今更为复杂的经营模式越来越多地涌现，出现了金融机构的业务由关联企业和外部服务供应商分担的情况。这其中的外部服务供应商可能是受监管的企业也可能不是受监管的企业，而联合论坛提出的原则同时适用这两种情况。

金融界认识到日益增长的对业务外包的依赖可能对金融机构风险管理能力及其对经营合规性的监控构成挑战。另一个令监管当局关注的问题是外包是否会妨碍受监管金融机构向监管当局表明其已采取了恰当的措施来管理风险并遵循了监管规定。对于业务外包的担忧还包括金融机构有可能过度依赖外包来维系其生存和履行其对消费者的义务。

金融机构可以采取以下措施来减少风险：制定全面清晰的外包政策；建立有效的风险管理计划；外包部门制定应急预案；通过谈判签订恰当的外包合同；分析外包服务供应商的财务和基础设施资源状况。

为了控制风险，监管当局在对金融机构评估时应充分考虑业务外包因素，同时在衡量系统风险时应考虑多家金融机构将外包业务集中于少数第三方服务供应商所产生的集聚风险。IT 技术革新的突飞猛进以及金融机构对外部服务供应商的依赖日益加深将有可能导致系统问题。避免问题的发生要依靠市场和监管双重力量发挥作用。

二、金融服务外包监管的相关政策及规则发展

近年来，越来越多的银行将业务外包给服务商，这给金融风险监管带来了新问题。有鉴于此，许多国家（地区）以及国际组织积极颁布规则对外包中的各种问题进行规制。

1. 美国银行业务外包监管规则的发展

美国是银行业务外包立法最为完善的国家，迄今为止，美国银行监管机构出台了一系列的指引和公告，旨在阐明银行以及金融监管部门在管理外包风险方面的职责。其主要文件包括 OCC 于 2001 年 11 月发布的《服务商关系：风险管理原则》，FFIEC 于 2000 年 11 月发布的外包技术服务的风险管理指引，以及 FDIC 发布的《挑选服务商的有效方法》、《管理技术提供商执行风险管理的方法：服务水平协议》、《管理多个服务商的技术手段》三份技术指引。此外，美国还专门就跨境银行业务外包进行了规定，如 FDIC 发布的《有关银行利用境外第三方服务商指引》，OCC 于 2002 年发布的《银行利用境外第三方服务商》以及 FDIC 于 2004 年发布的《被保险机构数据服务跨境外包以及相关客户隐私风险》等。不仅如此，2004 年 6 月，FFIEC 公布了《IT 外包技术服务检查手册》（以下简称《检查手册》）终稿，规定了外包中的各种问题。

2. 欧洲银行业务外包监管规则的发展

欧洲各国在银行业务外包方面的立法要晚于美国，但银行监管者已经采取行动处理银行业务外包问题。此外，自 2002 年起，欧洲银行监管委员会（CEBS）开始着手制定调整外包关系的高级原则。经过两年的时间，CEBS 于 2004 年 4 月发布了名为《外包高级原则》的建议稿，供相关的金融以及专业机构评析。与此同时，欧共体 2004/39 号指令 MiFID 在 2004 年 4 月 27 日被通过，其第 13 条第 5 款指出，提供投资服务或者承担投资活动的银行和投资机构应当采取适当的措施避免因实质外包安排而导致的不适当的额外的操作风险。随后，CEBS 在原建议稿的基础上，考虑到相关机构的反馈意见、MiFID 的规定以及 2005 年 2 月联合论坛发布的《金融服务外包》指导性文件，在 2006 年 4 月又发布了《外包标准》（建议稿）。

3. “联合论坛”发布的指导性文件——《金融服务外包》

国际上，由巴塞尔委员会、国际证券管理委员会、国际保险业监管协会组成的“联合论坛”于 2005 年 2 月发布了《金融服务外包》指导性文件，规定了九

条高级原则，为银行、证券、保险机构的外包活动规定指引。

第四节　中西方关于金融服务外包风险规避与监管的比较探讨

早在20世纪80年代，国外金融机构就开始将其部分金融服务外包。随着金融服务外包的开展，各国（地区）监管当局都开始关注金融服务外包存在的风险及其有效监管问题，德国、法国、英国、加拿大、日本、荷兰、瑞士、英国、新加坡的监管者已经建立了对外包的监管标准及立法控制。金融服务外包在中国已经起步，但是中国现行金融监管法制还没有对这些问题做出专门性的规定，呈现空白状态。笔者认为，中国金融监管机构应充分认识到金融服务外包活动的潜在风险，立足于中国金融服务外包的实践，参考巴塞尔银行监管委员会的《金融服务外包》，借鉴国外金融服务外包监管的经验，尽快推出金融业务外包监管指引文件。

一、国内金融服务外包业务中关于风险规避与监管

中国银行开展的外包业务量很小，且主要集中于电子银行、信用卡发行、管理和后勤事务外包等几个传统领域。加上中国监管当局对银行服务外包风险没有给予足够的重视，有关规范银行服务外包的法规长期处于空白状态。直至2006年1月26日，银监会才在其颁布的《电子银行业务管理办法》中对中国银行开展电子银行业务外包的相关事项做了粗线条的规定。然而，这些规定对其他类型的服务外包并无法律约束力，无法全面规范我国现有的银行服务外包。与此同时，从2006年12月12日起，伴随着加入世界贸易组织七年过渡期的终结和外资银行在华业务范围的全面渗透，中国金融市场与国际金融市场实现全面接轨。可以预见，日益激烈的金融市场竞争压力推动中国银行业寻求更大范围和更多种类的服务外包。未来的一定时期内，IT、不良资产处置、人力资源管理、档案管理、内部审计及市场调研和有关研发等服务领域将是中国银行业开展外包的重点。可见，无论是从银行业服务外包的现状还是从未来的发展趋势来看中国仅有电子银行服务外包法规是远远不够的。如果不将其他类型的服务外包尽快纳入法制轨道，一方面会使银行怠于对其他类型服务外包风险的控制，另一方面也容易诱发银行将本为电子银行服务外包的业务变相转移或混合到其他类型服务外包中去，从而达到规避现有法律监管的目的。然而，在中国银行服务外包的立法架构上，中国不应分门别类对银行其他类型的服务外包一一做出规定。因为这种立法

方式会制造出大量庞杂、内容重叠交叉的规范性文件，使监管当局无法应付。因此，从立法的前瞻性出发，中国应借鉴发达国家或地区的做法，舍逐一立法规范的思维方式，选择统一的监管规则作为立法架构，以顺应我国银行服务外包多样化的发展态势。

中国应充分认识金融服务外包监管制度构建的重要性和迫切性，尽快建立中国金融外包规制体系。

（1）金融监管当局应注意对外包业务的持续监管和系统性风险监管。为了实现持续监管，可以借鉴国际监管组织制定的监管原则，要求金融机构在外包合同中制定相关条款，确保监管当局随时可获得监管所需的资料。此外，当多家金融机构同时将业务外包给一家或有限的几家服务供应商时，可能会形成系统性风险。对于这种情况，监管当局除了加强监管之外，可以做出必要的限制。

（2）监管机构应做好外包业务的外部监管。如要求被监管机构应当保证其外包安排不会减弱其对顾客和监管者履行义务的能力，也不会妨碍监管者的有效监管；外包关系应当用书面合同来规范，该合同应当清楚地规定外包安排的所有实质内容，包括各方的权利、义务以及期待等；被监管机构及其服务供应商应当建立并维持应急计划，包括突发性灾难的补救计划以及支持系统的定期测试计划等。监管者在评价被监管机构时应当将其外包业务作为其整体业务不可缺少的一部分。总之，监管者应当采取适当措施以确保任何外包安排均未妨碍被监管机构满足监管要求的能力。同时，当多家被监管机构的外包业务集中于有限的几个服务供应商时，监管者应当意识到其潜在风险。业务外包是金融机构增强核心竞争力、提高经营效益的一种有效手段，作为一种迅速发展的竞争策略正在被越来越多地接受。在我国金融业向纵深发展之际，当然应对外包策略加以关注并正确运用，以获得其优势并避开其风险。这有赖于金融机构和监管机构的共同努力，从而实现中国金融业经营的市场化、专业化和社会化，应对日趋激烈的国际竞争。

（3）金融机构及其服务提供者均应制定应急计划。金融机构应该尽力要求供应商制定应急计划，保证信息技术的安全性，以及发生意外情况时的灾难恢复能力。对于业务外包的各种意外情形，比如：外包商发生破产、遇到不可抗力无法完成外包事务、外包商在内部技术或者骨干人员的变动等影响外包合同履行等，应该制定必要的应急计划。当然，如果意外情况导致金融机构必须更换供应商或收回外包业务自己做，这些可能性和相应的成本应该在合同条款中说明。

（4）金融监管当局针对不同业务和外包服务供应商采取不同的监管程序。对于明确规定可以外包的业务，只需经过备案程序即可。对于规定之外的业务，则应该经过监管机构的审查与批准程序。对于不同的服务供应商，也应采取有差别的监管程序。如果服务供应商是金融机构系统的其他分支机构，只需经过适当备案程序即可。如果服务供应商是金融机构同一集团的关联公司，对于这种情况应当经过适当的审查与批准。如果服务供应商是完全独立于金融机构的第三方，监管当局必须进行严格的审查和批准。

二、国外金融服务外包监管制度

外包在带来降低成本和实现专业化管理等优势的同时也隐藏着巨大的风险，为了规范金融机构的行为，规避与控制风险，各国（地区）金融监管当局针对金融机构的外包行为制定了相应的监管条例。

（1）美国监管制度。美国是最早开始就金融服务外包制定规则的国家。目前美国对银行、证券和保险业的外包分别进行了相关监管立法。2004 年 6 月，美国银行监管部门完成的新版《FFIEC 技术外包 IT 检查手册》对如何评价一家金融机构建立、管理和监督 IT 外包关系的风险管理水平，提供了指导方针和检查办法，其内容涵盖董事会和管理层的责任、风险评估和要求、服务供应商选择、合同争端、即时监控、业务连续性和信息安全性监控计划、关联供应商关系处理、跨国外包的国家风险的评估与监控等。纽约证券交易所第 342、346、382 条规则的规定，某些外包安排被完全禁止或仅允许外包给受监管实体，但证券公司内部传统的外包业务无须美国证券监管当局的批准。美国保险监管机构依据各种司法授权对基本业务外包进行监管。这方面的法律涉及管理一般代理人及承包商管理人的法律，其他外包业务由现场市场行为检查程序来处理。此外全国保险业协会（NAIC）的市场监管及消费者事务委员会成立了承包商卖方工作组，处理当前监管当局未涉足的有关保险公司业务外包的其他问题。

（2）英国监管制度。2004 年 12 月，英国金融服务局（FSA）将银行业外包业务的监管规则纳入了《临时审慎监管手册》，建议银行应建立必要的外包程序，以最小化风险暴露和处理可能出现的问题。这些程序包括制定外包战略、尽职检查程序、合同和服务水平安排、变革管理、合同管理、退出战略和应急方案。每道程序都要求根据风险估计结果设计风险管理措施。FSA 还在手册中创定了对银行及住房互助协会的业务外包指引。指引涵盖了重要与次要的外包业务，但主要针对重要的外包业务。公司重要业务的外包须通知 FSA。此指引也适用于保险公司。英国金融服务局对实质性业务和非实质性业务的外包都制定和发布了指引，但重点是实质性业务的外包。尤其值得一提的是，FSA 针对业务外包操作风险制定了极为全面的指引，它为管理业务外包操作风险提供了指导。例如，它规定业务外包前必须通知监管当局、业务外包前必须考虑到的因素，与供应商讨论后同时必须注意的诸如外部审计、知识产权方面的事项以及一旦发生来自供应商重大服务损失时应采取的措施等的内容。

（3）国际组织的监管制度。2005 年 2 月，巴塞尔委员会主导的“联合论坛”发布了《金融服务外包》文件，规定了九条原则，用以指导受监管的金融机构的外包活动，确立监管当局的管制责任和义务。这九条原则为：

1）需要实行业务外包的金融机构应制定一个对业务外包及其方式的恰当性进行评估的总体性的外包政策。董事会或其同等权力部门对外包政策以及根据这一政策开展业务外包全权负责。

2）金融机构应制定全面的外包风险管理计划来妥善处理外包业务以及其和承包商的关系。

3）金融机构应确保业务外包不削弱其履行对客户和监管当局的义务的能力，也不阻碍监管当局对其进行有效的监管。

4）金融机构在选择承包商时应尽责。

5）外包各方的关系必须以书面合同的形式予以确定。合同应明确规定各方的权利、责任及各项要求。

6）金融机构及其承包者均应制定应急计划，包括灾难恢复计划和定期测试备份系统的计划。

7）金融机构应采取恰当措施要求承包商为金融机构及其客户保密，避免它们的机密信息被故意或无意地泄露给未经授权者。

8）金融监管当局应将外包纳入对金融机构的持续监管，以适当方式确保金融机构的外包安排不影响其达到监管要求的能力。

9）当多家金融机构同时将业务外包给有限的几家承包商时，监管当局应关注其潜在的风险。

（4）各国（地区）监管制度的比较分析。主要发达国家已基本建立起了金融服务外包监管制度，但它们的监管水平不一，欧洲的金融外包监管明显落后于美国。各国（地区）具体的监管措施也不尽相同：在合格承包商的确定方面，美国和瑞士主要考虑外包安排与发包方的目标和战略的匹配性，而荷兰和英国则关注确保承包商完成外包所需资源的充足性；在告知义务方面，瑞士强调银行对客户的告知义务，而英国和澳大利亚则强调银行对金融监管当局的告知义务；在银行董事会和管理层的责任方面，美国关注二者的监管职责，加拿大关注二者的外包制定和审批职责，瑞士和澳大利亚强调二者应全程关注外包；在外包的审计方面，美国要求外包的审计工作由银行内部审计人员完成，而瑞士、英国和澳大利亚则要求外包业务的审计工作先由银行内部审计人员审计，再由外部审计人员审计；在服务水平协议方面，美国的法律法规比较完善，而其他国家（地区）则偏重某一方面；在风险管理方面，美国和加拿大倾向于建立一个实质性的外包风险管理程序，荷兰倾向于要求发包方和承包商达成应急计划，澳大利亚倾向于组建一个外包管理团队来评估外包的潜在风险，确保董事会的外包管理策略被遵守以及向管理层和董事会提出参考意见。但各国（地区）和国际组织的监管机制也具有一些共同特征：各国（地区）对金融服务外包的监管规范主要以监管指引的形式颁布，各国（地区）对金融服务外包的监管主要通过发包方自身的内部控制和监管当局的外部监管两种途径来进行，监管的内容主要集中于外包金融服务的范围、发包方内部控制、承包商的选择、客户合法权益的保护、发包方和承包商的应急机制等方面。此外，监管指引还注意对金融服务外包的监管程序、内容与权限等方面进行规范。

三、分析国内外金融服务外包风险规避与监管的异同

各国（地区）的监管制度形式主要通过指引的形式进行颁布。在监管的途径方面，主要通过银行自身的内部控制和监管当局的外部监管两种途径进行；在监管的内容方面，主要集中于金融服务外包的范围、发包方内部控制、供应商的选择、客户合法权益的保护、发包方和供应商的应急机制等方面，也对银行服务外包的监管程序、内容与权限等方面进行了规范。比较而言，美国和英国的监管制度较为全面，美国的监管制度包括供应商选择、合同争端、即时监控、关联供应商关系处理等内容；英国的监管制度涵盖了尽职检查程序、合同和服务水平安排、变革管理、合同管理、退出战略和应急方案等内容。其他国家和地区现有的监管制度对外部监管的具体规定还较笼统，不够系统和深入。但是，从外部监管的角度来看，对比国际上金融服务外包立法的发展，中国关于银行业务外包的规定太笼统，可操作性不强。我国还缺乏普遍、系统的银行业服务外包监管法律体系，使得监管人员对银行业务外包的监管缺乏可操作的法律依据，从而不利于对业务外包风险的监控，监管制度的落后在一定程度上制约了中国银行业服务外包的发展。

与发达国家相比，中国银行外包业务尚处在探索和尝试阶段，各大银行的外包业务集中于IT外包、业务流程外包和后勤服务外包。尽管刚刚起步，但也存在一些问题和障碍：①国内信誉非常好的专业化IT服务提供商很少，不像国外那么成熟，与之相关的其他业务起步较晚；②现今的银行业始终恪守着保持内部对IT的完全控制这样的规则，大部分的金融机构认为外包可能会导致企业失密和失去安全性；③承接外包业务的服务商（中介公司、律师事务所等）良莠不齐，暗藏着风险，市场效率低下；④中国各大城市的外包市场存在着较严重的买方垄断因素；⑤外包业务领域的法律、法规建设滞后，缺乏制度依据，使其责、权、利关系不明晰，容易引发争议甚至冲突，进而影响到外包业务的正常运作；⑥部分中小金融机构将综合业务处理等关键信息系统外包，但因自身缺少熟悉金融业务和计算机技术的人才，造成对承包商的事实依赖。

通过上述分析可知，政府监管机构应充分认识到银行业服务外包的潜在风险，应采取必要措施：

第一，制订普遍的银行服务外包风险监管法规和合理的监管标准。有必要制订普遍的银行业服务外包监管法。普遍的银行服务外包立法应该注意几个问题：其一，注意刚性条款和弹性条款相结合，从而处理好监管和鼓励银行外包之间的平衡关系。其二，监管标准上，应区分外包业务重要性的不同规定不同的监管标准。其三，应注意对外包的全程监管。其四，应明确银行外包机构以及金融监管部门二者的监管责任。

第二，合理确定银行业服务外包范围。外包范围是监管制度关注的重点。监管当局应对银行业服务外包的范围做出适当规定，明确规定一些辅助性的环节和操作程序可以外包。同时，实施有差别的监管。

第三，加强银行服务外包的全流程风险管理。监管当局应建立全面的外包风险监控程序和风险管理计划，对外包风险进行评价，对外包业务的范围、银行对外包的管理能力、外包风险的监督和控制、供应商管理和控制潜在经营风险的能力、供应商违约对银行的顾客和同行可能造成的潜在损失进行管理。

第四，建立健全实施业务外包的配套机制。建立评价机制，建立供应商的评级机制。

第五，完善加强银行服务外包内控机制的监管。监管的规章制度应要求从事业务外包的银行建立外包决策的具体政策和标准，包括对相关业务是否适合以及在多大程度上适合外包的评估。建立全面的外包风险管理程序以指导外包活动及其与供应商的关系。

第六，建立突发事件应急预案。银行应对服务外包的各种意外情况，设计必要的应急预案，如供应商发生破产、遇到不可抗力无法完成外包业务等影响外包合同履行等意外情况。应确保合同中包含供应商对偶发事件应对计划的条款，同时说明供应商设法保持信息技术安全以及必要时的灾难恢复能力、业务恢复计划的实施步骤及时间安排。

第五节　金融服务外包风险规避与监管的重大意义

中国金融机构应当建立外包决策的具体政策和标准，包括对相关业务是否适合以及在多大程度上适合外包的评估。风险集中、可接受的外包业务综合水平的限制以及将多项业务外包给同一服务供应商引起的风险都需要分析以利于管理层对外包的利弊有全面的认识，对组织的核心竞争力、管理上的优势和劣势以及组织未来的目标进行评估，制定政策，以确保其能够对外包业务进行有效的监控。发包方必须采取适当措施确保其能够遵守母国和东道国的法律以及监管法规。被监管机构的董事会（或相当的机构）对于确保其所有外包决策以及第三方所从事的外包业务符合其外包政策负全面的职责。内部审计应当在这方面发挥重要作用。

在建立外包风险管理计划时，对外包风险的评价包括以下几个方面：被监管机构的管理能力；对外包风险的监督和控制（包括对经营风险的综合管理）；以及服务供应商管理和控制潜在经营风险的能力；建立风险管理计划，服务供应商违约对发包方的顾客和同行可能造成的潜在损失；业务外包对金融机构遵守监管法规及其变化的能力的影响等。

简而言之，全面的外包风险管理程序应当是对外包业务的所有相关方面进行监控，并在一定情况下提供正确的指导。为了实现持续监管，可以借鉴国际监管组织制定的监管原则，要求金融机构在外包合同中制定相关条款，确保监管当局随时可获得监管所需的资料。此外，当多家金融机构同时将业务外包给一家或有限的几家服务供应商时，可能会形成系统性风险。对于这种情况，监管当局除了加强监管之外，可以做出必要的限制。被监管机构及其服务供应商应当建立并维持应急计划，包括突发性灾难的补救计划以及支持系统的定期测试计划等。监管者在评价被监管机构时应当将其外包业务作为其整体业务不可缺少的一部分。对于明确规定可以外包的业务，只需经过备案程序即可。对于规定之外的业务，则应该经过监管机构的审查与批准程序。对于不同的服务供应商，也应采取有差别的监管程序。如果服务供应商是金融机构系统的其他分支机构，只需经过适当备案程序即可。如果服务供应商是金融机构同一集团的关联公司，对于这种情况应当经过适当的审查与批准。如果服务供应商是完全独立于金融机构的第三方，监管当局必须进行严格的审查和批准。业务外包是金融机构增强核心竞争力、提高经营效益的一种有效手段，作为一种迅速发展的竞争策略正在被越来越多地接受。在中国金融业向纵深发展之际，当然应对外包策略加以关注并正确运用，以获得其优势并避开其风险。这有赖于金融机构和监管机构的共同努力，从而实现中国金融业经营的市场化、专业化和社会化，应对日趋激烈的国际竞争。

第六节　中国在承接金融服务外包方面应注意的问题

考虑到中国的实际情况，并借鉴印度发展金融服务外包的成功经验，中国在承接金融服务外包方面应注意以下几点。

一、政府制定支持外包产业发展的政策措施

印度的经验表明，政府对外包产业发展的支持很重要。这一方面需要成立金融服务外包的行业管理机构和专项发展基金，以行业协调和互助的方式推动外包产业发展。政府应加大知识产权保护力度，积极出台隐私信息保护等法规，增强国外客户对安全的信心；改善服务模式和服务效率，尽早出台专门针对外包产业的优惠政策；采取减税、免税及减免房租等优惠措施降低企业运行成本。

二、制定总体性外包承接战略

金融服务外包的普及化为中国企业承接外包业务提供了广泛的合作空间。中国企业承接金融服务外包的战略要从暂时性、战术性向长期性、战略性转变，根据新的形势制定具有全局性、主动性特点的发展战略，为企业的发展做好准备。中国企业应改变自身的定位，从过去为金融机构提供服务的“加工厂”变为各大金融机构的战略合作伙伴，全面融入到各金融机构的业务中去。

三、发挥比较优势，挖掘细分市场，逐渐扩大业务承接范围

各国（地区）都有自己擅长的金融服务外包的承接范围，限于人力、财力等资源的制约，在发展服务外包时不可能同时全面推进。所以，中国应该根据本国国情，分行业有计划地选择重点行业拓展外包领域。国内企业应分析和发掘自己的比较优势，结合中国的劳动力和成本优势，要增强自主创新和研发的能力，打造自己的竞争优势，争取全球服务外包的核心业务的承接。国内企业承接的外包业务通常是特定金融功能的业务，如客户服务、金融分析、客户系统软件开发等，而业务流程外包等较复杂的业务则并没有引起太多的重视，因此，中国金融机构承接外包业务的发展空间还很大。这要求中国企业应利用自身的比较优势积极参与外包市场，包括信用等级评估、市场调研、后勤保障、计算机业务及系统的维护维修、人力资源管理、企业形象建设等通常业务，还包括一些新兴业务及复杂程度较高的业务流程外包。此外，要发挥文化、地理上的优势，从向韩国和日本金融机构提供 IT 外包服务开始逐渐扩展服务领域。随着中国金融人才素质的提高，特别是英文水平的提高，为扩大金融外包项目流入中国提供了有利的基础，金融机构应在细分市场的基础上，提供专精式外包服务。

四、建立业务动态监管制度保障服务质量

中国承包企业应在参照《金融服务外包》指导原则的基础上，制定科学合理的外包承接流程，签订尽量缜密的相关承包合同，严格履行外包服务提供商的

责任和义务，并采用接受发包单位的全面评估，以期最大限度降低承接外包服务的风险。中国承包企业有必要建立自己的内部评估和审计制度，定期对承包业务的进展程度、质量控制和相关影响进行评价，以确保和完善业务承包的长期发展。同时，承包企业也应该制订全面的承包风险管理计划，不但在承接外包业务时进行调查和评估，而且在合作过程中妥善处理承包业务以及与发包商的关系。整个合同期间，承包企业应监控承包业务的直接表现和潜在变化，确保业务的完成。这包括：承包企业能够理解和达到金融机构的目标；承包业务的实施方案和进度计划；业务进展和实施计划之间的差异；业务进展是否严格履行承包合同条款；自身的财务状况；外部环境变化造成的潜在变化。为此，在制定外包文件时需要注意服务外包的范围、服务外包合同的规范性、服务商信用评级、服务外包中金融机构和服务商的权利和义务、服务外包出现纠纷时的处理程序等。

五、建立业务风险管理体系和应急预案

中国的承包企业应遵循合法、风险控制、保护客户合法权益、有效监管等原则，识别外包活动潜在的风险，借鉴国外金融服务外包监管的经验，确立自己的符合金融服务外包监管原则的规范和制度。中国承包企业应对可能发生的风险和突发事件制定应管理体系和应急预案，对于承包业务的各种意外情形，如遇到不可抗力无法完成承包事务、内部技术或者骨干人员的变动等影响承包合同履行等，应设计必要的应急计划。

六、培养外包业务专门人才

适用的专门人才是承接金融服务外包的基本前提。这就需要中国高等院校了解企业对人才的需求，及时调整办学方向和课程设置，培养具有较强针对性的专门人才。同时，行业主管机构或承包企业可以联合高等院校进行职业资格认证和培训，使大量具有相关专业背景的通用人才成为可以迅速进入工作岗位的专门人才。政府也应出台相关政策支持各类培训机构对社会急需金融服务外包人才进行培训，为金融服务外包业的发展提供人才保障。

第九章　中国金融服务外包风险管理的制度法规建设

金融是国民经济的命脉，金融业是国民经济的核心产业，因此，规范金融关系的金融法无疑在中国市场经济法律体系中居于重要的地位。金融法有着规范金融行为、营造良好的金融秩序、保持货币币值稳定、促进经济发展、保护投资者的合法权益等方面的作用。

中国金融法的渊源主要有：宪法、金融法律、金融行政法规、金融行政规章、金融地方性法规、金融司法解释、国际条约。

同其他部门法一样，金融法也有着自己的体系。金融法的体系是指金融法的制度体系，是现实的规范金融关系的法律规范所组成的有机统一整体。

第一节　金融法基本理论

近些年来，经济金融化和全球金融一体化的程度日益加深，经济活动日益表现为金融关系。在这种情况下，科学地构建金融法的理论以适应和满足调整金融关系的需要，显得尤为重要。但是，我们也应当看到，迄今对金融法基本理论问题的研究还存在很多欠缺。有关著述对基本理论问题或避而不谈，或轻描淡写，或存在偏颇之处。这些都妨碍了对金融法及其具体制度的科学认识，影响到金融法治建设。因此，科学地构建金融法理论是金融法当前所面临的一项重大课题。

一、金融法概述

科学地构建金融法理论应从金融法的概念入手。概念反映的是事物的本质属性，而本质属性是决定一事物之所以成为该事物并与其他事物相区别的属性。任何概念都有内涵和外延两个逻辑特征。内涵是指反映在概念中的思维对象的本质属性，又叫概念的含义；外延是概念的适用对象和范围。

1. 金融法的概念

什么是金融法？概括地说，金融法就是调整金融关系的法律规范的总称。金融法这一概念的本质特征是什么？划分法律体系中各分支的基本依据是其调整对象——社会关系，辅助标准为调整方法。因此，金融法这一概念的本质特征应当从金融法的调整对象——金融关系中去寻找。① 我们认为，金融法这一概念的本质特征就在于其调整对象具有金融性，金融法对金融关系的调整重在规制和监管。

2. 金融法对金融关系的调整重在规制和监管

规制是通过制定和实施规则而实现对经济生活的调整和管理，隐含着公权力对市场的介入和干预，是国家对经济进行管理的结果，在法律上构成国家管理经济的制度。规制与监管在中外文法律文献中并用的情况比比皆是，表明二者存在一定的联系。经考证，当规制与监管并用时：规制强调规则的制定和实施，监管则强调对规则遵行所进行的监督和控制。规制是对规制对象制定和实施规则以对其进行约束；监管是对监管对象实行监督、控制等以促进其守规经营的一系列行为和程序，保证规则及其包含的目标、理念能够得到贯彻和实现。因此，二者虽有密切的联系，但侧重有所不同。由于以上区别所在，将规则的制定亦看做是监管，是值得商榷的。虽然在监管过程中监管机构为实施监管不免要制定一定的措施和办法，这些措施和办法的制定需要立法的授权，但通常不能取代立法，监管在本义上还应当是监督和促使有关规范的实施和执行，否则，立法机关也会成为监管机构。不过，规制所强调的立法与监管存在着重要的联系。一方面，立法的制定使监管有法可依、有规可行、有标准和尺度。没有相关立法，监管就会失去依据。监管是要通过监督、管理的方式实现立法的要求和目标，使规则落到实处。因此，规制所强调的立法与监管构成一个密切的整体，二者相辅相成。另一方面，监管实践及其发展能够发现立法的缺陷、盲区和漏洞，有助于完善立法，这反过来又有利于改进和完善监管。

认识金融法对金融关系的调整重在规制和监管，还需要澄清一个问题：金融是资金融通，而资金融通通常是金融交易，那么为什么说金融法重在规制和监管？首先，资金融通是金融的初始基本含义，但并不是金融的全部含义，金融是由资金融通的工具、机构、市场和制度等构成要素相互作用而构成的有机系统。这里的制度随着历史的演进、金融业的发展和金融法制的演变而变化，在自由资本主义时期国家不干预经济，金融主要由民商法调整，基本上可满足需要，但

① 韩龙．金融法［M］．北京：清华大学出版社，北京交通大学出版社，2008.

是，经济金融化使经济活动和社会关系及财富普遍具有金融的性质，全球金融一体化使金融风险得以迅速传播，在这种情况下，除需要用民商法调整金融交易当事方的权利、义务关系之外，还需要对付金融市场失灵和根据金融业的特性制定专门的立法对金融业进行规制和监管。其次，一个法律部门或其分支名称中用语的含义，并不表明该部门或分支的性质。例如，对于吸收公众存款，民商法可以调整，如存款人与银行的借贷关系；刑法可以处罚，如非法吸收公众存款罪；金融法也可以调整，强调规制和监管。因此，一类法律制度名称中所具有的含义并不代表该法律制度的性质。

二、金融法的主体、调整对象和渊源

金融法调整金融关系所具有的金融性和金融法的重心，在一定程度上决定和揭示了金融法的主体、调整对象和渊源，而对金融法主体、调整对象和渊源的具体考察则可以进一步凸显金融法的本质特征，对国际金融法的认识。

1. 金融法的主体

金融法的主体，是指具有从事金融活动的权利能力和行为能力，并能够独立享受金融权利和承担金融义务的主体。在金融法上，由于金融活动既包括金融规制与监管，也包括相关的金融交易，因而，国家和国家金融主管机关、金融机构、企事业单位、社会组织和个人，依法都可以成为金融法律关系的主体。

国家作为金融法的主体体现在对内和对外两个方面。对内，国家有权实行金融宏观调控和金融监管，从而成为规制和监管者；也可以通过发行货币和国债等，从而成为金融债务人。虽然这些活动通常是通过有关主管机关实施的，但国家是一些金融活动的责任者。对外，国家具有多种身份和角色，发挥着不同的作用，主要有：国家作为国际金融交易的当事方，如国家根据需要在国际金融市场上筹措贷款，发行债券等；国家作为对外金融活动的管理者；在矛盾丛生的国际环境中，国家作为本国金融利益的国际代表者和维护者；国家作为国际金融制度的责任者，在享受国际金融制度的权利的同时，承担相应的义务和责任。

为了实行金融规制与监管，一国通常需要设立金融主管机关，因此，金融主管机关是金融规制与监管关系的重要主体。不止于此，由于金融业的特殊性，有的国家金融主管机关还可以且需要依法从事一定的金融业务活动。例如，各国的中央银行通常主持本国的支付清算系统，经理国库，向商业银行贷款、再贷款和办理票据贴现，为实施金融宏观调控发行票据等。

金融机构、企事业单位、其他社会组织和个人是金融交易的参与者，是金融交易关系的当事方，同时也是金融规制与监管的对象。值得注意的是，随着金融业的发展，金融机构的内控越来越成为监管体系的重要组成部分。从这一意义上讲，金融机构既是国家金融规制和监管的对象，同时其内控制度构成一国金融监管体系的重要组成部分。

2. 金融法的调整对象和范围

（1）金融法的调整对象。金融法的调整对象是金融关系。金融关系是指在金融活动中金融法各主体之间发生的社会关系。由于金融活动既包括金融规制与监管，也包括相关的金融交易，因而，在金融活动中结成的金融关系包括金融规制监管关系和金融交易关系。

1）金融规制监管关系。金融规制监管关系包括金融调控关系和金融审慎规制监管关系。国家对经济运行进行宏观调控主要有财政和货币金融两种手段。就货币金融手段而言，由于金融业，特别是银行业是国家货币政策和宏观调控的“传送带”，因而，国家可以借助一定的货币金融工具对经济运行进行调控。具体来说，国家对经济实行宏观调控有三大货币金融政策工具，即存款准备金政策、再贴现政策和公开市场业务。金融调控关系是国家在运用货币金融手段调控经济过程中所形成的社会关系，借此国家实现对经济的干预和对金融活动的规制，具有很强的政策性。

金融离不开必要的审慎规制和监管。这不仅因为金融业存在市场失灵，如垄断、外部效应、信息的不对称性和经济的周期波动等，从而需要政府进行干预以矫正市场失灵，更在于金融业具有其他行业所不具有的一系列特征，如战略的重要性、高风险性和公众信心维系性。这些特殊性决定了对金融业须进行必要的规制和监管。正因为如此，各国（地区）十分重视金融规制和监管，力图通过规制和监管来确保金融业对经济发展的促进作用，同时预防和降低风险和其他不利影响。所以，许多国家（地区）有关金融的专门立法和有关国际组织的规则在很大程度上是为规制和监管所立，这些立法和规则多是以防范风险为目的的监管性规范，即便是调整平等主体间法律关系的规范，也常常被深深地打上了规制和监管的烙印。在一定意义上可以说，有关金融的法律制度就是规制和监管的制度。金融法中的规制与监管规范主要有两种体现形式：一是国内法规定，如英国的《金融服务和市场法》，美国的《金融服务现代化法》，中国的《银行监管法》、《外资金融机构管理条例》以及《商业银行法》、《证券法》和《保险法》的有关内容等。二是国际法的有关内容，体现为国际条约或国际惯例。前者如IMF 协定第 8 条有关会员国取消经常项目下国际支付和转移的限制的规定等，后者如国家金融财产豁免等。

金融审慎规制监管关系包括金融审慎规制关系和金融监管关系。金融审慎规制关系是指国家为防范金融风险，保护存款人和证券投资者以及提高效率等目标，对金融业进行干预和介入，建立一定的制度，从而在相关的金融法主体之间

建立规制与被规制、管理与被管理的关系。金融监管关系是指金融监管的主体为实现金融监管的目标，在对金融机构及其市场经营活动，依法进行监督和管理以及对违规行为进行督促和处罚的过程中形成的监督管理关系。这种关系虽然在性质上属于管理与被管理的关系，但由于金融创新和监管技术的发展，监管主管机关与被监管的金融机构往往需要相互配合和协作，因而，现代金融机构体现出浓厚的配合和协作的特点。金融审慎规制监管关系从市场环节上看涵盖以下方面：①审批金融机构的设立、变更、终止过程中所发生的关系。②为实现防范金融风险等金融规制监管目标，在对金融机构及其市场业务活动的规制、监督管理以及对金融机构违法行为查处过程中所发生的关系。

2）金融交易关系。金融交易关系是金融法主体之间在从事金融交易过程中形成的平等主体之间的经济关系。在金融活动中发生着大量的金融交易，产生大量的金融交易关系，需要法律的调整、规范和保护，因此，调整金融交易关系的规范构成金融法的重要组成部分。金融法调整的金融交易关系主要包括以下类型：①国家金融主管机关（如中央银行）与金融机构之间的交易关系。②金融机构相互之间的经济关系，包括商业银行、投资银行和保险公司等金融机构之间的金融业务关系。③金融机构与金融机构之外的社会成员发生的金融业务关系，如存款、贷款、办理结算以及委托代理、信托、融资租赁、证券发行、证券交易和其他金融服务。

金融法中调整金融交易关系的法律规范主要有三种体现形式：一是民商法。二是国际惯例，如跟单信用证统一惯例。三是行业组织和有关金融机构自律性规范。

（2）金融法的调整范围。金融法的调整对象在实质上决定了金融法的范围。以上对金融法调整对象的考察主要是从金融法调整金融关系性质的向度做出的，从其他向度对金融法的范围做进一步考察有助于更全面地把握金融法的覆盖面。

1）金融的内涵和外延所展现的金融法的范围。金融法是调整国家和国家金融主管机关、金融机构、企事业单位、社会组织和个人之间金融规制监管关系和金融交易关系的法律规范的总和。根据金融所具有的内涵和外延，金融法调整的金融规制监管关系和金融交易关系主要涵盖以下领域：①货币关系。货币是金融的基础、手段，构成金融的度量单位、价值尺度和支付媒介，因此，金融法应包括货币法，调整在货币发行及管理过程中所发生的货币关系。②间接融资关系。间接融资关系是金融法在调整资金供需双方以金融机构为媒介进行货币资金融通过程中发生的金融关系，主要包括商业银行与存款人、商业银行与贷款人、商业银行与其他金融服务接受者之间的法律关系。③直接融资关系。直接融资关系是金融法在调整资金供需双方在金融市场上直接融通资金过程中发生的金融关系，主要是证券发行和交易中所产生的各种关系。④保险关系。保险关系主要包括直接保险、再保险、分保险、保险中介和保险附属服务中的关系。保险具有经济补偿、资金融通和社会管理等功能。分散风险、经济补偿是保险最基本的功能。但随着社会的发展，许多保险公司筹集了大量的资金，且来源稳定、期限长、规模大，内在的投资需求使保险公司不仅为经济发展提供了大量的建设资金，而且成为资本市场的重要机构投资者，这样保险又具有了资金融通功能。从投保人角度来看，由于一些保险产品的保险费收取与保险金的给付之间存在着一定的时间差，且可以获取预期的给付，投保人可以放弃现在的消费而选择在将来享用，这也可以看做是资金的实际融通。现代保险的社会管理功能是保险业发展到一定程度并深入到社会生活的诸多层面之后产生的一项重要功能。⑤其他金融关系。如中央银行的服务、租赁、金融中介服务、金融附属服务和信托等关系。金融法应包括调整以上关系的法律规范。

2）金融法既调整金融原生市场的法律关系，也调整金融衍生市场的法律关系。金融是虚拟经济。依据金融产品的虚拟程度及相互关系，金融法所调整的金融关系既包括金融原生市场的法律关系，也包括金融衍生市场的法律关系。金融原生市场和金融衍生市场是交易金融原生产品和金融衍生产品的场所。金融原生产品是构成金融衍生产品基础的金融产品，如债券、股票、利率、汇率、股票指数等。金融衍生产品是在金融原生产品的基础上推衍而生的金融产品，主要有金融期货、期权、互换及远期四种基本类型，其他类型则为该四种类型的适当组合、叠加，如期权、期货等。

金融原生市场是整个金融市场的基础，金融法无疑应调整金融原生市场上的各种法律关系，与此相适应，调整金融原生市场关系的法律规范是个金融法的重要组成部分。不过，金融衍生市场由于具有金融原生市场不可取代的功能，因而已经成为现代金融市场的有机组成部分，金融法也应调整金融衍生市场关系。

金融衍生市场具有套期保值和价格发现的基本功能。金融衍生市场通过将经济活动风险从风险厌恶者转移给风险偏好者，从而为微观经济主体特别是实体经济的经营者提供一个套期保值和回避风险的场所。同时，金融衍生市场由于会聚了方方面面的交易者如金融机构、中间商、投机者等，形成的价格是公开、公平竞争的结果，因而，能够比较准确地预期市场供求关系和未来价格从而有助于企业经营。虽然投机交易在金融衍生市场上占有极大的比重，但如果没有这些资本的参与，金融衍生市场就会缺乏流动性，规避风险和发现价格的功能就难以发挥和实现。

此外，金融衍生市场还有助于金融机构实现特定的资产负债结构和调整资产组合，而这在金融原生产品市场上也是难以实现的。以利率互换为例，利率互换是指交易双方约定在未来的一定期限内，交换约定数量本金的利息额的金融合约。利率互换可以有多种形式，最常见的是在固定利率与浮动利率之间进行转换。交易者通过利率互换交易可以将浮动利率形式的资产或负债转换为固定利率形式的资产或负债，从而达到规避利率风险，进行资产负债管理的目的。

值得注意的是，金融衍生市场自20世纪70年代兴起，发展十分迅猛。据国际清算银行统计，2003年仅在交易所交易的金融衍生产品交易额为873万亿美元，是当年全球GDP总量的24倍多。2006年上半年全球所有类型非交易所交易合约的理论价值达370万亿美元。金融衍生产品交易具有市场风险、信用风险、利率风险和操作风险，尤其是市场风险极大。衍生产品交易具有较强的杠杆交易的特点，其风险性极易扩散，从而使这类交易引发系统性风险。趋利避害，需要金融法调整金融衍生市场关系。

随着中国利率市场化和人民币汇率市场形成机制的成熟，利率、汇率风险已经出现并将继续加大。在这种情况下，建立和发展金融衍生市场，是市场主体套期保值、发现价格和管理资产负债结构的迫切需要，调整金融衍生市场关系，特别是对金融衍生市场风险进行规制和监管是金融法的重要任务。

3. 金融法的渊源

法的渊源一次可在多种意义上使用，实质渊源是指法的效力产生的根据，形式渊源是指法的规范的表现形式，历史渊源是指法的规范第一次出现的处所。这里主要指的是形式渊源，及金融法的具体表现形式。金融法的渊源包括国内渊源和国际渊源。金融法的国内渊源是指国家有关机关制定并发布的调整金融关系的各种规范性法律文件；金融法的国际渊源是指中国参加或缔结的国际金融条约以及国际金融惯例。具体来说，金融法的渊源包括以下八个方面。

（1）宪法。宪法是国家的根本大法，是金融法的立法基础和依据，金融法的立法和实施都必须在宪法指导下进行。

（2）金融法律。金融法律是由国家最高权力机关及其常设机关依法制定的有关金融活动的规范性法律文件。如各国制定的《中央银行法》、《商业银行法》、《证券法》等。在中国，法律的制定机关是全国人民代表大会及其常务委员会。金融法律在金融法律规范中具有除宪法之外的最高效力。

（3）金融行政法规。金融行政法规是指国务院依照法定权限制定和发布的调整金融机构及其业务活动的规范性文件。金融行政法规是中国金融法的重要表现形式，如《中国人民银行货币政策委员会条例》、《人民币管理条例》、《外汇管理条例》等。行政法律不得与宪法、法律相抵触。

（4）金融规章。金融规章是指国家金融主管机关，如中国的中国人民银行、银监会、证监会和保监会等，根据法律和行政法规的规定或授权，制定和发布的调整金融机构及其业务活动的规范性文件，其主要功能是细化法律、行政法规的内容，保证法律、行政法规的贯彻落实。目前在中国，金融部门规章数量十分庞大。

（5）金融地方性法规、规章。地方性法规是指以国家宪法和法律规定，地方立法机关或行政机关制定的有关金融活动的地方性规范文件。在中国，省一级和较大的市的国家权力机关及其常设机关为执行和实施宪法、金融法律和金融行政法规，有权在法定权限内制定、发布并在本辖区内施行地方性法规。省一级和较大的市的人民政府，有权制定地方性规章。

（6）金融司法解释。金融司法解释是最高人民法院和最高人民检察院分别就法院审判工作、检察院检察工作具体应用法律法规的问题所作的法律解释。相对而言，最高人民法院涉及金融问题的司法解释较多。司法解释有两种：一种是个案性解释，多以批复或者通知的形式解释具体的法律适用问题。另一种是综合性解释，即就对某类金融案件的审理、某一法律适用集中作出解释，如最高人民法院《关于审理存单纠纷案件的若干规定》等。

（7）金融自律性规范。金融自律性规范是指由金融行业或金融机构制定的有关金融活动的行为规范，具有准法律效力。如中国银行业协会、证券业协会、保险业协会、信托业协会的章程和自律性规制，上海、深圳证券交易所股票上市规则等。

（8）国际金融条约和国际金融惯例。国际金融条约是国际法主体之间依国际法所缔结的据以确定其在相互间金融关系中的权利和义务的书面协议，对缔约国具有法律约束力。国际金融惯例是指在金融交往实践中逐渐形成的不成文规则，它通常指人们在长期的国际金融实践中反复的类似行为而形成，并被当事人普遍认为具有法的约束力的习惯做法和通例。

第二节　金融体制与金融立法以及中国金融立法

金融体制是指金融机构、金融市场和金融业务的组织、管理制度，是国民经济管理体制的有机组成部分。其包括各类金融机构和各类金融市场的设置方式、组成结构、隶属关系、职能划分、基本行为规范和行为目标等。金融立法是制定金融业的法律的总称。二者之间有着千丝万缕的关系，各国金融体制不尽相同，立法程序和最终法律也都不同。中国金融体制的变化和立法的发展尤为明显。

一、金融体制与金融立法

1. 金融体制的含义与主要类型

金融体制是金融体系在制度上的表现，它包括一个国家的金融机构体系、金融市场体系、金融调控体系和金融监管体系在制度上的表现。在法律条件下，金融体制主要指金融活动当事人的法律地位、职责、业务范围、内部构成，以及各当事人之间的相互关系。根据金融法制的运作纽带是以市场为基础还是以计划为基础，金融法制可分为市场经济金融体制和计划经济金融体制。

（1）市场经济金融体制。市场经济金融体制是以市场为基础发展起来的金融机构体系、金融市场体系、金融调控体系和金融监管体系的制度总和，法律是这种体制运行的基本依据。① 世界上主要发达国家和地区的金融体制都是这种金融体制。市场经济金融体制又分为以中央银行为核心的金融体制和没有中央银行的金融体制。

以中央银行为核心的金融体制为当今世界大多数国家（地区）所普遍采用。这种体制是以中央银行为核心，以商业银行为基础，非银行金融机构并存发展的金融体系。中央银行是全国的金融中心，是货币发行的银行、政府的银行、银行的银行和金融调控的银行。中央银行制定和执行货币政策，调控金融市场。

没有中央银行的金融体制的形成主要与该国或地区的历史和政治传统有关，如新加坡和中国香港。在新加坡，货币由单设的行政机构——新加坡通货委员会发行，金融调控和监管由新加坡货币管理局负责。在中国香港，由政府指定香港汇丰银行、渣打银行、中国银行负责发行货币，金融调控和监管由金融管理局负责。

市场经济金融体制的基础是商业银行。市场经济发达国家有发达的商业银行体系，有的国家如美国虽然采用单元银行制，但可以采用金融控股方式扩张商业银行体系；有的国家如日本、英国、德国采用总分行制扩张商业银行体系。

市场经济发达国家的金融市场体系十分发达，不仅有发达的货币市场，而且有发达的资本市场，以及黄金、外汇和保险市场等，其中，美国的证券市场最为发达。

市场经济发达国家的金融业已经形成了金融混业经营的总体格局。德国传统上就是金融混业经营体制。20 世纪末，美国严格的分业经营体制的界限也被消除，形成了金融控股公司模式下的混业经营体制。

（2）计划经济金融体制。计划经济金融体制是社会主义计划经济国家所采

---

① 陶广峰．金融法［M］．北京：中国人民大学出版社，2008.

用的金融体制模式，其特点是金融机构是单一的国家银行制，该银行既发行货币，又从事信贷业务和结算业务。资金的运行按照高度的计划指令实行统一分派，没有金融市场。苏联、东欧和中国改革开放之前的金融体制就是这种模式。苏联金融体制是社会主义计划经济体制国家建立金融体制的模板。不可否认，苏联金融体制对其经济建设、20世纪40年代卫国战争和第二次世界大战后经济恢复都起了有力的推动作用。第二次世界大战后，东欧国家纷纷效仿，建立了高度集中的国家银行体系。现在，在这些国家或地区，这种体制在西方资本主义政治经济制度的冲击下，先后解体。

2. 金融立法的历史沿革

自从有了货币，就有对货币关系的规范，在法律没有进行规范之前，依靠的是商品交易关系中形成的习惯。当奴隶制国家形成之后，统治阶级就把涉及货币规格的确定、制作、收付、兑换、保管和借贷等各种活动中形成的习惯上升到法律的高度加以确认。公元前18世纪的《汉谟拉比法典》就有大量的涉及货币借贷的规定。统一的货币制度的确立，可谓秦始皇统一中国后颁布的《秦律·金布律》。

然而，现代意义的金融法的形成，是资本主义性质的银行出现后才有可能，银行法的产生标志着现代金融法的产生。1844年，英国颁布了《英格兰银行条例》，这是世界上第一部具有现代意义的金融法律规范。此后，西方资本主义国家伴随着商业银行纷纷登上市场经济舞台以及中央银行的建立，纷纷制定了商业银行法和中央银行法。随着非银行金融机构的大量出现，金融市场不断向广度和深度发展，金融信用关系进一步发展，资本主义国家纷纷颁布了票据法、保险法、信托法、证券法等各种专门调整金融关系的法律法规。

随着国际贸易的发展和国际金融市场的形成和发展，经过一些国际组织和学术团体的努力，国际社会于20世纪30年代相继推出了一些经系统编纂的国际金融惯例并通过了多项条约。国际清算银行于1933年成立，国际金融合作开始走向制度化，仅在1931～1937年，世界各国就签订了170多个双边支付协定。第二次世界大战后，国际金融法得到了进一步的发展，其典型标志是布雷顿森林体系的形成。联合国货币金融会议于1944年7月在美国新罕布什尔州的布雷顿森林举行，与会的44个国家的代表就建立第二次世界大战后国际货币金融制度的若干重大问题达成共识，并签署了《国际货币基金协定》和《国际复兴开发银行协定》，统称“布雷顿森林协定”。该协定确立了第二次世界大战后国际货币法律制度，创建了国际货币基金组织（IMF）和世界银行（IBRD）等国际金融组织。20世纪80年代之后，国际金融法进入了新的历史阶段，国际金融条约有重大发展，产生了具有深远影响的世界贸易组织（WTO）金融服务贸易规则。关贸总协定乌拉圭回合谈判首次将包括金融服务在内的服务贸易列入多边贸易谈判议程，达成了《服务贸易总协定》及《关于金融服务的决议》、《关于金融服务承诺的谅解书》等附件。此后，在 WTO 主持下于 1997 年 12 月签署了《全球金融服务协议》。同时，国际金融惯例也得到了更新和发展，比如《跟单信用证统一惯例》（2007 年修订本）、《托收统一规则》（1995 年修订）、《巴塞尔资本协议》（1988 年）及其修订案等。

二、中国金融立法

1. 旧中国金融立法

1904 年根据清朝户部奏准的《试行银行章程》，正式成立了官办的户部银行，1908 年改为大清银行，同年颁布了《银行通行则例》和《储蓄银行则例》。1927 年国民党政府制定《中央银行法》，次年在上海成立了中央银行，力图控制国家金融命脉。1928 年 10 月，国民党政府财政部修订了《中国银行条例》，改组了中国银行，特许为“国际汇兑银行”；11 月又颁布了《交通银行条例》，改组了交通银行，特许为“发展全国实业之银行”。1931 年 3 月，国民党政府颁布了《银行法》。1935 年 3 月，国民党政府颁布了《邮政金汇业局组织法》，改组成立了邮政金融业局；6 月颁布了《中国农民银行条例》，改组成立了中国农民银行。1935 年 5 月，国民党立法院通过颁布了《中央银行法》，确立了以中央银行为中心的官僚资本金融体系；之后，又设立了中央信托局。1943 年 9 月，国民党政府颁布了《中央合作金库条例》。1946 年成立了中央合作金库。1947 年，国民党政府颁布了《新银行法》。除银行法外，国民党政府也颁布了其他一些金融法规，如 1929 年《保险法》、《交易所法》、1935 年《保险业法》等。这样，就形成了以规范“四行二局一库”为核心的旧中国金融法体系。

2. 有计划商品经济条件下的金融立法

在 1978 年 12 月中共十一届三中全会召开之前，中国按照苏联模式实行完全的计划经济，金融体制附属于计划经济体制，控制其运行的主要是国家的计划行政命令，不是严格意义上的法律和行政法规，只有一些零星的规范性文件，如《关于残缺人民币兑换的规定》（1965 年中国人民银行发布）、《铁路旅客意外伤害强制保险条例》（1951 年政务院财经委员会发布）、《飞机旅客意外伤害强制保险条例》（1951 年 4 月政务院财经委员会发布）等。由于金融体制本身存在重大缺陷，金融法律无从谈起。

中共十一届三中全会之后，中国开始了经济体制改革，实行改革开放的经济政策。与此相应，国家也开始重视法律在经济发展中的作用。国家为了推动金融体制的改革，出台了大量的金融行政法规和规章。

总体而言，金融市场刚刚处于起步阶段，金融行为主要是银行的一些基本性行为，金融法制水平比较薄弱，金融法规和规章稀少，金融法律层级较低，没有由国家立法机关出台的正式法律。

3. 市场经济条件下的金融立法

（1）市场经济建立和初步发展时期（1992～2001 年 11 月）。1992 年邓小平南方谈话和中共十四大，确立了中国经济体制改革的方向就是建立社会主义市场经济体制。此后，中国金融体制改革发生了巨大的变化，中国人民银行向真正意义的中央银行转变，专业银行向国有商业银行转变，证券市场从探索阶段走向初步发展阶段。国家更加重视金融法制建设，将金融体制改革的成果固定化和规范化。新的金融行政法规和行政规章继续大量出现，一方面为国家立法机关出台正式的金融法律制造条件，另一方面为金融改革和金融创新提供制度支持。

1995 年是在中国金融立法史上具有划时代意义的一年。1995 年 3 月 18 日，八届全国人大三次会议审议通过了《中国人民银行法》，它是中国的中央银行法，处于基本法的地位。1995 年 5 月，八届全国人大常委会第十三次会议出台了《商业银行法》、《票据法》；1995 年 6 月，八届全国人大常委会第十四次会议出台了《保险法》。这四部金融法律构成了金融法律体系的基本层面，在它们周围形成和发展了大量的金融行政法规和行政规章。此后，中国金融立法伴随着金融体制改革继续向前推进，1998 年 12 月，九届全国人大常委会第六次会议通过了《证券法》；2001 年 4 月，九届全国人大常委会第二十一次会议通过了《信托法》。

（2）市场经济全面发展和走向成熟时期（2001 年 12 月 11 日加入世贸组织至今）。2001 年 12 月中国加入世贸组织之后，中国社会主义市场经济进入了新的历史发展阶段，金融立法日益丰富和成熟，初步形成了立、改、废相辅相成、良性循环的立法工作机制，进一步完善了金融市场基础性法律制度，拓展了市场的广度和深度。中国现在的主要矛盾不是新制定法律，而是改造现有的法律，包括：①形式意义的改造，有的行政法规可以上升到法律高度，如《证券投资基金法》（2003 年 10 月）就是在《证券投资基金管理暂行办法》（1997 年）的基础上改造的；有的属于法律的整合，如《银行业监督管理法》（2003 年）就是在原《中国人民银行法》和《商业银行法》关于银行类金融机构监督管理规定的基础上改造而成的。②实质意义的改造，主要是内容的改造，使之与市场经济的发展变化一致。

从社会主义市场经济体制确立至今，中国已经建立了比较丰富和完善的金融法律制度体系。

第三节 金融监管法律制度概述

金融安全法律保障最重要的制度就是金融监管法律制度。影响金融安全的因素有很多，从美国“次贷危机”爆发的主要原因看，影响金融安全很重要的一方面是金融监管法律制度未能跟上金融创新的步伐，从而导致金融监管法律制度的缺失。虽然对金融业是否有必要实施特殊监管，国内外理论界存在争论，但几乎所有国家在实践中都对金融业实施严格的监管。

一、金融监管法的发展

1. 金融监管与金融监管法的含义

金融监管是金融管理和金融监督的合称，是指金融监管主体为实现金融业合法、稳健运行等目标，而利用相应手段和措施对被监管主体所采取的一种积极主动的干预和调控活动。金融监管有广义和狭义的不同理解。[①] 狭义的金融监管是指国家法定的监管机关对金融机构及其行为所进行的外部监督管理。广义的金融监管除包括狭义的金融监管之外，还包括金融机构的内部监管、同业自律组织的监管和社会中介组织的监管等。本节所讲的金融监管是指狭义的金融监管。在理解金融监管的含义时，应注意区别金融监管与金融管制的含义。金融管制是指国家对某些重要的金融活动、金融业务或金融调控工具实行的行政强制措施，主要包括利率管制、外汇管制、贷款规模控制等。金融监管是金融监督与金融管理的合称，而金融管制是金融管理和限制的合称。前者更加尊重被监管主体的行为自由和市场运行规律，注重与被监管主体行为的动态调适；后者则含有人为地限制被管制者行为自由的意思，是比较静态、僵化的措施，有时甚至是违背金融市场运行规律的。

金融监管法是调整金融监管主体在监管金融业运行过程中所形成的金融监管关系的法律规范的总称。它包括银行业监管法、证券业监管法和保险业监管法等。中国目前尚无统一的金融监管法，金融监管的法律规范分散在《中国人民银行法》、《银行业监督管理法》、《商业银行法》、《证券法》、《保险法》、《信托法》等法律及其他行政法规、规章中。

金融监管法具有以下特点：第一，金融监管法是强行法。从金融监管法的内

① 陶广峰．金融法［M］．北京：中国人民大学出版社，2008.

容看基本属于强制性规范，而没有任意性规范或授权性规范；在金融监管活动中，金融监管主体与被监管主体之间的地位不平等，具体表现为监管主体代表国家行使国家权力，对被监管主体实行强制监管，被监管主体必须服从。第二，金融监管法是行为法。金融监管法本质上是国家对金融活动监督和管理的规范，其内容主要是明确监管主体的职能和活动方式，规范其行为，具有行为法属性。第三，金融监管法是实体法与程序法的结合。简单来讲，实体法规定了权利、义务的具体内容，而程序法规定了权利行使及义务履行的程序。在金融监管法的内容中，明确监管主体金融监管的目标，确定金融监管机构的地位和职责，规范金融监管的方式和手段，规定金融违法行为的惩处措施等，这些规定体现了实体性规范与程序性规范的结合。

中国金融监管法律体系主要包括金融法律、金融行政法规、金融行政规章。此外，金融监管法律体系还可包括自律性规范。

2. 金融监管法律制度的发展

（1）国外金融监管法律制度的发展。金融监管是伴随着现代银行的产生而开始的。在中央银行制度建立以前，金融监管主要是金融机构的内部管理，中央银行制度建立以后，金融监管便成为中央银行的重要职责之一，作为其依据的相关法律也随之纷纷出台。中央银行制度普遍确立是现代金融监管的起点。中央银行制度建立之初，目的在于对货币发行的管制，而不是整个金融体系。实际上，20 世纪 30 年代以前，中央银行对金融机构经营行为的干预并不普遍。1929 ~ 1933 年资本主义世界性的经济危机，几乎摧毁了资本主义的经济基础，也几乎摧毁了资本主义的金融体系，所以，在 20 世纪 30 年代以后，各国的金融监管目标、监管立法的重心普遍开始转变到致力于维持一个安全、稳定的金融体系上来，以求防止金融体系的崩溃对宏观经济的严重冲击。20 世纪 70 年代开始，自由主义的理论和思想在凯恩斯主义经济政策破产的情况下开始复兴。在金融监管理论方面，金融自由化理论也随之逐渐发展起来并在理论界和金融部门不断扩大影响。金融自由化理论主张放松对金融机构过度严格的监管，提高金融业的效率。

为了有效地对现代跨国银行的经营业务进行统一的监管，1975 年 9 月巴塞尔银行监管委员会通过了《对外国银行机构的监管原则》；1983 年 5 月巴塞尔银行监管委员会采用综合监管方法，对该原则又进行了修改；1988 年 7 月巴塞尔银行监管委员会正式公布了《关于统一国际银行资本衡量和资本标准的协议》；1997 年 9 月巴塞尔银行监管委员会又推出了《有效银行监管的核心原则》。20 世纪 90 年代金融监管理论的发展趋势为效率与安全并重，金融监管法律有了重大进展，以法律的形式推动了金融监管体制的改革与构建。与此相适应，各国对金融监管法律制度相继进行了改革。

由于银行业在金融业中的特殊重要地位及与保险业、证券业相对独立的发展，在很长时期内，形成了中央银行统一监管或者以中央银行监管为主的分业监管体制。20 世纪七八十年代特别是 90 年代以来，由于金融混业和全球化发展，世界各国在放宽金融管制的同时，都在不同程度上改革了金融监管体制。这种改革的趋势是加强金融监管，建立一个外在于中央银行的权威、独立的监管机构，采用集中统一的金融监管体制。

（2）中国金融业监管法律制度的发展。1948 年 12 月 1 日，在合并华北银行、北海银行和西北农民银行的基础上，成立了中国人民银行。中国人民银行成立以后，中国的金融监管经历了三个不同阶段：

第一阶段是传统计划经济时期（1948～1978 年）。这一时期的金融运行主要靠国家编制计划，虽然要对计划的执行进行必要的检查，但现代意义上的金融监管既无必要，也不可能。金融监管机构是中国人民银行，但此时的中国人民银行具有国家机关和经济组织的双重身份，既办理居民储蓄和工商信贷业务，又负责金融管理。

第二阶段是中国人民银行统一监管时期（1978～1992 年）。中共十一届三中全会以后，中国金融业开始步入改革与发展的新时期。这一时期，恢复和成立了四大国有商业银行，新型的商业银行和金融机构开始设立和发展，中国人民银行设立了金融管理机构，开始行使中央银行职能。1983 年 9 月，国务院发布了《关于中国人民银行专门行使中央银行职能的决定》，规定中国人民银行是国务院领导和管理全国金融事业的国家机关，不再对企业和个人办理信贷业务，而是集中力量研究和做好全国金融的宏观决策，加强信贷资金管理，保持货币稳定。1986 年 1 月，国务院发布《中华人民共和国银行管理暂行条例》，首次以行政立法的形式确立了中国人民银行的法律地位，即中国人民银行是国务院领导和管理全国金融事业的国家机关，是国家的中央银行。

第三阶段是分业监管时期（1992 年至今）。进入 20 世纪 90 年代以后，中国金融机构的种类和数量日益增多，证券市场快速发展，金融竞争日趋激烈。1992 年 10 月证监会成立；1993 年 12 月国务院《关于金融体制改革的决定》提出实行金融机构分业经营的体制；1995 年颁布的《中国人民银行法》明确了中国人民银行依法进行金融监管的权力和责任；随后颁布的《商业银行法》和《保险法》等，从法律上明确了分业经营和分业监管的体制；1998 年 11 月，保监会正式成立。2003 年 4 月，全国人大通过了设立银监会的决定，原由中国人民银行履行的审批、监督管理银行、金融资产管理公司、信托投资公司及其他存款类金融机构的职责由银监会行使。至此，银监会、证监会、保监会分工明确、互相协作的金融分业监管体制最终得以确立。

二、金融监管法律责任

1. 金融监管法律责任概述

虽然法学界对法律责任的界定存在争议，“以致迄今为止，在中国法学界乃至世界法学界尚没有一个能被所有人接受并能适用于一切场合的法律责任的定义”，但是在现代社会，承担法律责任必须具备三层含义：必须有法律规范的事先规定；必须以存在违法行为为前提；由国家强制力保证实施。

根据其性质法律责任分为民事法律责任、行政法律责任和刑事责任，违反金融监管法律制度的责任主要是行政责任和刑事责任。

根据法律责任产生的行为表现形式法律责任分为作为责任和不作为责任。“作为是指以积极、主动作用于客体的形式表现、具有法律意义的行为；不作为是指以消极的、抑制的形式表现的具有法律意义的行为。”违反金融监管法律制度的责任既有作为责任，也有不作为责任。

2. 金融监管机构违反金融监管法律制度的责任

为了适应金融监管工作的需要，切实保障金融监管目标的实现，在法律上必须建立对金融监管机构严格的监督制约和问责机制。金融监管机构及其工作人员有违反监督管理规范的行为的，应承担法律责任，主要表现为：工作人员贪污受贿，泄露国家秘密、商业秘密和个人隐私，构成犯罪的，依法追究刑事责任；尚不构成犯罪的，依法给予行政处分。对违反规定审查批准金融机构的设立、变更、终止以及业务范围和业务范围内的业务品种的；违反规定对金融机构进行现场检查的；未按规定报告突发事件的；违反规定查询账户或者申请冻结资金的；违反规定对金融机构采取措施或者处罚的；违反规定对有关单位或者个人进行调查的；有其他滥用职权、玩忽职守行为的，均应依法给予行政处分，构成犯罪的，应依法追究刑事责任。

3. 金融机构违反金融监管法律制度的责任

金融机构违反金融监管法律制度的行为主要有三类：第一类是未经批准擅自设立金融机构，或者非法从事金融机构的业务活动；第二类是金融机构未经批准设立分支机构，未经批准自行变更、终止，或违反规定从事未经批准或者未备案的业务活动；第三类是金融机构未经任职资格审查任命董事和高级管理人员，拒绝或阻碍非现场检查或现场检查，提供虚假的或者隐瞒重要事实的报表、报告等文件资料，未按规定进行信息披露，严重违反审慎经营规则，拒绝执行金融监管机构依法采取的强制性行政措施。

第一类违法行为由国家金融监管机构依法取缔，构成犯罪的，依法追究刑事责任；对尚未构成犯罪的，没收违法所得，并处罚款。第二类违法行为由金融监管机构责令其改正，没收违法所得，并处罚款；无违法所得的，按规定给予一定罚款；如情节特别严重或逾期不改的，可责令停业整顿或吊销其经营许可证；构成犯罪的，依法追究刑事责任。第三类违法行为由金融监管机构责令其改正，并处罚款；情节特别严重或者逾期不改正的，可以责令停业整顿或者吊销其经营许可证；构成犯罪的，依法追究刑事责任；对于直接责任人员，金融监管机构有权根据不同情况采取责令金融机构给予行政处分，或警告、罚款，或禁止一定期限直至终身从事金融工作等措施。

此外，金融机构不按照规定提供报表、报告等文件、资料的，由金融监管机构责令改正；逾期不改正的，处以罚款。阻碍金融监管机构工作人员依法执行检查、调查职务的，由公安机关依法给予治安管理处罚；构成犯罪的，依法追究刑事责任。

第四节 中国金融服务外包风险法制建设

伴随着经济全球化和金融全球化，中国的金融服务外包产业规模越来越大，但同时，中国金融服务外包领域的法制建设显得有些脱节。本节首先介绍国外该领域的法律监管，随后介绍中国的法制建设并给出一些政策建议。

一、国外金融服务外包的监管制度

1. 发达国家的监管制度

1997 年的亚洲金融危机以及 2008 年全球金融危机使得金融机构的治理和金融体系的稳健成为焦点问题，巴塞尔委员会专门就商业银行的治理结构问题颁发了《加强银行机构公司治理》指导性文件，2008 年的 G20 峰会确定的“全球金融危机应对方案”将金融机构公司治理和风险管理推到了前所未有的高度。为防范金融服务外包风险，发达国家和国际组织相继立法监督[①]。美国最早开始制定金融服务外包规制，澳大利亚、比利时、加拿大、德国、日本、英国等国家已建立了金融服务外包的监管标准及立法控制。欧洲银行监管委员会（CEBS）针对欧盟内的银行发布了关于业务外包的原则；欧洲证券监管委员会（CESR）将欧盟关于业务外包的立法纳入《金融交易工具市场指引》（MIRD）；证券交易委员会国际组织（IOSCO）常务委员会制定业务外包原则，对业务外包的证券公司展

① 杨琳，王佳佳. 金融服务外包：国际趋势与中国选择［M］. 北京：人民出版社，2008.

开调查并对调查的结果进行评估；国际保险监督官协会（IAIS）正在密切关注不断出现的业务外包并对其进行监管。2004 年 8 月，巴塞尔银行监管委员会、IOSCO、IAIS 共同发布了《金融服务外包征求意见稿》，用以指导银行、保险、证券等领域受管制机构的外包活动，确立监管当局的管制责任和义务，规定了受管制机构在外包活动中应履行的义务和职责，以防范、控制外包风险。2005 年 2 月为了控制金融外包风险，巴塞尔银行监管委员会、IOSCO、IAIS 共同举办联合论坛，发布了《金融服务外包报告》，制定了关于业务外包的高级原则，帮助金融机构和监管当局控制业务外包的相关风险，同时又不至于影响外包主体的经营效率。这些原则适用于银行、保险和证券领域。

金融监管机构已经积极采取行动应对金融服务外包风险。在美国、英国、瑞士、荷兰等 16 个国家，其金融监管当局都已经建立了涵盖银行和保险等行业的外包监管标准，颁布了详细的金融服务外包监管条例（如表 9 - 1 所示）。

表 9 - 1　不同国家金融外包业务的监管政策

国家	金融外包业务的监管政策
澳大利亚	2002 年 7 月 1 日，开始实施银行外包审慎标准，监管当局希望保险公司也能遵循同样的标准
比利时	2004 年 6 月 1 日，比利时银行、金融与保险委员会（CBFA）发布了针对银行及投资服务行业的共同指引。关于保险行业实施这一指引的问题，目前也在征求意见
加拿大	2001 年 5 月，金融机构管理署（OSFI）制定了关于外包的 B - 10 指引。2003 年 12 月公布其修订稿，并于 2004 年 12 月 15 日开始执行
法国	2005 年初，第 97 - 02 条例增加了涉及信贷机构及投资公司的内部控制条款。这些条款与外包业务有关，并对外包“核心”业务提出了特别规定。外包业务必须以书面合同订立，且合同中必须规定允许金融机构及银行委员会进行现场调查。外包及相关风险必须向董事会报告
德国	2001 年 12 月，德国监管当局发布了包括所有信贷机构及金融服务机构的外包指引，要求外包业务不能在以下方面带来负面影响：①这些业务或服务的秩序；②管理者监控及管理这些业务的能力；③德国金融监管局根据其司法权限对信贷机构进行审计的权力及监控信贷机构的能力
日本	2001 年 4 月，日本银行发布了金融机构稳健操作文件，提出了外包风险管理要求。金融服务局颁布了金融机构检查手册，规定了外包风险管理的检查重点
荷兰	2004 年 4 月 1 日，荷兰银行（信贷机构的审慎监管当局）发布了《组织及控制规则》。该规则的第 2. 6 节列出了业务程序外包的规定 2004 年 2 月 1 日，荷兰养老金及保险监管局，保险公司及养老基金的审慎监管机构发布了保险公司的外包管理规则

续表

国家	金融外包业务的监管政策
瑞士	1999 年 8 月，瑞士联邦银行委员会（SFBC）公布了针对银行与证券公司的《外包指引》，允许公司在未经 SFBC 明确同意的情况下实施外包，要求每年对公司进行一次年审。同时要求外包业务需订立书面合同，外包合同必须明确允许 SFBC、金融机构及其内外部审计机构对外包提供商进行监控，而且金融机构要将外包业务纳入内控体系。此外，董事会职能及金融机构的核心管理职能不可外包
英国	英国金融服务局（FSA）在《临时审慎监管手册》中制定了针对银行及住房互助协会的业务外包指引，P3 条款对保险也做出了同样规定。指引要求公司在对重要业务外包之前，需先通知 FSA
美国（证券公司）	证券监管当局一般不反对证券公司内部传统业务外包，但纽约证券交易所第 342 条、346 条及 382 条规则规定有些业务应完全禁止外包或仅允许外包给受监管实体。1934 年的证券交易法规定，任何人或实体未在美国证券交易委员会注册之前，不得为其他机构进行证券交易
美国（银行）	FFIEC（联邦金融机构检查委员会）发布了一系列指引与公告，明确了银行在管理 IT 外包风险方面的职责，最近的修订专门增加了对外包提供商信息安全的要求 目前美国银行在外包方面的监管指引主要包括以下几个方面：①2001 -47OCC 公告，《服务商关系：风险管理原则》（2001 年 11 月）；②FFIEC 的外包技术服务风险管理指引（2000 年 11 月）；③FFIEC 的 IT 手册：《技术服务商（TSP）监管手册》（2003 年 5 月） 2004 年，美国银行监管机构公布了《IT 外包技术服务检查手册》，为监管检查提供了指引与检查程序
美国（保险公司）	美国保险监管机构（NAIC）根据各种司法授权对基本业务外包进行监管。其他外包服务由市场行为检查程序规范，例如索赔处理或投资管理、监管当局处理违规行为的权限情况、阻止不公平索赔及不公平交易行为。NAIC 市场监管及消费者事务委员会成立了外包提供商卖方工作组，处理当前监管当局未涉足但与保险公司业务外包有关的问题

资料来源：2005 年巴塞尔委员会联合论坛，金融服务外包（Basel Committee on Banking Supervion Joint Forum，2005，Outsourcing in Financial Services）。

2. 国际组织的监管制度

2004 年 4 月，欧洲银行监管委员会（CEBS）发布了针对欧盟内银行的业务外包的一套原则。此外，欧洲证券监管委员会（CESR）正在为将欧盟关于业务外包的立法纳入《金融交易工具市场指引》（MIFID）提供意见。欧洲保险和职业养老金监管委员会（CEIOP）关注其业务外包监管。巴塞尔委员会电子银行小组准备对其成员的 IT 业务外包情况进行评估，并考虑出台新的关于业务外包的规则。证券交易委员会国际组织（IOSCO）常务委员会已经起草了一套业务外包原则，将要在证券业内征求意见。国际保险监督官协会（IAIS）正在密切关注不断出现的业务外包做法和监管手段。

2005 年 2 月，巴塞尔委员会主导的联合论坛发布了《金融服务外包》文件，规定了九条原则，用以指导受监管的金融机构的外包活动，确立监管当局的管制责任和义务。这九条原则为：①需要实行业务外包的金融机构应制定一个对业务外包及其方式的恰当性进行评估的总体性的外包政策。董事会或其同等权力部门对外包政策以及根据这一政策开展业务外包全权负责。②金融机构应制定全面的外包风险管理计划来妥善处理外包业务以及其和承包商的关系。③金融机构应确保业务外包不削弱其履行对客户和监管当局的义务的能力，也不阻碍监管当局对其进行有效的监管。④金融机构在选择承包商时应尽责。⑤外包各方的关系必须以书面合同的形式予以确定，合同应明确规定各方的权利、责任及各项要求。⑥金融机构及其承包者均应制定应急计划，包括灾难恢复计划和定期测试备份系统的计划。⑦金融机构应采取恰当措施要求承包商为金融机构及其客户保密，避免它们的机密信息被故意或无意地泄露给未经授权者。⑧金融监管当局应将外包纳入对金融机构的持续监管，以适当方式确保金融机构的外包安排不影响其达到监管要求的能力。⑨当多家金融机构同时将业务外包给有限的几家承包商时，监管当局应关注其潜在的风险。

3. 各国监管制度的比较分析

主要发达国家已基本建立起了金融服务外包监管制度，但它们的监管水平不一，欧洲的金融外包监管明显落后于美国。各国具体的监管措施也不尽相同：在合格承包商的确定方面，美国和瑞士主要考虑外包安排与发包方的目标和战略的匹配性，而荷兰和英国则关注确保承包商完成外包所需资源的充足性；在告知义务方面，瑞士强调银行对客户的告知义务，而英国和澳大利亚则强调银行对金融监管当局的告知义务；在银行董事会和管理层的责任方面，美国关注二者的监管职责，加拿大关注二者的外包制定和审批职责，瑞士和澳大利亚强调二者应全程关注外包；在外包的审计方面，美国要求外包的审计工作由银行内部审计人员完成，而瑞士、英国和澳大利亚则要求外包业务的审计工作先由银行内部审计人员审计，再由外部审计人员审计；在服务水平协议方面，美国的法律法规比较完善，而其他国家则偏重某一方面；在风险管理方面，美国和加拿大倾向于建立一个实质性的外包风险管理程序，荷兰倾向于要求发包方和承包商达成应急计划，澳大利亚倾向于组建一个外包管理团队来评估外包的潜在风险，确保董事会的外包管理策略被遵守以及向管理层和董事会提出参考意见。

但各国和国际组织的监管机制也具有一些共同特征：各国对金融服务外包的监管规范主要以监管指引的形式颁布，各国对金融服务外包的监管主要通过发包方自身的内部控制和监管当局的外部监管两种途径来进行，监管内容主要集中于外包金融服务的范围、发包方内部控制、承包商的选择、客户合法权益的保护、发包方和承包商的应急机制等方面。此外，监管指引还注意对金融服务外包的监管程序、内容与权限等方面进行规范。

4. 印度是全球金融外包首选目的地

在外包法律环境方面，印度已经走在很多具备离岸外包条件国家的前面，特别是在金融机构最为关心的数据保密性法规建设方面已遥遥领先（见表9－2）。

表9－2 不同国家法律对数据保密性要求

国别	法律对数据保密性要求
印度	2000年发布的《信息技术法》，对违反此要求处以最高三年的关押。1998年，国家信息技术任务要求政府拟定并通过以《英国数据保护法》为基础的相关法案，上述法案即将颁布
中国	尚无专门的数据保护法律，且很少有法规对个人信息搜集、使用和披露进行限制
菲律宾	尚无专门的数据保护法律。信息技术和电子商务委员会已提议通过一项坚持欧盟标准的数据保密法案。2000年实施的《电子商务法》，对违反数据保密要求和违规侵入计算机系统处以罚款和3～6个月的关押。银行数据记录受到《银行保密法》和《银行存款法》保护
新加坡	尚无专门的数据保护法律。2002年，国家网络咨询委员会颁布《私人领域模型数据保护法》，采用国际标准的数据保护方式。《银行法》规定未经客户允许不得披露相关金融信息
澳大利亚	1998年发布《保密法》，对私人信息存储和安全性作出规定。2001年进行修订，要求机构要采取合理措施保护私人信息，避免误用、丢失、未授权使用、修改或披露
马来西亚	尚无专门的数据保护法律。1989年颁布的《金融机构法》对银行信息保密性作出规定
南非	尚无专门的数据保护法律。2002年开始拟定《国家保密法》。2002年，已颁布《电子信息交流与处理法》，对违规使用保密数据作出规定。《银行法》对违规使用金融保密信息作出规定

资料来源：FDIC，2004.

二、中国承接金融服务离岸外包相关法律问题

要吸引离岸外包特别是离岸金融外包，完善相关法律环境十分重要。[①] 以下是中国在吸引离岸金融服务外包时，应注意的相关法律领域。

1. 加强金融监管法

金融服务离岸外包可能产生的金融风险，已经引起有关国家对金融安全的担忧，开始强调金融监管。各服务外包国考虑到金融服务的专业性、复杂性和风险性都对外包服务进行了立法监管。早在1999年8月瑞士联邦银行委员会发布了

① 龚柏华．论中国承接金融服务离岸外包相关法律问题［J］．上海财经大学学报，2007（1）．

对银行和证券公司的《外包指引》，将外包业务纳入金融机构内部控制体系之中。在中国试图大力发展承接金融服务外包的情形下，对各国外包指引规范进行梳理和研究，通过法律的形式使得中国承接外包服务的企业处于立法监管之下，降低风险，树立安全的交易环境，规范金融服务外包的发展，意义重大。

目前，中国银监会颁布的涉及金融服务外包的立法主要有以《电子银行业务管理办法》为基础[①]，其中第 5 章涉及了中国境内金融机构业务外包的管理规定，第 6 章则针对中国境内金融机构对外提供跨境银行服务的管理（包括中国境内的金融机构承接外包的金融服务）。但是该法对于非金融机构承接境外的服务以及金融机构承接境外非核心金融服务均未做出规定。作为另外两家金融业务的监督机构（即证监会和保监会）也未确立完善的金融服务外包立法。

考虑到中国大力发展承接境外金融服务外包业务的目标与立法现状，笔者认为有必要参考国际立法实践，构建中国的金融服务外包监管法律体系。2005 年 2 月，以巴塞尔银行监管委员会为主导的联合论坛出台了《金融服务外包》。该文件指出了金融外包的主要风险，即战略风险、信誉风险、法律风险、操作风险、退出战略风险、对手风险、国家风险、合同风险、市场准入风险、集中与系统性风险。该文件倡导金融监管的九大原则，阐述了服务外包商在进行外包服务时应遵守的义务。尽管未直接涉及服务提供方的义务，但其中部分原则对于中国立法具有借鉴意义。

2. 完善个人数据资料保护法

金融服务离岸外包必须伴随着金融机构所独有的非公开的客户或业务信息的转移。自从经济合作与发展组织在 1981 年首次提出个人资料跨国流通的基本原则——自由流通与法律限制，规定成员国应采取一切适当的措施确保个人资料国际流通的自由，以及对自由流通进行限制的条件以来，就为资料跨国流通确立了基本方向。各国和地区从自己的实情出发，制定了相应的资料跨国流通的监管法律，以最大限度地维护本国利益。

以欧盟为例，其于 1995 年通过了《个人数据资料处理和自由转移的命令》（即 95 指令），使得欧盟会员国纷纷按照该指令对个人资料保护立法进行修订。该指令第 25 条规定：对于资料向非欧盟成员国输出的情形，只有当该非欧盟成员国法律已被欧盟确认能够提供个人资料的充分保护，始能许可个人资料向该国流动。特别是该条的第 2 款提到，对于保护水平是否充分应当依照围绕整个传送操作过程的条件来评判，尤其应当考虑资料的性质、运行操作的目的和期间、来源国和目的国、一般和特别领域的生效的法治情况，以及该国的执业规则和安全

① 李重炜. 银行服务外包的法律风险及其防控［J］. 南方金融，2011（2）.

措施等。目前为止，欧盟仅确认了加拿大、阿根廷、匈牙利和瑞士能提供充分保护。

由于金融服务离岸外包常常伴随着客户个人保密信息的转移，该立法无疑将许多发展中国家，尤其是在数据资料保护方面缺乏力度的国家拒之门外，成为其涉足服务离岸外包的一大障碍。例如，劳埃德集团英国银行内的工会组织曾在2003年提起诉讼，宣称该行将工作外包给印度违反了95指令，原因是印度国内的数据保护立法无法达到英国法律的要求。因此，将服务外包会对客户的资料的安全性产生影响。

目前为止，除一些散见于行政法规的个别规定外，中国在个人数据保护立法方面，尤其是跨国数据流通的相关立法，尚未建立完整而系统的法律体系。这一情况无疑将会对中国开展金融服务外包业务造成影响。对此，笔者提出以下几条建议：

第一，鉴于欧盟指令逐渐成为全球政策的指引，我们有必要参照欧盟立法的标准，对中国个人数据保护进行完善，设立相关的监督机关，建立起一套系统的法律机制。有消息称，国务院已经启动《个人信息保护法》的立法程序。我们希望该部立法能为中国承接离岸服务外包扫清法律上的障碍，推动服务外包事业的发展。

第二，通过政府间的协调，订立相关的信息安全港协议，通过行业自律来完善个人数据的保护。较有代表性的是美欧安全港架构协议。美国公司可以在自愿的基础上，在向联邦贸易委员会证实其已经满足了相关条件并将遵守相关原则后，方可进入该安全港计划。欧盟指令要求以国家为单位，判定其对个人资料的保护是否符合标准；对于侵犯隐私权的企业将依照隐私权的法律进行处罚。信息港实际上变成了以企业为单位，逐个企业进行认定；违反该原则的企业不能以所谓的“侵犯隐私罪”论处，只能以“商业欺诈”论处，两者的性质、惩处力度和执行机制都完全不同。

第三，通过企业之间的标准合同条款实现欧盟指令所要求的“充分保护”的标准。2001年，欧盟批准了欧盟居民个人资料传输至非欧盟会员国的电子商务业者合同范本，作为对95指令的补充。该份契约的主要目的在于保障欧盟居民的个人资料在传输到非欧盟国家时，仍能享有欧盟指令所规定的高标准保障，并且能促进欧盟会员国与其他国家电子商务的健康发展。该合同条款应包含可合法实施的声明（或保证），“数据出口方”与“数据进口方”有义务根据基本的数据保护规则对数据进行处理，并同意个人可以实施其在合同下的权利。

3. 加强相关知识产权保护法律

完善的知识产权保护体系，是服务外包发展的前提之一。以印度为例，20

世纪90年代以前，印度的软件产业和其他发展中国家一样，备受盗版猖獗及知识产权保护不力两大问题困扰。1994年印度议会对1957年的版权法进行了彻底的修订，于1995年5月10日正式生效。该法除明确规范版权人及使用者的权利、责任、义务及利益之外，还依据WTO中TRIPS的基本原则，对数据库知识产权、以源代码或目标代码表达的计算机程序、著作出租权的保护范围、权利限制与作品的合理使用等方面进行了重大调整，进一步向国际惯例和WTO的有关协议靠拢。该版权法对侵犯版权的行为规定了严厉的民事与刑事指控。

金融服务外包通常采取电子交付的方式，这就使得传统的知识产权法律体系受到了网络的挑战。如何对网络环境下的新型知识产权给予保护，成为中国完善服务外包领域知识产权立法的目标之一。

4. 出台相关财税鼓励政策（电子商务）

中国服务外包业务尚未成熟，竞争优势仍不明显，急需政府出台相关的财税鼓励政策，促使更多的企业参与服务外包，促进服务外包的进一步发展。同时，对现行财税制度进行改革，以便更好地发挥税收政策在提升服务业竞争力中的作用。例如，改革所得税政策，调整税前可列支范围与标准；调整营业税，避免对服务外包企业的重复征税；调整税率，促进金融服务外包企业的发展。

实践中，为了鼓励服务外包的发展，地方政府已经出台了相关政策。例如，2005年《上海市政府关于加速发展现代服务业若干政策意见》规定，“鼓励各类企业开展服务外包出口，对承接国际服务业外包的服务外包出口企业，符合国家有关规定的，可予以享受有关扶持出口型企业研发资金和中小企业开拓国际市场资金等优惠政策”。商务部也表示，凡符合条件的服务外包企业进行国际市场开拓承接国际（离岸）服务外包业务可享受《中小企业国际市场开拓资金管理办法》规定的资金支持。

三、健全中国金融服务外包监管制度的政策建议

金融服务外包在中国已经起步，中国金融监管机构应充分认识到金融服务外包活动潜在的风险，立足于中国金融服务外包的实践，参考巴塞尔银行监管委员会《金融服务外包》，借鉴国外金融服务外包监管的经验，尽快推出金融业务外包监管指引文件。

（1）合理确定外包金融服务的范围。外包范围是监管制度关注的焦点和难点。外包金融服务的范围原则上仅限于非核心金融服务，可以先将部分金融服务明确规定，许可金融机构将其外包，对于其他事务的外包则应该通过特别的批准程序。在列举范围上，建议通过分类和列举结合起来。

（2）合理构建外包金融服务的监管程序、内容与权限。从安全和效率并举

的角度来看，对于列举出来的具体外包金融服务，只需经过备案程序即可，没有必要经过审查和批准程序。对于不在列举范围之内的事项，则应该经过监管机构的审查与批准程序。监管指引还应该对于后者的审查要求与具体批准程序做出明确规范。监管机构对于外包金融服务的监督检查，主要反映在对外包金融服务办理的具体记录，尤其是外包合同，以及外包商接受外包金融服务的安全与风险控制机制的保障上。监管当局可以对违法者给予适当的制裁。

（3）注重对金融机构金融服务外包内控机制的监管。监管规章应要求从事业务外包的金融机构建立全面的外包风险管理程序以指导外包活动及其与服务供应商的关系。监管规章应该明确金融机构针对外包金融服务的内部控制机制中应该健全的事项，要求金融机构构建合理的管理和控制外包安排的内部程序、组织机构和专门人员等；要求金融机构针对外包商设计必要的监督与管理机制，尤其是在外包商的选择与外包合同的签订上要做出有效的控制；应要求金融服务外包必须签订外包书面合同，明确表明涉及外包管理的所有实质性要素，包括权利、义务与各方预期等。

（4）对客户信息和金融机构的商业秘密保护做出专门规定。监管规章首先应该要求金融机构和外包商在外包过程中严格遵守有关国家秘密、商业秘密以及个人数据保护有关的法律法规等；其次，应该要求金融机构采取适当措施，对于涉及客户信息披露的问题时应该告知客户并征得客户同意，而且应该要求外包商严格保守所接触客户信息和金融机构的商业秘密，不得故意或无意对未授权人士泄密；最后，要求金融机构与客户、外包商之间通过外包合同或者专门的保密协议确保客户保密信息和金融机构的商业秘密的安全。

（5）对金融机构选择外包商提出原则性要求。外包商选择是关系到外包金融服务能否得到顺利完成的关键所在，金融机构应该尽职选择外包服务商。因此，监管规章应就选择合格的外包商的基本程序和机制提出原则性要求，尤其应该要求金融机构必须经过内部的适当授权程序，并严格审查外包商的相关业务经验、履行外包合同的能力和信用记录、经营管理水平等。

（6）规范金融机构应急机制的设计。监管规章必须明确要求金融机构和外包商对于金融服务外包的各种意外情形，建立必要的应急措施（包括灾害恢复计划及备份设施的定期测试计划），尤其是对于如下情况应该设计必要的应急规划：外包商发生破产、遇到不可抗力无法完成外包事务、外包商在内部技术或骨干人员的变动等影响外包合同履行等。

（7）规范金融机构与外包商的关系。金融机构是特许行业，非金融机构不得以金融机构名义从事业务，因此要特别强调外包商的“非金融机构地位”。受委托的外包商执行业务不得以金融机构名义从事业务活动，相反应该明确向客户表明其系受金融机构委托处理特定事务的独立受托机构。金融机构应该确保外包管理既不能影响其对客户及监管者履行的责任，也不能阻碍监管者的监管效能。委托外包商处理金融服务，监管部门应加强控制监管并定期检查，从而确保受委托机构不以金融机构名义执行业务；如有违反，则应该对金融机构及受托机构一并给予处罚。

（8）严格监管金融服务跨国外包。金融业是高风险行业，金融服务跨国外包涉及国家的金融安全和国家秘密，事关一国金融业的核心竞争力。在跨国外包问题上必须既要考虑世贸组织法律制度及中国“入世”承诺，也要注意维护国内金融监管的自主权和独立权，并应注意借鉴国际监管通行的惯例。笔者认为，对金融服务跨国外包监管应适度从严，宜对跨国外包设置必要的批准程序，并对跨国外包的服务范围、外包管理、合同法律适用和争议解决做出严格的限定。金融服务跨国外包应原则上适用中国法律，并尽可能选择在中国法院或仲裁机构裁决纠纷。

（9）签订完善的外包合同并对其进行有效的监督。合同的设计是控制金融服务外包风险最重要的一环，也是风险监控制度中操作性最强的过程。金融机构与外包商签订的外包合同必须涵盖外包业务的所有环节，包括日常作业流程规范、监督、定期联系、权利和义务、赔偿责任与争端解决程序、合理的服务质量说明和度量标准等，以保证外包业务的规范运行。《银行业金融机构信息系统管理指引》中第六章第五十四条规定：银行业金融机构应当与承包方签订书面合同，明确双方的权利、义务，并规定承包方在安全、保密、知识产权方面的义务和责任。金融机构服务一般时间较长，通常是5～7年，有时甚至是10年，在此期间发包商要充分考虑到市场需求的变化和服务要求的发展，因此合同的签订要足够灵活以适应不断变化的环境。签订合同时应考虑到外包商的权利、义务及提供的服务水平的要求；保留雇佣其他外包商的权利，保证服务质量；明确对外包商的奖惩措施；如果外包商要使用分包合同，则必须经过金融机构的同意，合同应使服务提供商将业务外包给第三方时，仍然能对风险进行有效的控制；保证与服务商共享信息的所有权和机密性；金融机构和监管机构可以随时查阅与外包业务相关的所有账目、报表和其他信息，规定金融机构对服务提供商的连续监控和评估，以便及时采取纠正措施；明确双方发生争端时将以何种方式解决；合同应包含一个终止条款以及执行终止规定的最低期限等。

四、中国银行服务外包监管的法律制度

1. 银行服务外包风险监管的法律比较[①]

（1）针对系统失控风险。各国各地区根据该风险主要来源于核心服务外包

① 陈斌彬．银行服务外包风险监管的国际比较及借鉴［J］．南方金融，2007（12）．

的特征，适当控制核心服务外包。当然，何谓“核心服务”不同国家或地区界定不一。如美国银行联邦金融机构检查委员会（FFIEC）禁止银行将内部审计、财务会计、预备年度账等内部业务外包给银行集团外的公司。加拿大金融监管局（OSFI）也禁止与银行内部的会计控制、财务系统或 FRE 财务声明相关的内部审计服务外包。英国金融服务局（FSA）则对银行业务的外包施以直接管制，不管外包的服务核心与否，只要风险过大，可能导致银行失控，当局都可不予批准。中国台湾则明确列举银行可开展数据处理、信用卡相关作业、保金作业、汽车贷款逾期缴款之寻车作业、不动产鉴价作业、窗体凭证等资料保管作业、应收债权催收作业可以外包外，其他种类的服务外包都须经“财政部”核准。

（2）针对对手风险。各国各地区金融监管当局注重事前防范，强调银行应慎重选择服务商，即要求服务商不仅应为合法注册的法人企业，而且还能有充足的资源准时完成银行所需的外包任务。不过，在服务商的选择标准上，各国或地区侧重点并不一样：美国金融监管当局要求银行从服务商的洞察力或价值主张是否与银行外包服务的性质相容基础上，再结合操作能力、财务能力、提供专业化服务、地理位置及该服务商完成与其他服务商现存服务水平对比等指标来确定服务商。英国和加拿大的金融监管当局则要求银行须审查服务商提供的服务或计划的系统性和功能性是否完备，并要求其呈递相应的外包风险控制步骤。中国香港和中国台湾则要求银行应综合财务状况、信誉、管理技巧、技术能力、规模和对银行业的熟悉程度及创新能力等几个方面来选择和评估服务商。除了财务能力和技术能力的考量之外，日本和欧盟则强调服务商提供的服务不应影响银行履行对客户和监管当局义务的能力及阻碍当局对其的有效监管。

（3）针对信息泄露风险。各国各地区都注重对客户和银行信息的保护，要求服务商在处理外包数据时须严格遵守有关本国（地区）银行的保密法规，强化内控机制和员工的保密纪律。不过在具体要求上也不尽相同，如美国、加拿大和瑞士要求服务商向境内监管当局许诺保证数据资料的机密性，并采取特殊的技术、人员或组织措施来保证数据资料的安全；中国香港和中国台湾则明确要求服务商应有严密的保护措施确保其员工在接触银行资料时不外泄和不从事其他不当利用行为。欧盟则规定服务商只有在其注册国的法律已被欧盟确认能够为个人资料提供充分保护时，才能被允许在欧盟境内承接涉及银行客户信息的外包服务，而且在客户咨询时，银行还有义务告知服务商的具体资料。

（4）针对战略风险。各国各地区监管当局并没有因为该风险是银行服务外包必不可少的代价而坐视不管，为尽可能减少该项风险，各国各地区均要求本国本地区银行在外包前提交必要的应急计划，包括灾难恢复计划和定期测试备份系统计划，以使在服务商不履行或履行不能时银行有应急措施可循，避免承担过大的调整成本。

(5) 针对法律风险。各国各地区的外包监管指引都给予高度重视。上述提及的国家和地区均明确规定外包应采用书面合同形式。合同除了载明外包的内容要求、明确规定双方权利、义务与争议解决等必备条款之外，不同国家或地区还有不同的专门要求。如美国、加拿大还要求外包合同必须包含恰当和可衡量的服务水平协议（SLA）条款，单方面赋予银行随时获得外包业务的所有账册、记录和相关信息的权利。英国和澳大利亚则要求合同还应包括终止条款，以确保外包商需要将外包服务转移至其他服务商时，相关信息、知识产权等所有权得到保护。中国香港为保护银行利益则明确外包合同的法律应选择适用银行所在地的法律。中国台湾则规定服务商要将已承接外包转包，除了满足合同规定的条件之外，还需经过开展这项服务外包的银行同意，并报监管当局备案。

2. 中国银行服务外包风险监管的立法评析及完善建议

(1) 中国银行服务外包风险监管的立法情况。与上述国家或地区相比，中国银行开展的外包业务量很小，且主要集中于电子银行、信用卡发行、管理和后勤事务外包等几个传统领域。加上中国监管当局对银行服务外包风险没有给予足够的重视，有关规范银行服务外包的法规长期处于空白状态。① 直至 2006 年 1 月 26 日，银监会才在其颁布的《电子银行业务管理办法》中对中国银行开展电子银行业务外包的相关事项做了粗线条的规定。然而，这些规定对其他类型的服务外包并无法律约束力，无法全面规范中国现有的银行服务外包。与此同时，从 2006 年 12 月 12 日起，伴随着“入世”5 年过渡期的终结和外资银行在华业务范围的全面渗透，中国金融市场与国际金融市场实现全面接轨。可以预见，日益激烈的金融市场竞争压力推动中国银行业寻求更大范围和更多种类的服务外包。未来的一定时期，IT、不良资产处置、人力资源管理、档案管理，内部审计及市场调研和有关研发等服务领域将是中国银行业开展外包的重点。可见，无论是从银行业服务外包的现状还是从未来的发展趋势来看，中国仅有电子银行服务外包法规是远远不够的。如果不将其他类型的服务外包尽快纳入法制轨道，一方面会使银行怠于对其他类型服务外包风险的控制，另一方面也容易诱发银行将本为电子银行服务外包的业务变相转移或混合到其他类型服务外包中去，从而达到规避现有法律监管的目的。然而，在中国银行服务外包的立法架构上，中国不应分门别类对银行其他类型的服务外包一一做出规定。因为这种立法方式会制造出大量庞杂、内容重叠交叉的规范性文件，使监管当局无法应付。因此，从立法的前瞻性出发，中国应借鉴发达国家或地区的做法，舍逐一立法规范的思维方式，选择统

① 黎四奇.《金融服务外包》文件之评析——兼议中国金融外包监管立法的建设［J］. 广州大学学报，2005（10）.

一的监管规则作为立法架构，以顺应中国银行服务外包多样化的发展态势。

（2）完善中国银行服务外包风险监管的对策建议。借鉴上述发达国家或地区的监管规范①，中国今后外包监管规章的制定应着重注意以下几点：

第一，明晰服务外包的范围。可以采用分类和列举的方式，既正面规定银行可以自主决定的服务外包的种类范围，又对列举范围之外的服务外包，要求其须事先经过监管当局的批准。当然，对中国银监会的审查要求与具体的批准程序，监管规章尚需补充说明。

第二，制定合理的外包监管标准。银行开展服务外包目的在于追逐效益、增强自身的竞争力。因此银监当局在确定外包风险监管标准时既不能过分强调安全性而忽略外包的逐利性，也不能为满足银行获利的冲动而任其随心所欲地开展各种服务外包。为追求外包安全与效益之间的良好平衡，中国监管部门对于银行服务外包的监管应着眼于整个银行业系统性的安全与风险控制机制的保障上，而对于银行具体的外包细节不应给予过多的干预。但为确保随时获得所需的第一手监管材料，银监会必要时可以对各银行办理外包的具体记录加以稽核或现场检查，对其中可能存在的不当行为予以纠正和制裁。

第三，规范服务商的选择标准。服务商的优劣决定着银行服务外包的成败。因此，中国的外包监管规章须就银行如何选择合格服务商的基本程序和机制提出原则性要求，包括要求银行须经过内部的适当授权程序、严格审查服务商的相关业务经验、财务状况、履行外包合同的能力和信用状况、经营管理水平等。

第四，确保外包信息的安全。监管规章首先应重申合同双方在外包过程中须严格遵守《中华人民共和国商业银行法》、《中华人民共和国反不正当竞争法》以及各种涉及个人数据保护有关的行政规章；其次，要求银行采取适当措施，在涉及客户信息披露的问题时及时告知客户并征得客户同意；最后，服务商应确保所接触客户信息和银行商业秘密的安全性，不得对外泄露，否则应承担相应的法律责任。

第五，强化外包应急计划的制定。监管规章必须明确要求银行和服务商就外包过程中的各种意外情形建立必要的应急措施。尤其是要求银行事先针对服务商发生破产、遇到不可抗力或发生其他潜在问题，如服务商内部技术或者骨干人员的变动等无法完成外包事务或影响外包合同履行的情形，事先设计好相应的应急计划和定期的测试备份系统计划，以保证银行基本的灾难恢复能力。同时，这种应急计划应成为银行开展该项服务外包获得银监会批准的必要条件。

第六，课以外包银行监控服务商的责任。银行开展服务外包并不意味着银行

---

① 于峰，李梓房．金融服务外包监管制度的国际经验及对中国的启示［J］．商场现代化，2006（32）．

对服务管理权的放弃。虑及服务商“非银行机构”的身份，银行监管部门在无法律授权下不便对其施以直接的监管，故监控服务商行为的重任应落在开展外包的银行身上。借鉴发达国家的做法，中国的监管规章可明确规定银行在外包中有义务对服务商的表现和潜在变化加以监控，监控内容包括：服务商是否严格履行服务水平协议和外包合同条款；服务商的财务状况，外部环境变化造成的潜在变化等，并将监控结果随时向监管部门汇报。

第七，适当控制银行服务的离岸外包。离岸外包是将本国银行服务外包到其他国家或地区，这势必加大了本国银行对离岸服务商的监控难度，间接削弱一国监管当局的内部审慎监管效果。目前国际上对离岸外包监管的通行惯例是涉及本国银行机密信息和可能有损一国金融安全的服务外包要经当局批准，而且原则上离岸外包合同的法律适用应以银行国地法律为准，并尽可能选择在银行国地法院或仲裁机构裁决纠纷。对此，中国也可借鉴参考，对离岸外包的服务范围、外包管理、合同的法律适用、争议解决方式做出不同于在岸外包的规定。

参考文献

[1] Grossman and Helpman. Managerial Incentives and the International Organization of Production [J]. Journal of International Economics, 2004, 13 (20): 55 –70.

[2] Helpman . Nirupam Bajpai Global Services Sourcing: Issues of Cost and Quality [J]. CGSD Working Paper , 2004, 16 (1).

[3] Henri, L. F. , De Grocn. Macroeconomic Consequences of Outsourcing [J]. De Economist, 1998, 149 (1).

[4] 王怡 . 金融后台业务外包的国际经验及启示[J]. 现代经济, 2007 (6).

[5] Alexander Mierau. 知识流程风险的战略意义[J]. 德国凯泽斯劳腾大学, 2007.

[6] Amaral, J. , Billington, C. , Tsay, A. 2004, Outsourcing production without losing control [M]. Supply Chain Management Review (November - December), 2004.

[7] Baker, G. , Gibbons, R. , Murphy, K. J. Relational contracts and the theory of the firm [J]. Quarterly Journal of Economics, 2002, 117 (1): 39 –84.

[8] Lauren Keller Johnson, A. Crash Course in Outsourcing [J]. Harvard Management Update, 2003.

[9] Mira Sahney, Emic Syu. 离岸外包的数据安全——知识产权和隐私[J]. 美国麻省理工斯隆管理学院, 2007.

[10] Rick L. Click and Thomas, N. Duening. Business Process Outsourcing: The Competitive Advantage [M]. John Wiley & Sons, Inc. New Jersey, USA, 2005.

[11] The Joint Forum at Basel Committee on Banking Supervision. Outsourcing on Financial Services [R] . Basel: Bank for International Settlement, 2005.

[12] 巴塞尔银行监管委员会 . 金融服务外包（上）: 国际清算银行[J]. 中国金融, 2005 (12).

[13] 巴塞尔银行监管委员会 . 金融服务外包征求意见稿（中文摘要）[N].

李文龙编译．金融时报，2004（4）．

［14］北京当代金融培训有限公司．金融理财原理［M］．北京：中信出版社，2010.

［15］毕燕君．我国银行业务外包发展探析［J］．经济论坛，2008（2）．

［16］陈斌彬．银行服务外包风险监管的国际比较及借鉴［J］．南方金融，2007（12）．

［17］陈芳．金融服务外包的风险控制与监管研究［J］．沈阳农业大学学报（社会科学版），2008（3）．

［18］陈芳．金融服务外包的风险控制与监管研究［J］．沈阳农业大学学报，2008，10（3）．

［19］陈菲．服务外包动因机制分析及发展趋势预测——美国服务外包的验证［J］．中国工业经济，2005（6）．

［20］陈平．浅谈金融 IT 的自我服务与外包［J］．中国金融电脑，2003（2）．

［21］代明．透视核心竞争力［J］．企业经济，2004（9）．

［22］邓灵斌．企业隐性知识转移中的知识产权风险及其规避研究［J］．进步与对策，2009（4）．

［23］邓小勇．我国商业银行业务外包研究［J］．首都经济贸易大学，2010.

［24］龚柏华．论中国承接金融服务离岸外包相关法律问题［J］．上海财经大学学报，2007，9（1）．

［25］郭辉平．我国金融业务流程外包风险分析与运营体系研究［J］．电子科技大学，2010.

［26］郭伟奇．中国承接金融服务离岸外包相关问题初探［J］．价格月刊，2007（12）．

［27］韩龙．金融法［M］．北京：清华大学出版社，北京交通大学出版社，2008.

［28］何英，黄瑞华．论知识外部性引发的知识产权风险［J］．科学学研究，2006，24（5）．

［29］胡秀娟，邹壬玉．国际银行业务外包监管规则的新发展及启示［J］．广西政法管理干部学院学报，2008（4）．

［30］黄玉杰，王文卓，张国梅．服务外包风险的控制机制研究［J］．企业活力，2009（9）．

［31］蒋欢．金融服务外包及其风险研究［J］．湖南大学，2005.

［32］金永红，吴江涛．金融服务业务外包监管的国际比较及其启示［J］．上海金融，2007（10）．

[33] 金子财，杜胜．建立我国金融机构业务外包监管制度[J]. 西安金融，2005（5）.

[34] 景瑞琴，邱伟华．金融服务外包的利益与风险分析[J]. 商业时代，2007（5）.

[35] 黎四奇．《金融服务外包》文件之评析——兼议我国金融外包监管立法的建设[J]. 广州大学学报（社会科学版），2005（10）.

[36] 李纲，刘益，廖貅武．合作创新中知识转移的风险与对策研究[J]. 科学与科学技术管理，2007（10）.

[37] 李华军，光宇．新技术企业知识型员工流失风险管理——基于心理契约的视角[J]. 科技进步与对策，2009（8）.

[38] 李金泽，刘楠．商业银行业务外包的风险及其防范[J]. 中国金融半月刊，2003.

[39] 李金泽．关于商业银行事务外包的若干法律思考[J]. 金融论坛，2003（6）.

[40] 李玉红．全球价值链视角下的国际外包[J]. 商场现代化，2005（5）.

[41] 李志强，李子慧．当前全球服务外包的发展趋势与对策[J]. 国际经济合作，2004（11）.

[42] 李重炜．银行服务外包的法律风险及其防控[J]. 南方金融，2011（2）.

[43] 梁晓瑾．金融服务外包业务的风险及防范[J]. 时代经贸，2010（11）.

[44] 廖继华．业务外包风险分析与控制研究[J]. 武汉理工大学，2009.

[45] 林学军．金融服务业务外包监管的国际比较及其启示[J]. 经济导刊，2008.

[46] 林永阳，吴更仁．金融服务外包风险识别及其防范[J]. 金融观察，2013.

[47] 刘继承．企业信息系统与服务外包风险管理研究[J]. 情报理论与实践，2005（2）.

[48] 刘澜飚，彭砚．银行金融服务外包国际监管的比较研究[J]. 国际金融研究，2006（9）.

[49] 刘澜飚，彭砚．银行金融服务外包国际监管的比较研究[J]. 国际金融研究，2006（2）.

[50] 刘莉，吴绒，李楠．服务外包管理丛书——金融外包管理[M]. 北京：化学工业出版社，2012.

[51] 刘浏．商业银行业务外包的收益与风险分析[J]. 北方经济，2005.

[52] 刘命成，吴志明．中国银行湖南分行业务系统外包的风险分析及度量

[J]. 湖南大学学报，2009（4）.

[53] 刘倩 . 金融服务外包及其风险研究[D]. 东北财经大学，2007.

[54] 刘艳芬 . KPO 中的知识产权风险及其控制[J]. 华中师范大学，2010.

[55] 卢锋 . 服务外包的经济学分析：产品内分工视角[M]. 北京：北京大学出版社，2007.

[56] [美] 罗伯特·克莱珀，温德尔·琼斯 . 信息技术、系统与服务的外包[M]. 杨波等译 . 北京：北京电子工业出版社，2003.

[57] 施慧洪 . 金融服务外包风险防范分析[J]. 浙江金融，2010（4）.

[58] 孙培燕 . 于知识价值链的企业知识转移研究[D]. 吉林大学，2009.

[59] 孙雯 . IT 服务外包动因及风险问题研究[J]. 东北财经大学，2006.

[60] 谭力文，田毕飞 . 世界主要外包参与国的参与政策及其对我国的启示[J]. 管理现代化，2006（1）.

[61] 唐柳，李志铭，王军 . 银行业服务外包风险重要性度量的指标体系研究[J]. 经济理论与经济管理，2010（11）.

[62] 唐柳，廖海波 . 基于 SCP 框架的我国金融服务外包产业组织研究[J]. 经济管理，2007（21/22）.

[63] 唐柳，赵昌文，王军 . 金融服务外包风险治理机制及管理框架构建[J]. 软科学，2009，23（4）.

[64] 陶广峰 . 金融法[M]. 北京：中国人民大学出版社，2008.

[65] 万鹏飞 . 国际金融服务外包的运行机制及风险控制研究[D]. 中国海洋大学，2007.

[66] 万鹏飞 . 国际金融服务外包的运行机制及风险控制研究[D]. 中国海洋大学，2008.

[67] 王桂森 . 企业 IT 服务外包风险控制模型研究[D]. 哈尔滨工业大学，2011.

[68] 王庆喜 . 金融服务外包风险及其对策[J]. 华东经济管理，2005（5）：136－138.

[69] 王铁山，郭根龙，冯宗宪 . 金融服务外包的发展趋势与承接策略[J]. 国际经济合作，2007（8）：14－17.

[70] 王铁山，郭根龙，冯宗宪 . 金融服务外包的风险及其监管对策[J]. 国际经济合作，2007（10）.

[71] 王瀛，赵鹏大 . 基于风险控制的金融服务外包策略[J]. 江西社会科学，2008（8）.

[72] 王增国 . 信用卡业务委托外包的深层探析[J]. 中国信用卡，2004（8）.

[73] 魏欣．金融服务外包（上）[J]. 李文龙翻译．巴塞尔银行监管委员会．中国金融，2005（13）.

[74] 吴更仁．金融服务外包风险控制[J]. 海南金融，2007（8）.

[75] 吴国新．李元旭．金融服务外包风险识别、度量与规避问题研究[J]. 国际经贸探索，2010（4）.

[76] 吴铭峰．建立金融风险预警指标体系的探讨[J]. 金融观察，2005（5）.

[77] 徐成贤．金融信息服务外包[M]. 北京：清华大学出版社，2012.

[78] 徐春艳．国际外包业务与中国制造业的发展[D]. 对外经济贸易大学，2004.

[79] 徐孟洲．金融监管法研究[M]. 北京：中国法制出版社，2008.

[80] 杨大楷．论银行业务外包[J]. 国家金融研究，2008（2）.

[81] 杨大楷．中国开展银行业务外包的研究[J]. 经济问题，2008（2）.

[82] 杨琳，王佳佳．金融服务外包：国际趋势与中国选择[M]. 北京：人民出版社，2008.

[83] 杨隆丰，王铁山，吴艳琴．商业银行金融服务外包的决策模型与战略选择[J]. 科技管理研究，2009（6）.

[84] 殷晓英．论金融服务外包的风险控制[J]. 社会科学论坛，2010（6）.

[85] 于峰，李梓房．金融服务外包监管制度的国际经验及对中国的启示[J]. 商场现代化，2006（32）.

[86] 曾康霖，余保福．金融服务外包的风险控制及其监管研究[J]. 金融论坛，2006，11（6）.

[87] 张芬霞，刘景江．"离岸外包"发展述评述[J]. 经济问题，2005（8）.

[88] 张磊，徐琳．服务外包（BPO）的兴起及其在中国的发展[J]. 世界经济研究，2006（5）.

[89] 张秋虹．中国金融服务外包现状及其风险监管[J]. 浙江金融，2008（10）.

[90] 张雪冬．美国银行业服务外包监管的经验借鉴[J]. 南方金融，2012（12）.

[91] 赵智锋，彭磊．我国金融业务外包的现状及完善建议[J]. 海南金融，2006（2）.

[92] 赵鼎新．集体行动、搭便车理论与形式社会学方法[J]. 社会学研究，2006（1）.

[93] 赵睿，杨宜，傅巧灵．金融业务外包的风险控制研究[J]. 金融与经济，2011（11）.

后　记

《金融服务外包风险管理》初稿拟定于2013年7月，然后分发给我的研究生，一方面提高他们对金融服务外包相关方面的知识，另一方面让他们帮我查找书中漏洞及不足之处。学生们于2013年8月初完成初稿的整理、汇总，9月初又找了一些金融学院的相关研究方向的老师来读，希望能接收到宝贵建议。于2013年11月底最终定稿。

由于工作繁忙，再修订工作进展非常缓慢。虽然早就动了仔细研读、再加完善的心思，但是拖至今日才得以完成。直至将终稿送到出版社的那一天，我们才有久违的轻松。

在这里我们要对南京财经大学金融学院的老师和同学表示衷心的感谢。研究生吴轩阅读了很多书籍来写关于金融服务外包的发展进程及未来走向；研究生刘小龙、张力文、刘辉、沈小茹、田金艳、刘靖及石卉针对金融服务外包的风险进行识别、度量、预警、控制及防范方面查找了大量资料及数据；研究生徐栋又针对中国当前的金融监管法律制度查阅了很多资料。没有他们的建议及支持，我恐怕还要把我的“战线”拉长，由此使得自己的内疚之心还要持续一些时日，在此，我要非常感谢我的研究生学生们。

最后，本书作为“江苏现代服务业协同创新中心和江苏高校人文社科学校外研究基地（江苏现代服务业研究院）”研究成果，对中心和研究院的支持表示感谢。

闫海峰

2013年11月